U0743998

中华优秀传统文化精义导读

费君清　刘家思　主编
余　群　涂序南　副主编

浙江工商大学出版社
ZHEJIANG GONGSHANG UNIVERSITY PRESS
·杭州·

图书在版编目（CIP）数据

中华优秀传统文化精义导读 / 费君清，刘家思主编 .
— 杭州：浙江工商大学出版社，2022.3
ISBN 978-7-5178-4782-3
Ⅰ . ①中… Ⅱ . ①费… ②刘… Ⅲ . ①中华文化—高等学校—教材 Ⅳ . ① K203

中国版本图书馆 CIP 数据核字（2022）第 006015 号

中华优秀传统文化精义导读
ZHONGHUA YOUXIU CHUANTONG WENHUA JINGYI DAODU
费君清　刘家思　主编

责任编辑　任梦茹　张晶晶
责任校对　何小玲
封面设计　沈　婷
责任印制　包建辉
出版发行　浙江工商大学出版社
（杭州市教工路 198 号　邮政编码 310012）
（E-mail：zjgsupress@163.com）
（网址：http：//www.zjgsupress.com）
电话：0571-88904980，88831806（传真）
排　　版　杭州市拱墅区冰橘平面设计工作室
印　　刷　杭州宏雅印刷有限公司
开　　本　710mm×1000mm　1/16
印　　张　23.75
字　　数　376 千
版 印 次　2022 年 3 月第 1 版　2022 年 3 月第 1 次印刷
书　　号　ISBN 978-7-5178-4782-3
定　　价　89.00 元

教育部2020年度国家级一流本科专业建设点浙江越秀外国语学院汉语国际教育专业（教高厅函〔2021〕7号）建设成果

教育部2019年度省级一流本科专业建设点浙江越秀外国语学院汉语国际教育专业（教高厅函〔2019〕46号）建设成果

浙江省“十三五”第二批教学改革研究项目“外语院校以中华优秀传统文化育人铸魂的教学改革与实践”（编号jg20190507）研究成果

绍兴市2019年普通高校重点学科浙江越秀外国语学院中国语言文学学科（SXSXK201903）建设成果

绍兴市2019年普通高校重点专业浙江越秀外国语学院汉语国际教育专业（SXSZY201920）建设成果

前　言

一

党的十八大以来，习近平总书记围绕弘扬中华优秀传统文化、传承中华传统美德做出了一系列重要讲话。他把中华优秀传统文化的时代价值概括为“讲仁爱、重民本、守诚信、崇正义、尚和合、求大同”六个方面。这六方面既是中华传统美德的集中体现，也是新时代树新风、化新人的价值引领。

众所周知，中华优秀传统文化是社会主义核心价值观的重要源泉。因此，要实现社会主义核心价值观，就应当传承中华优秀传统文化，弘扬中华传统美德。习近平总书记指出：“培育和弘扬社会主义核心价值观必须立足中华优秀传统文化。牢固的核心价值观，都有其固有的根本。抛弃传统、丢掉根本，就等于割断了自己的精神命脉。”这一论述，着力强调了中华优秀传统文化和传统美德对于培育和弘扬社会主义核心价值观的重要作用和意义。事实上，我国的社会主义建立在一片历史悠久、文化灿烂的土壤上，并越来越体现出其强大的生命力。因此，社会主义核心价值体系必须不断地从中华优秀传统文化中汲取丰富的思想资源和价值观念，而不能割裂两者之间深厚的内在关联。如今，全国上下取得了以中华优秀传统为精髓，积极地践行社会主义核心价值观，推进社会主义现代化建设的共识。这种信念，体现出全国人民高度的文化自信、道德自信、理论自信和制度自信，体现了尊重中华优秀文化传统的正确态度。

习近平总书记对中华优秀传统文化概括的六个方面是环环相扣、相得益彰的。它们之间彼此呼应，前后连贯，共同构成了一个有机的整体。当然，它们之间也各有侧重，各具特色。其中，“讲仁爱”与“重民本”体现着中华传统文化的方向性，是国家安宁的基础；“守诚信”与“崇正义”体现着中华传统文化的原则性，是社会和谐的保障；而“尚和合”与“求大同”则体现着中华传统文化的理想性，是人类幸福的归宿。由此可见，这六个方面集中华优秀传统文化之方向性、原则性与理想性于一体，体现了基础性、保障性和归宿性的完美统一。

值得注意的是，中华优秀传统文化的这六个方面，具有美育的功能。因为，这些内容往往通过文学、艺术的形式表现出来。它们不是理性的说教，而是以感性而生动的寓教于乐的形式来触动读者的心灵，使他们产生同理心，激发他们的高尚情怀，具体包括深刻隽永的名人名言、耐人寻味的故事以及通俗易懂的评点等。这种教育，不仅可以给人带来身心愉快的体验，还可以收获事半功倍的教育效果。

二

说到继承和弘扬上述六个方面的传统文化，我们有必要简单地梳理并解释每个范畴的主要内涵。

1. 讲仁爱

“仁爱”是中华民族最为核心最为基础的价值观念。“仁爱”是“孝悌忠信，礼义廉耻”这四维八德的基本精神。广义的“仁爱”包括仁、义、礼、智、信五个方面，狭义的“仁爱”就是仁。“仁爱”的思想由来已久，到了春秋战国时期，其内涵更丰富更全面。孔子在仁学方面做出了举足轻重的贡献。他在前人的基础上，进一步明确了“仁爱”的含义。首先，孔子把“仁”定义为“安仁”，能“好人”，也能“恶人”。因为，仁者有自己的行为处世的标准，懂得关爱和帮助他人。孔子曰："夫仁者，己欲立而立人，己欲达而达人。"(《论语·雍也》) 其次，孔子把礼乐文化从外在的礼仪，转变成内心的仁爱之情。他主张"克己复礼"为仁，并将其落实在日常生活之中，即"非礼勿视，非礼勿听，非礼勿言，非礼勿动"(《论语·颜渊》)。孔子认为，如果人人都能够克己复礼，那么，天下就成为仁爱的社会了。孔子曰："克己复礼为仁。一日克己复礼，天下归仁焉。"(《论语·颜渊》) 孔子还认为："为仁由己，而由人乎哉？"(《论语·颜渊》) 这就是说，推行仁爱，完全依靠自己，而不必依靠他人。所谓"为仁由己"，是指"为仁"完全在于自己。换言之，自己可以自由自在地支配道德行为。这也意味着"为仁"由合乎道德的义务变成了出乎道德的义务。孔子"仁"的概念，如果换成康德的理论，那就是"自由意志"。康德的《道德形而上学的奠基》说："作为道德的最高原则的意志自律：……道德原则必然是一个定言命令式，但这个命令式所要求的，却不多不少，恰恰是这种自律。"自由意志，是道德的最高原则，它是定言命令，而不是假言命令。这种命令就是"非礼勿视，非礼勿听，非礼勿言，非礼勿动"的自律，是由内而外的自然流露。这就是说，"仁"作为一种敬重性的情感，多少带有一些强制的特性，它使每个人的德性从外在的要求转化为内在的需要，从而成为自己的自由意志，即意志自律。其实，在自由意志之下，我们不免要自讨苦吃，忍受痛苦，但我们心甘情愿，舍己为人，为别人的快乐而快乐，为别人的幸福而幸福。也正因为如此，一个为仁之人，必然要做到"安贫乐道"、知礼成性。当然，儒家讲仁爱，并不像康德那么理性，那么高高在上。儒家的仁爱是非常平实而生活化的。此仁爱建立在亲情之上，体现在平淡的日常生活之中。孟子所谓"老吾老以及人之老，幼吾幼以及人之幼"(《孟子·梁惠王上》)，就是仁爱的途径。仁爱之情是基于亲情，而又不断向外扩充的高尚情怀。所以，孟子曰："亲亲而仁民，仁民而爱物。"(《孟子·尽心上》) 始于爱亲人，进而爱人民，继而爱万物。这是一个不断上升的过程。宋代张载《西铭》中所说的"民吾同胞，物吾与也"，就是这种精神的集中体现。

历史早已证明，儒家"仁"的理论代代相传，切实可行，在当今社会仍然发挥着极其重要的道德作用。儒家的仁爱思想，对于提升人们的道德意识，美化社会风尚，具有不可估量的意义。

2. 重民本

民本思想在我国有着非常悠久的历史，它是中华民族极其重要的精神标识之一。在我国几千年的政治思想传统之中，蕴含着极其丰富的民本思想资源。早在春秋时期，这种思想就已经比较成熟。孔子主张节用爱民。当弟子樊迟问他什么算是聪明时，孔子回答说："务民之义，敬鬼神而远之，可谓知矣。"（《论语·雍也》）民之义，就是民之宜，即对人民有益之事。在孔子来看，真正的聪明就是要致力于符合人民利益的事情，敬重鬼神而远离之。其后，孟子主张"民为贵，社稷次之，君为轻"（《孟子·尽心下》）。在这里，孟子明确提出了一个非常重要的理论，那就是，人民是第一位的，其次是国家，最后才是君主。因为有了人民才能建立国家，有了国家才能设立君主。国家是人民建立的，君主的位置是为了人民和国家而设立的。显然，孟子对于人民的重要性有了更为清醒的认识。如果说孔子以礼乐来定位君主、大臣和人民相互之间的联系，那么孟子则以轻重来衡量三者之间的关系。孟子的民本思想显然是对孔子思想的继承和发展。正是因为意识到人民的重要性，所以,《荀子·大略》曰："天之生民，非为君也；天之立君，以为民也。"荀子认为，上天生养万民，不是为了君主，而天上设立君主，则是为了万民。这就是说，人民不是君主的人民，而君主则是人民的君主。相比之下，人民比君主更为重要。这种理论，发展到了汉代，就形成了"民为本"的思想。西汉贾谊在《新书·大政上》中说道："闻之于政也，民无不为本也。"

民为本，这就意味着，要取得天下、安定社会，就必须深刻地理解到"民惟邦本，本固邦宁"的意义和价值。《尚书·五子之歌》曰："皇祖有训，民可近不可下，民惟邦本，本固邦宁。"得民心者，才能得到天下。孟子曰："得天下有道，得其民，斯得天下矣。得其民有道，得其心，斯得民矣。"（《孟子·离娄上》）要得民心，并取得人民的拥护，就不能唯我独尊，而应当处处为人民着想，想人民之所想，急人民之所急，并以人民的标准为标准、人民的是非为是非。这正如《尚书·泰誓》所说："天视自我民视，天听自我民听。"视、听都从人民的角度出发，这也意味着"皇天无亲，惟德是辅"（《尚书·蔡仲之命》）。当然，以民为本，还要讲究信用，节约而爱护人民，不轻用民力，如果有必要，须按照农时来使用。《论语·学而》曰："道千乘之国，敬事而信，节用而爱人，使民以时。"只有人心所向，才能得到上天的保佑。《尚书·泰誓上》曰："民之所欲，天必从之。"

处处为人民着想，关键在于"博施于民而能济众"(《论语·雍也》)。事实上，广博地施与，而且普济于民众，就是仁。因为这就是推己及人，立己达人。孔子曰："夫仁者，己欲立而立人，己欲达而达人。"(《论语·雍也》)

众所周知，民本思想主要是为了惠及人民。也就是说，人民可以充分自主地决定自己的命运。如今，随着社会的发展，我们要创造性地将民本思想转化为民主思想。作为中华传统文化中的核心思想，社会主义的民主不仅要保障人民的幸福生活，还要让人民群众享有行使民主的权利，那就是人民当家做主。因为人民当家做主是社会主义民主政治的本质和核心。

3. 守诚信

诚信，也是中华传统文化的精髓之一。从可靠的文献记载来看，诚信的思想早已有之。《尚书·尧典》曰："允恭克让，光被四表，格于上下。"在这里，"允"即是诚信之意。《尔雅》曰："允，信也；允，诚也。"《尚书·尧典》中的这几句话是赞美帝尧能够诚信谦恭，礼贤让能，光照四方，通达于天地之间。继之，商汤也非常重视诚信。《尚书·汤誓》曰："尔无不信，朕不食言。"商汤告诫臣民要讲究诚信，而自己也以身作则，承诺不会食言。到了春秋战国时期，诚信的价值得到了进一步的彰显,《左传》中仅"信"字就出现了200多次。其表述有"信，战之器也""信以守之"等。这都表明，从尧舜时代，到夏、商、周，再到春秋战国时期，诚信一直是治理国家、为人处世的重要原则。

诚信思想，在孔子那里有了更大的发展和提升。《论语》之中，"信"字出现了38次之多。孔子把"信"作为教育学生的重要理念。"信"与"恭""宽""敏""惠"四者并列为人伦中最为基本的五德。之后，孟子拓展了孔子的诚信思想。《孟子·离娄上》曰："诚身有道，不明乎善，不诚其身矣。"孟子认为，使自身获得诚信的关键在于明善。否则，就不能算作诚信。由此可见，“诚”与“善”是一个整体，彼此不能有丝毫的分离。继而《中庸》把“诚”视为一种“天道”，从而使诚信上升到本体的高度。本体不离日用，因此要求君子严格地执行诚信之道。《中庸》曰：“诚者，天之道也；诚之者，人之道也。”诚信，是天之道；而能够做到诚信的，是人之道。人道与天道相互贯通，也就意味着将诚信统一到天人合一的境界了。

正因为诚信是天之道，诚之者是人之道。所以，诚信是立国之本，也是为人之本。《左传》曰：“信，国之本也。”又曰：“守之以信，守之以礼。”这是说，诚信与礼仪相得益彰。所以，不讲诚信，简直寸步难行。孔子曰：“人而无信，不知其可也。”（《论语·为政》）正因为诚信是治国修身的根本，所以，《礼记·大学》曰：“物格而后知至，知至而后意诚，意诚而后心正，心正而后身修，身修而后家齐，家齐而后国治，国治而后天下平。”只有意诚心正，才能格物致知，然后才可以修身齐家治国平天下。诚信是个人、家庭与国家实现同构的基础。

总之，诚信在我国历史的进程之中，逐渐成为中华民族的精神之魂，历久弥新，不断焕发出勃勃的生机。如今，诚信乃是我们实现中国梦的重要文化资源。每个人都要从我做起，以诚信为本，做到一诺千金。我们要一如既往地保持优良传统，积极建设诚信社会、诚信政府、诚信国家，为实现中华民族文化的伟大复兴而努力奋斗。

4. 崇正义

崇正义是中国传统价值观的重要内涵，也是我国道德建设的基本要求。正义通常是指人们按照一定的道德标准所应当做的事情，也指一种全社会的道德评价，即公平、公正。作为道德范畴，正义与“公正”同义，主要指符合一定社会道德规范的行为。

“正义”一词，最早见于《荀子》一书。《荀子》曰：“不学问，无正义，以富利为隆，是俗人者也。”荀子认为，俗人只知道追求富贵利益，而不讲究学问，也不讲究正义。这当然不值得提倡。由此可见，讲究正义，才是君子应有的品格，也是世人行为的准则和规范。

“正义”一词由“正”与“义”组合而成。这两个字，其实是一个意思。《墨子·天志下》说：“义者，正也。”所以，“正义”，主要是“义”，而“正”是用来修饰“义”的。有正，才有义；不正，何以称作“义”？“义”本身就有“正义”的意思。《中庸》曰：“义者，宜也。”这就表明，“义”包含着人之行为的正当与公正，包含着社会判断的合理与公平，也还含有合情合理的意思在里面。其实，我国的“正义”与西方的“justice”相比，更具有人情味，也更容易付诸行动。在日常生活中，中国人讲究道义，就含有浓厚的情感性质。与此不同的是，西方的“justice”，其含义包括以下几项：正义；公正；法律制裁；审判员，法官。可见，西方人眼中的正义，主要是指符合法律，这就要求理性，而忽视其中感性的因素。而我国的正义与之相比，大异其趣。我国的正义，既不乏理性，也不忽视感性，是理性与感性的辩证统一。所以说，我国的正义不仅包含了西方人“正义论”之中的基本内容，而且还具有更为丰富的意蕴。具体而言，它包括以下两点。

第一，正义是为人处世的基本要求。《尚书·仲虺之诰》曰：“以义制事，以礼制心。”这是指用礼义来规范人们内心之中的行为准则。人之所以为人，是因为人讲礼义，这是人禽之辨的重要标准。《礼记·冠义》曰：“凡人之所以为人者，礼义也。”当然，对于做人的礼义，古人也有明确的规定。《礼记·礼运》曰：“何谓人义？父慈子孝，兄良弟悌，夫义妇听，长惠幼顺，君仁臣忠。十者谓之人义。”这里面所提出的十种礼义，涉及人伦道德的诸多方面。这些方面都从正面来规定“正义”。但是，人生在世，难免会遇到各种各样的诱惑，从而迷失本心。因此，内心的守正就是基本的要求。能否做到这一点，是君子与小人之区别的关键所在。所以，儒家认为，君子追求道义，而小人则追求利益。《论语·里仁》曰：“君子喻于义，小人喻于利。”就是这个意思。孔子还说：“不义而富且贵，于我如浮云。”（《论语·述而》）可见，正义高于钱财和富贵，早已得到了圣人的认可。英国教育家约翰·洛克说：“一切不公道的事情通常都是因为我们太爱自己，太不知道爱人之故。”（《教育漫话》）这告诉我们，要讲正义，就要多多地设身处地为他人着想。

第二，正义是社会安定、天下和谐的前提和保障。如果没有正义，必然会出现为所欲为的行为。如此这般，要想全世界稳定与和谐，显然是天方夜谭。正因为正义如此重要，所以，儒家主张“天下为公”(《礼记・礼运》)。公，是社会的准绳。因为“公则不为私所惑，正则不为邪所媚”(《官箴集要》)，“唯公然后可正天下”(西晋傅玄语)。由上可知，正义是人类历史上重要的道德理念。贾谊《新书・威不信》曰：“古之正义，东西南北，苟舟车之所达，人迹之所至，莫不率服。”有正义，不令而行；没有正义，虽令不从。因此，正义的价值不言而喻。《荀子・赋篇》曰：“行义以正，事业以成。”对国家来说，能否做到正义，是实现治理与否的根本。《墨子・天志中》曰：“天下有义则治，无义则乱。”有正义，才能让人敬佩、遵从，治理国家也会易如反掌。否则，很有可能出现混乱的局面。所以说，只有正义，才能确保社会秩序的中和，才能实现“天地位焉”“万物育焉”的理想。

总之，从我国历史发展来看，一个富强、民主与和谐的国家，一定是崇尚正义的国家。在这样的国度里，大部分人都能够讲究正义，追求公平、公正。而社会也以此为标准来衡量人与事，使之成为人人遵守的社会风尚。如此，我们的美好理想一定会顺利地实现。

5. 尚和合

和合是中华优秀传统文化的精华，也是中华民族人文精神的核心理念。显而易见，和合，是“和”与“合”的组合。此二字很早就已经出现了，而且均见于甲骨文和金文之中。“和”，指和谐、和平、祥和；“合”，指结合、合作、融合。和合，是和睦同心之意。它意味着不同事物、观念、文明在动态变化过程之中，能够相互融合、相互协调，从而产生孕育新事物、新生命的力量。和合是中华文化生命智慧与生态文明的集中体现，也是当代社会主义核心价值观的重要源泉之一。

“和合”，作为一个范畴，最早出现于《国语》一书。《国语・郑语》曰：“商契能和合五教，以保于百姓者也。”商契能够调和五种教化，即父义、母慈、兄友、弟恭、子孝等伦理道德，从而使百姓得到保养。之后，《管子·幼官》《墨子·尚同上》也都讲“和合”。《管子·幼官》曰：“畜之以道则民和，养之以德则民合。和合故而能谐。谐习以悉，莫之能伤也。”这是要求用道德来和合万民，使之保持和谐的状态，以避免受到伤害。因此，统治者应当教化民众，使之上下和合。《史记·循吏列传》曰：“施教导民，上下和合。”人与人之间如果不能同心同德，就难以达到和合的状态。《墨子·尚同中》曰：“内之父子兄弟作怨雠，皆有离散之心，不能相和合。”父子兄弟有离散之心，自然不能和合。这从反面告诫人们要团结一致，相亲相爱。《中庸》曰：“和也者，天下之达道也。”也就是说，和合是天下通达之道。

和合，作为一种文化基因、价值观念，是我国先贤在历代社会实践中孕育出来的智慧，它深刻影响了人们的处世原则和交往理论。和合，既是人与人的和合，也是人与自然万物的和合。人与人的和合，不仅涉及个体之间的相处，还涉及民族与民族、国家与国家的交往，这体现了人类生存的智慧。人与自然万物的和合，关系着我们赖以生存的家园能否长久地山清水秀、鸟语花香，这是我们人类发展必须深刻思考的严峻问题。所以，人与自然万物的和合，理所当然地反映了生态和谐的理念。

人与自然万物的和合思想，早在《周易》之中就有明确的记载。《周易》曰：“天地氤氲，万物化醇。男女构精，万物化生。”天地通过氤氲的方式，男女通过构精的方式，可以和合一致而化生万物。只有在天人合一的境界中，才能通过金木水火土相互配合、相互和合的作用，真正实现“和实生物”的目标。宋代周去非《岭外代答·茅卜》曰：“其卦甚吉，百事欢欣和合。”由此可见，我国古人认为，只有万物和合，才能化生万物。这与西方由一个形而上的上帝创造万物的理念，颇为不同。西方由唯一的造物主创生万物的理论不可避免地具有排他性、独裁性，而中国文化中和合的思维方式，造就了中国传统文化具有海纳百川、兼容并蓄的胸襟和气度，从而使文化具有包容性、多元性。

如果想要真正做到和合，我们应当调节自己的身心，清心寡欲，使自己的七情变化有一定的节度，保持心灵的中和、中庸。《中庸》曰：“喜怒哀乐之未发，谓之中；发而皆中节，谓之和。”个人能够保证心灵的和合，再推而广之，使整个人类都能够如此，那么，未来的世界一定是和平安宁的世界。由此可见，中和，和合，是社会安宁、天下和谐的基本保障。

6. 求大同

大同，是我国先哲所设想的人类最终可以达到的最为美好的理想世界。“大同”作为一个概念，最早出自《礼记》。《礼记·礼运》曰：“大道之行也，天下为公，选贤与能，讲信修睦，故人不独亲其亲，不独子其子，使老有所终，壮有所用，幼有所长，鳏寡孤独废疾者皆有所养；男有分，女有归，货恶其弃于地也不必藏于己，力恶其不出于身也不必为己，是故谋闭而不兴，盗窃乱贼而不作，故外户而不闭，是谓大同。”这就是说，大道推行的时候，天下是人们所共有的世界。人们推选贤能之人为大家办事，彼此讲究信用，崇尚和睦。人们不仅仅亲近自己的亲人，也不仅仅关爱自己的小孩，而且还把这种情感推广到全天下。这样，老年人可以享受天年，青壮年人可以发挥自己的特长，而幼童则可以顺利地成长。此外，老而无妻的人、老而无夫的人、幼年丧父的孩子、老而无子的人，以及残疾衰弱之人都能够得到供养。男人都有自己的事业，女人都有合理的归宿。人们嫌恶财物废弃在地上因此把它们捡起来，但不必私自收藏。人们也嫌弃那些不肯出力的行为，所以，自己出力，但并不是为了私利而劳动。这样，阴谋就不会产生，盗窃行为以及兵荒马乱的事情也都不会出现。家家户户都不必关闭门户，可以快乐地生活、安宁地起居，这就叫作“大同”社会。

大同社会的理想，是儒家心目中社会政治的最后归宿。事实上，大同的理想，是儒家在与其小康社会的对比之中提出来的。儒家认为，小康社会以天下为家，讲究武力，崇尚礼义。这是夏、商、周政治的基本特点。与此相比，大同社会则克服了天下为家的局限，打破了彼此的界线，没有亲疏远近之分，没有男女老少之别，彼此之间相亲相爱，携手同行，共同构建了一个天下为公的美好而幸福的世界。在这个世界上，选贤与能，各得其所，每个人可以充分地展示自己的才能，也可以充分地享受共有的劳动成果。没有私心，没有争执，没有争斗，更没有战争，大家和睦相处，其乐融融。这正如《庄子·马蹄》所描绘的那样：“夫赫胥氏之时，民居不知所为，行不知所之，含哺而熙，鼓腹而游，民能以此矣。”这样的社会，人心淳朴、民风淳厚，每个人都可以口中含着食物而嬉戏，拍打着吃饱的肚皮而四处游逛。真正是悠闲自得、无忧无虑了。这其实就是尧舜时期的大同盛世。

大同的理想，一直为古人津津乐道。他们的豪言壮语，激励着后人积极进取，努力奋进。宋代张载所说的“为万世开太平”，就是古代有识之士人生追求的光辉典范。到了近代，康有为撰写《大同书》，配以西方平等、独立、人权、自由之学说，构想新的大同世界。孙中山也大力倡导“天下为公”的理念，并依此提出了三民主义。孙中山说道：“我们三民主义的意思，就是民有、民治、民享。这个民有、民治、民享的意思，就是国家是人民所共有，政治是人民所共管，利益是人民所共享。照这样的说法，人民对于国家，不只是共产，一切事权都是要共的，这才是真正的民生主义，就是孔子所希望的大同世界。”三民主义思想深入人心，对后世产生了深远的影响。

如今，在全球一体化的浪潮中，我们国家正大力倡导人类命运共同体的理念，并积极地付诸行动。显然，人类命运共同体之构想，就是传统的大同思想的延续和提升。中国人民为争取世界的和平与幸福，一如既往地做出了巨大的努力和贡献。其诚意也得到了全世界爱好和平之人士的肯定和赞扬。这一理论正产生着积极的效应，为人类的和平与发展提供了良好的思想资源和精神动力。

三

由于几千年的文化积淀，也由于独特的地理和人文环境，我国的文化有其与众不同的内涵和特色，这与世界上各个国家不同的历史和地理造就的文化，并不完全相似。因此，我国人民具有自己的信念和价值观。我们建设社会主义强国，不仅要具有新时代的特色，还应当保留传统文化的底色。我国社会主义的建设，必须要有中国特色，体现鲜明的中国风格。中华文化源远流长，中华民族生生不息，长期以来形成的勤劳朴实、正直善良、坚韧不拔、诚实守信、爱好和平等思想资源，代表着中华民族的精神标识，体现了中华民族的理想追求。所以，我们应当不忘初心、牢记使命，沿着正确的方向奋勇前行。习近平总书记在纪念孔子诞辰 2565 周年国际学术研讨会暨国际儒学联合会第五届会员大会开幕式的讲话中指出："当代中国是历史中国的延续和发展，当代中国思想文化也是中国传统思想文化的传承和升华，要认识今天的中国、今天的中国人，就要深入了解中国的文化血脉，准确把握滋养中国人的文化土壤。"习近平总书记的讲话，让我们更加明确前进的方向。作为大学生，更应当了解中国文化的血脉，把握中国文化的精髓，承担起民族振兴、再创辉煌的历史使命。不忘根本，才能面对现实；继善成性，才能开创未来。因此，在如今各种文化相互碰撞的环境之中，我们应当牢固树立起社会主义的理想信念，以中华优秀传统文化为资源，努力促进中华民族的伟大复兴。

传统文化是中华文明源源不断的生命力，也是中华文明能够绵延五千年而又不断焕发生机的基因。所以，社会主义核心价值观一刻也不能离开优秀的传统文化这个根基。否则，就会失去能够汲取营养的活水之源，也就"等于割断了自己的精神命脉"。这样，我们的民族就难以立足现实，再创辉煌。

当前，构成人类命运共同体早已成为全世界人们的共识。在这方面，我国有着丰富的历史文化资源，值得各国学习和借鉴。本着"各美其美，美美与共"的原则，全世界人民应当相互学习，携手并进，为人类开创美好的未来。

高校作为传播文化的重要场所，理所当然地承担着传承和弘扬中华传统文化的使命。高校作为社会的生力军，对于传承和弘扬中华优秀传统文化，有着得天独厚的条件，所以，应当走在时代的前列，成为社会的楷模。因为，在这里，聚集众多的年轻学子，他们有理想，有抱负，也有担当，并决心为国家为社会做出一番轰轰烈烈的大事。时代在召唤，大学生们早已做好了充分的准备。

因此，高校教师应当积极引导，广泛宣传，让广大学生热爱传统文化，弘扬传统文化，传播传统文化。让传统文化之花，通过大学校园，不断散播开来，走向各个角落，盛开在我们的身边，绽放在我们的心中。

当然，要传承传统文化，也必然会遇到不少的困难和阻力。毕竟，在全球一体化的今天，地球已经变成了一个地球村，各种信息千变万化，各种思想相互碰撞，难免让人眼花缭乱，不知所措。尤其是年轻的大学生，没有经历太多的世事，而且也缺乏辨别能力，颇易受到不良思想的蛊惑，因此，我们要营造正确的舆论导向，为他们排忧解难、指引方向。现在，我们必须认真思考和回答下面这个问题：面对世界各种文化的冲击，我们该如何践行中华优秀传统文化？事实表明，我们的当务之急就是要多宣传优秀传统文化，并在日常教学与生活之中以此教育学生。以学生喜闻乐见的方式，让传统文化无时无刻不围绕在我们的身边，无所不在地渗透到我们的生活之中。这样，我们就会不知不觉地受其熏陶，然后情不自禁地对其产生好感，甚至爱不释手、乐此不疲。

正是由于时代的需要，也由于国家各级部门的反复强调，让我们更加理解传统文化在当前社会建设中的重要意义。因此，我们作为一线教师，要义不容辞地承担起这个任务，让传统文化进校园、进教室。总之，让传统文化深入大学生的心灵，让他们的心灵之中盛开真善美的花朵，是我们教书育人的最大动力、最高目标。正是秉持着这个初心，我们广泛而细致地收集和整理传统文化中“讲仁爱、重民本、守诚信、崇正义、尚和合、求大同”六个方面的材料，并依次编为六章。在各章之中，又分为八到十节不等，而节的标题都是两个字，并配以八个字的解释。这样一来，每章每节的标题形成了统一的形式，行云流水，非常流畅。在内容编排上，于每章节之中，列举具有代表性的名人名言，配以注释、翻译，适当的解说，以及相关的故事。全部内容，丰富多彩，思想深刻。这样，读者对于每个中华传统文化之精义，都能够有一个比较全面而直观的理解，从而在阅读这些耐人寻味的材料中，既获得了审美的感受，也得到了深刻的道德教育。

众所周知，在我国悠久而灿烂的历史文化中，涌现了无数可歌可泣的仁人志士。他们的思想和行动，不仅可以启迪后人，还可以激发读者产生一些道德情感，例如，谦虚谨慎、努力进取、爱国爱民、洁身自好、好善恶恶等。这些道德品质都值得我们努力践行、代代相传。正因为如此，在当今传统文化方兴未艾的社会生活之中，我们也更希望能以自己微薄之力，为大学生奉献一点精神食粮。

如果对他们的学习和成长能有一定的帮助和价值，那也是我们莫大的欣喜和快乐，而这也就是我们编辑本书的初心！

编者

2020 年 12 月 21 日

目　录

第一章　讲仁爱

第一节　爱　人

▲仁者爱人，礼者敬人

一、名人名言

1. 孟子曰：“君子所以异于人者，以其存心也。君子以仁存心，以礼存心。仁者[1]爱人，有礼者[2]敬人。爱人者人恒爱之，敬人者人恒敬之。有人于此，其待我以横逆[3]，则君子必自反也：我必不仁也，必无礼也，此物奚宜[4]至哉？其自反而仁矣，自反而有礼矣，其横逆由[5]是也，君子必自反也：我必不忠。自反而忠矣，其横逆由是也，君子曰：‘此亦妄人也已矣。如此则与禽兽奚择[6]哉？于禽兽又何难焉？’是故君子有终身之忧，无一朝之患也。乃若所忧则有之：舜人也，我亦人也。舜为法[7]于天下，可传于后世，我由未免为乡人也，是则可忧也。忧之如何？如舜而已矣。若夫君子所患则亡矣。非仁无为也，非礼无行也。如有一朝之患，则君子不患矣。”①（《孟子·卷九·离娄章句下》）

① 朱熹：《四书章句集注》，中华书局 1983 年版，第 298 页。

注释

[1] 仁者：仁慈的人。

[2] 礼者：有礼貌的人。

[3] 横逆：蛮横无理。

[4] 此物：指上文所说“横逆”的态度。奚宜：怎么应当。

[5] 由：通“犹”。下文“我由未免为乡人也”中的“由”也通“犹”。

[6] 择：区别。

[7] 法：楷模。

译文

孟子说：“君子和一般人不同的地方，在于居心不同。君子心里有仁，惦记着礼。仁慈的人爱别人，有礼的人尊敬别人。爱别人的人，别人总是爱他；尊敬别人的人，别人总是尊敬他。假如这里有个人，对待我蛮横无理，那君子一定会自问：我一定不够仁，一定不够有礼，不然，这种态度怎么会出现呢？君子自问，我实在仁，实在有礼，那人的蛮横无理还是原样，君子一定又自问：我一定不够忠心。君子自问，我实在忠心耿耿，那人的蛮横无理还是原样，君子就会说：‘这不过是个妄人罢了，这样不讲理，那和禽兽有什么区别呢？对于禽兽又有什么好责备的呢？’所以君子有长时间的忧虑，却没有突然的痛苦。君子这样的忧虑是存在的：舜是人，我也是人。舜是天下人的榜样，能流芳百世，我却仍然是个普通的人。这个才是值得忧虑的事。有了忧虑怎么办呢？只能尽力向舜学习。至于君子别的痛苦，那是没有的。不是仁爱的事不做，不合礼节的事不做。即使有意外飞来的横祸，君子也不感到痛苦。”

2. 樊迟问仁。子曰：“爱人。”问知。子曰：“知人。”

樊迟未达。子曰：“举直错诸枉[1]，能使枉者直。”

樊迟退，见子夏曰：“乡[2]也吾见于夫子而问知，子曰，‘举直错诸枉，能使枉者直’，何谓也？”

子夏曰：“富哉言乎！舜有天下，选于众，举皋陶，不仁者远[3]矣。汤有天下，选于众，举伊尹，不仁者远矣。”①（《论语·颜渊第十二》）

注释

[1] 举直错诸枉：错，同“措”，放置。诸，“之”“于”二字的合音。枉，不正直，邪恶。意为选拔直者，罢黜枉者。

[2] 乡（xiàng）：同“向”，刚才。

[3] 远：动词，远离，远去。

译文

樊迟问什么是仁。孔子说：“爱人。”樊迟又问什么是智。孔子说：“善于了解别人。”

樊迟还是不理解。孔子说：“提拔正直的人，使他的地位在不正直的人之上，能够使不正直的人正直。”

樊迟退了出来，找到子夏，说道：“刚才我去见了老师，请教什么是智，老师说，‘提拔正直的人，使他的地位在不正直的人之上，能够使不正直的人正直’，这是什么意思？”

子夏说：“这话的意义多么丰富啊！舜有了天下，从众人中选拔人才，选了皋陶，坏人就被疏远了。汤有了天下，从众人中选拔人才，选了伊尹，坏人就被疏远了。”

3. 仁之法[1]，在爱人，不在爱我。义之法，在正[2]我，不在正人。我不自正，虽能正人，弗予为义，人不被[3]其爱，虽厚自爱，不予为仁。②（《春秋

① 朱熹：《四书章句集注》，中华书局 1983 年版，第 298 页。

② 董仲舒撰，凌曙注：《春秋繁露》，中华书局 1975 年版，第 307 页。

繁露·卷八·仁义法第二十九》)

注释

[1] 法：法则。

[2] 正：端正，纠正。

[3] 被：得到。

译文

仁的法则在于爱别人，不在于爱自己。道义的法则在于端正自己，而不在于匡正别人。自己不能端正自己的行为，即使能够去匡正别人，也不能称为义。别人不能得到他的爱护，即使他非常爱自己，也不能称这种行为是仁的。

4. 孟子曰："君子之于物也，爱之而弗仁；于民也，仁之而弗亲。亲亲而仁民，仁民而爱物。"①(《孟子·尽心章句上》)

译文

孟子说："君子对于万物，爱惜它，却不用仁爱对待它；对于百姓，用仁爱对待他，却不亲爱他。君子亲爱亲人，从而对待百姓仁爱，仁爱百姓，从而爱惜万物。"

5. 仁，体爱也。②(《墨子·卷十·经上第四十》)

---

① 朱熹：《四书章句集注》，中华书局 1983 年版，第 363 页。
② 毕沅校注，吴旭民标点：《墨子》，上海古籍出版社 2014 年版，第 167 页。

译文

仁，就是亲近和爱护他人。

6. 孟子曰："仁之实[1]，事[2]亲是也。"①（《孟子·卷八·离娄章句上》）

注释

[1] 实：实质。

[2] 事：侍奉。

译文

孟子说："仁的实质就是侍奉父母。"

7. 夫仁人事上竭忠，事亲务孝，得善则美，有过则谏，此为人臣之道也。②（《墨子·卷九·非儒下第三十九》）

译文

那些仁人，侍奉君上竭尽忠诚，侍奉父母务必孝顺，有了好的就赞美，犯了过错就劝谏，这是作为臣子的方法。

二、评点

仁爱，不仅是中国传统文化中最具有普遍意义的哲学概念，还体现了中

① 朱熹：《四书章句集注》，中华书局1983年版，第287页。

② 毕沅校注，吴旭民点校：《墨子》，上海古籍出版社2014年版，第161页。

华民族基本的处世哲学思想。这不仅仅是一种抽象的、玄学的哲学观念和道德伦理意识，而且是由人类社会中各种世俗行为方式体现的，是具体的、鲜活的。然而，仁爱的意蕴非常丰富，在中国传统文化中，许多历史名人在经典文献中进行过阐释。其中最核心的内涵就是爱人。这不仅是中华民族在生生不息的历史长河中形成的个体行为准则和道德规范，也是历朝统治者于贤明时代倡行的施政策略与目标指向。从“君子体仁，足以长人”（《周易·文言》）到“法不仁，不可以为法”（《墨子·法仪第四》）都是关于国家执政的规范；从“立人之道曰仁与义”（《周易·说卦》）到“修身以道，修道以仁”（《礼记·中庸第三十一》），都是对人的个体行为准则和道德修养的要求。一个内心充满仁爱的人，对所有人都不会产生坏心，并始终保持一种宽容慈爱的态度。一个充满仁爱的国度，其政府必然爱护自己的人民，也会以宽厚仁慈的态度去处理国家乃至世界的事务，让国民幸福安宁，让世界和平自由。

三、故事

1.郗公吐饭

郗公值永嘉丧乱[1]，在乡里甚穷馁[2]。乡人以公名德，传共饴之[3]。公常携兄子迈及外生周翼二小儿往食。乡人曰：“各自饥困，以君之贤，欲共济君耳，恐不能兼有所存。”公于是独往食，辄含饭著两颊边，还，吐与二儿。后并得存，同过江。郗公亡，翼为剡县[4]，解职归，席苫[5]于公灵床头，心丧[6]终三年。①（《世说新语·德行第一》）

注释

[1] 郗公：郗鉴，字道徽，以博学儒雅著称，官至太尉。永嘉丧乱：晋怀帝永

① 余嘉锡：《世说新语笺疏》，中华书局 1983 年版，第 24—25 页。

嘉年间（307—313 年），政治腐败，民不聊生，永嘉五年（311 年），匈奴南侵，攻破洛阳，俘虏怀帝，焚毁全城，史称“永嘉丧乱”。西晋由此走向衰亡。

[2] 馁（něi）：饥饿。

[3] 传：轮流。饴（sì）：同“饲”，给人吃东西。

[4] 剡县：县名，晋时属会稽郡，在今浙江嵊州市。

[5] 苫（shàn）：居丧期间睡觉时用的草垫子。

[6] 心丧：不穿丧服，在心中服丧。

译文

郗鉴逢永嘉之乱，流落于乡下，生活贫困，吃不饱饭，乡里人认为郗鉴道德高尚，便轮流请他吃饭。郗鉴常常携带侄子郗迈和外甥周翼两个小孩一起去乡里人的家里吃饭。乡里人说：“大家都饥饿贫困，因为先生贤德，才打算周济先生，但是恐怕不能再兼顾这两个小孩的生存。”之后，郗鉴都一个人前去吃饭。吃完饭后，便在两颊边含满饭，回到家里再吐给两个小孩吃。于是，这两个小孩活了下来，一同过江。郗鉴死后，周翼从郯县放弃职务回乡，在郗鉴灵床前铺上草垫，整整守丧三年。

2.商汤破网

汤出，见野张网四面，祝曰：“自天下四方皆入吾网。”汤曰：“嘻，尽之矣！”乃去其三面，祝曰：“欲左，左。欲右，右。不用命，乃入吾网。”诸侯闻之，曰：“汤德至矣，及禽兽。”①（《史记·殷本纪》）

译文

有一天，商汤散步时，看到一个人在野外四面张网捕鸟，还祈祷着说：“无

① 司马迁：《史记》，中华书局 1959 年版，第 95 页。

论从哪里来的鸟都能进入我的网。”商汤对捕鸟的人说：“啊呀，鸟儿恐怕都被你捕光了。”说罢，便拆掉三面的网，并小声祷告：“鸟儿啊，你们愿意往左飞就往左飞，愿意往右飞就往右飞，实在不想活了，就进入网里来吧！”诸侯和部落首领们听说此事，纷纷说：“商汤是一个仁德的君王，他对飞禽都如此仁慈，对人肯定更加仁爱。”

3.范蠡散财助贫

范蠡，字少伯，春秋时楚国宛（今河南南阳）人。早年为越国大夫。越国被吴王夫差打败后，他随越王勾践在吴国做人质两年。回国后帮助勾践刻苦图强，最终勾践打败夫差，灭了吴国。为了报答范蠡，勾践要将一部分国土分给他，被他谢绝了。范蠡功成身退，辞去官职，游历五湖，来到齐国，从事经营活动。由于他善于理财，不到几年就积累下千金家产，成为齐国的首富。齐王得知他的才能，拜他为相。但他不热衷做官。看到不少百姓生活在贫困之中，他十分同情，于是他把自己的全部家财分给他们，然后离开齐国。随后他只身来到齐、宋、卫国交界处的陶地，化名为陶朱公，继续从事商业活动。不几年，他又发家了，财富积累得比之前还多。他又一次倾囊帮助穷人。他还把自己经商致富的方法教给穷苦百姓，让他们自主创业，脱贫致富。此后，他又第三次致富，第三次散财济贫。范蠡在十九年中三次发家，三次散财济贫，受到史家的高度评价，称他为“富好行其德”。[①]

4.赵盾救助饿夫

赵盾即赵宣子，春秋时在晋国执政。一次，赵盾到首阳山（今山西永济东南）打猎，在桑树下休息时，见到有个叫灵辄的人痛苦地坐在那里。赵盾问他得了什么病，他说：“我已经三天没吃东西了。”赵盾立即给了他许多食物，灵辄吃了一半，留下了一半。赵盾问他留下一半做什么。他说：“我在外做工

① 昂扬编：《中华传统美德图说》，湖南大学出版社2014年版，第19页。

三年了，不知道年老的母亲还在不在，现在离家很近了，留下这一半吃的孝敬老娘。”赵盾听后，叫他把剩下的一半都吃了，又给他装了一篓子饭和许多肉，放在袋子里，给他的母亲。灵辄问他的姓名、住处，赵盾没说就走了。

鲁宣公二年（前 607 年）九月，晋灵公派人刺杀赵盾没有成功，便又生出个阴险的主意。他请赵盾来喝酒，事先埋伏了武士，准备刺杀赵盾。赵盾的卫士得知了晋灵公的阴谋，就快步登上宴厅的台阶，说：“大臣陪着国君饮酒，超过三杯就失礼了。”说罢，拽着赵盾就离席下了台阶。晋灵公指使獒犬去咬赵盾，卫士跟獒犬搏斗，一边斗一边退，这时埋伏的武士冲了出来，正准备对赵盾下毒手，其中一名武士突然反戈回击，保住了赵盾的性命。原来，这名武士就是当年赵盾救助过的饿夫灵辄。①

5.大禹泣罪

禹出见罪人，下车问而泣之，左右曰：“夫罪人不顺道，故使然焉，君王何为痛之至于此也？”禹曰：“尧、舜之人，皆以尧、舜之心为心；今寡人为君也，百姓各自以其心为心，是以痛之也。”《书》曰：“百姓有罪，在予一人。”②（《说苑·君道》）

译文

禹出门的时候看见一个罪人，禹下车去问他，接着自己就哭起来。随从就说：“这个罪人不行大道，所以才会这样，您作为君王为什么也痛哭到这个地步呢？”禹说：“尧舜那个时候的人，他们都以尧舜的仁爱之心为心；现在我是一国君主，百姓却以他们自己的私心为心，所以我才会痛哭。”《书经》上说过：“如果百姓有罪，那就是我一个人的罪过。”

---

① 昂扬编：《中华传统美德图说》，湖南大学出版社 2014 年版，第 20 页。

② 程翔评注：《说苑》，商务印书馆 2018 年版，第 11—12 页。

第二节　守　仁

▲志士仁人，杀身成仁

一、名人名言

1. 子曰："仁远乎哉？我欲仁，斯仁至矣。"（《论语·述而第七》）①

译文

孔子说："仁德难道离我们很远吗？我要实行仁，仁就来了。"

2. 子曰："富与贵是人之所欲也，不以其道得之，不处[1]也；贫与贱是人之所恶也，不以其道得之，不去[2]也。君子去仁，恶乎[3]成名？君子无终食之间[4]违仁，造次[5]必于是，颠沛[6]必于是。"②（《论语·里仁第四》）

注释

[1] 不处：不接受。

[2] 不去：不去除。

[3] 恶乎：于何处。恶（wū），何。

[4] 终食之间：一顿饭的工夫，指时间短，一刻。

[5] 造次：匆忙急促时。

[6] 颠沛：困难奔波时。

---

① 朱熹：《四书章句集注》，中华书局 1983 年版，第 100 页。

② 朱熹：《四书章句集注》，中华书局 1983 年版，第 70 页。

译文

孔子说："富有与尊贵，这是每个人想要的，如果不按仁义的道义就得到了富贵，有道德的人绝对不会接受它；贫穷和低贱，这是每个人所厌恶的，如果不用仁义的道义来摆脱贫贱，那么有道德的人就不去除它。君子离开了仁德，还能在哪方面有所成就呢？君子哪怕是一顿饭的工夫也不违背仁德，匆忙急促时一定坚守于仁，困难奔波时一定执着于仁。"

3. 子曰："不仁者不可以久处约[1]，不可以长处乐[2]。仁者安[3]仁，知者利[4]仁。"①（《论语·里仁第四》）

注释

[1] 约：贫困。

[2] 乐：安乐。

[3] 安：习，坚守。

[4] 利：贪。

译文

孔子说："没有仁德的人不能长时间地生活在贫困之中，也不能长久地过着安乐的生活。有仁德的人总是安于仁德、坚守仁德，有智慧的人则是因为仁德有利，才去利用仁德实现仁。"

4. 子曰："志士仁人，无求生以害仁，有杀身以成仁。"②（《论语·卫灵公第十五》）

---

① 朱熹：《四书章句集注》，中华书局 1983 年版，第 69 页。

② 朱熹：《四书章句集注》，中华书局 1983 年版，第 163 页。

译文

孔子说："志士仁人，不会因为贪生怕死而损害他们的仁德，而是会勇敢地牺牲他们的生命来成全他们的仁德。"

5. 樊迟问知。子曰："务民之义，敬鬼神而远之，可谓知矣。"问仁。曰："仁者先难而后获，可谓仁矣。"①（《论语·雍也第六》）

译文

樊迟问怎么样才算聪明。孔子说："努力从事人民认为恰当的工作，尊敬鬼神，但要远离它们，这样可以算得上是聪明了。"樊迟又问怎么样才叫有仁德。孔子说："有仁德的人得先付出努力，然后才能得到收获，这样可以算是有仁德的了。"

6. 孟子曰："仁也者，人也[1]。合而言之，道也。"②（《孟子·尽心章句下》）

注释

[1] 仁也者，人也：古"仁"与"人"相同。《说文》云："仁，亲也。从人二。"意思是只要有两个人在一起，便不能不有仁的道德，而仁的道德也只能在人与人间产生。《中庸》也说："仁者，人也。"

译文

孟子说："'仁'的意思就是'人'。'仁'和'人'合并起来说，便是

---

① 朱熹：《四书章句集注》，中华书局1983年版，第89页。
② 朱熹：《四书章句集注》，中华书局1983年版，第367页。

‘道’。”

7. 孟子曰：“自暴[1]者，不可与有言也；自弃者，不可与有为也。言非[2]礼义，谓之自暴也；吾身不能居仁由义，谓之自弃也。仁，人之安宅也；义，人之正路也。旷[3]安宅而弗居，舍正路而不由[4]，哀哉！”①（《孟子·离娄上》）

注释

[1] 暴：残害。

[2] 非：以为不是。

[3] 旷：此作动词用，意为空出。

[4] 由：遵循，行走。

译文

孟子说：“自己伤害自己的人，不能和他交流出有意义的话；自己抛弃自己的人，不能和他一起做出有意义的事。开口就非议礼义，这叫作自己残害自己；我们自己不能以仁居心，不能实践道义，这叫自己抛弃自己。仁，是人类安心的住宅；义，是人类正确的道路。把安适的住宅空着不去住，把正确的道路丢掉不去走，可悲呀！”

8. 孟子曰：“仁之胜不仁也，犹水胜火。今之为仁者，犹以一杯水，救一车薪之火也；不熄，则谓之水不胜火，此又与于不仁之甚者也，亦终必亡而已矣。”②（《孟子·告子上》）

---

① 朱熹：《四书章句集注》，中华书局 1983 年版，第 281 页。

② 朱熹：《四书章句集注》，中华书局 1983 年版，第 336 页。

译文

孟子说："仁胜过不仁，正像水可以扑灭火一般。当今行仁的人，好像用一杯水来救一车火柴的火焰；火焰不熄灭，便说不能扑灭火，这些人又和很不仁的人一样了，到头来连他们自己仅有的仁都会消失的。"

9. 曾子曰："士[1]不可以不弘毅[2]，任重而道远。仁[3]以为己任，不亦重乎？死而后已，不亦远乎？"①（《论语·泰伯第八》）

注释

[1] 士：知识分子。

[2] 弘毅：就是"强毅"，胸怀宽广，意志坚强。

[3] 仁：指实现仁德。

译文

曾子说："读书人不可以不刚强而有毅力，因为他肩负沉重的使命，要跋涉遥远的路途。以推行仁义作为自己的任务，难道责任还不重大吗？为实现这一目的，到死方休，难道路程还不遥远吗？"

10. 子夏曰："博学而笃志，切问而近思，仁在其中矣。"②（《论语·子张第十九》）

---

① 朱熹：《四书章句集注》，中华书局 1983 年版，第 104 页。

② 朱熹：《四书章句集注》，中华书局 1983 年版，第 189 页。

译文

子夏说：“广泛地学习，坚持自己的志向，诚恳地发问，多考虑目前的问题，仁德就在其中了。”

11.“民之归仁也，犹水之就下、兽之走圹[1]也。故为渊驱鱼者，獭也；为丛驱爵[2]者，鹯[3]也；为汤武驱民者，桀与纣也。今天下之君有好仁者，则诸侯皆为之驱矣。虽欲无王，不可得已。今之欲王者，犹七年之病求三年之艾[4]也。苟为不畜，终身不得。苟不志于仁，终身忧辱，以陷于死亡。《诗》云：‘其何能淑，载胥及溺[5]。’此之谓也。”①（《孟子·离娄上》）

注释

[1] 圹：同“旷”，旷野。

[2] 爵：同“雀”。

[3] 鹯（zhān）：一种像鹞鹰的猛禽。

[4] 艾：即陈艾，常用于灸病，存放时间越久，疗效越好。

[5] 其何能淑，载胥及溺：引自《诗经·大雅·桑柔》。淑，善，好。载，句首语助词，无义。胥，相。及，与。溺，落水。

译文

“老百姓向仁德和仁政归附，就如同水流向下游，兽奔向旷野一样。所以，为了深潭把鱼赶来的是水獭；为了森林把鸟雀赶来的是鹞鹰；为商汤、周武把百姓赶来的，就是桀和纣了。如果当今天下的君主中有施行好仁政的，那其他诸侯都会为他把百姓赶来的。即使他不想统一天下，也是做不到的。如今这些希望用仁政来统一天下的人，就像害了七年的痼疾，要用三年的陈艾来医治。平时如果不积蓄，终身都会

① 朱熹：《四书章句集注》，中华书局 1983 年版，第 280—281 页。

得不到。如果无意于仁政，那一辈子都将陷于忧患与屈辱之中，以至于死亡。《诗经》上说：‘那如何能办得好，全部落水淹死了。’正是这个意思。”

12. 若皆仁人也，则无说而相与。仁人以其取舍是非之理相告，无故从有故也，弗知从有知也，无辞必服，见善必迁，何故相？[①]（《墨子·非儒下》）

译文

如果都是与仁德的人相处，就没有互相为敌的缘由。仁人之间都是把是非曲直的道理相互讲清楚，无道理的服从有道理的，无知的服从有知的，理屈词穷的应该服输，听到善言应该认同，为什么会互相为敌呢？

二、评点

仁爱的实践者是人。这体现在两个方面，一是思想情感与道德意识，二是行为方式、行为指向和行为力度。凡是真正有仁德的君子，总是会从自身的角度去坚守仁德。当仁德的行为要危及自身的利益时，哪怕是危及自身的生命时，也会毫不犹豫地选择仁德。生命诚可贵，但仁德不可摧，因此，“杀身成仁”成为中华优秀传统文化中道德追求的极致表达。自古以来，“杀身成仁”有许多表述，如“舍身成仁”“杀身成义”“取义成仁”等。以孔子、孟子、墨子为代表的先秦诸子对此所做出的阐述，展现了中华民族精神不朽的力量，浸润在民族血脉中，形成了中国人最崇高的生命意识和伟大力量。“杀身成仁”是仁德与崇高的人格、正义的精神和伟大的作为联系在一起的，多指为了崇高的理想或者满腔正义而坚贞不屈、视死如归，最终付出自己的生命，这是世界观、人生观、价值观的最高境界。因此，“杀身成仁”的观念影响深远，成为中华民族的精神基础。

① 毕沅校注，吴旭民标点：《墨子》，上海古籍出版社 2014 年版，第 160—161 页。

三、故事

1.孔子固穷

在陈绝粮，从者病[1]，莫能兴[2]。子路愠[3]见曰："君子亦有穷[4]乎？"子曰："君子固[5]穷，小人穷斯滥矣[6]。"①（《论语·卫灵公第十五》）

注释

[1] 病：原指重病，这里引申为"疲劳，困苦"。

[2] 兴：起。

[3] 愠：愤愤不平，不高兴。

[4] 穷：不得志，这里指穷途末路，陷入绝境。

[5] 固：固守，安守。

[6] 穷斯滥矣：斯，就。滥，泛滥，指胡作非为。

译文

（孔子）在陈国断绝了粮食的供应，随从们都饿病了，爬都爬不起来。子路愤愤不平地见孔子，说："难道君子也有一筹莫展的时候吗？"孔子道："君子行不通时，仍然会选择坚持；小人行不通时，便无所不为了。"

2.苏武牧羊北海

律知武终不可胁，白单于。单于愈益欲降之，乃幽武置大窖中，绝不饮食。天雨雪，武卧啮雪与旃毛并咽之，数日不死。匈奴以为神，乃徙武北海上无人处，使牧羝，羝乳[1]乃得归。别其官属常惠等，各置他所。武既至

① 朱熹：《四书章句集注》，中华书局1983年版，第161页。

海上，廪食不至，掘野鼠去[2]草实而食之。仗汉节牧羊，卧起操持，节旄尽落。①（《汉书·苏武传》）

注释

[1] 乳：用作动词，生育，指生小羊。

[2] 去（jǔ）：通“弆”，收藏。

译文

卫律知道苏武终究不愿意投降，报告了单于。于是单于越发想要使他投降，就把苏武囚禁起来，放在大地窖里面，不给他喝的吃的。下雪天，苏武躺在地上，把雪和毡毛一起吃下充饥，几日都没死。匈奴人觉得他是神，就把他流放到北海边没有人的地方，让他放牧公羊，说等到公羊生了小羊才能归汉。同时把他的部下及其随从人员常惠等分别安置到别的地方。苏武被流放到北海后，粮食运不到这边，只能掘取野鼠所储藏的野生果实来吃。他拄着汉廷的符节牧羊，睡觉、起来都拿着，以至于系在节上的牦牛尾毛全部掉落了。

3.谭嗣同为国捐躯

1897 年 10 月，谭嗣同应湖南巡抚陈宝箴的邀请，回到湖南从事维新运动，协助其创办时务学堂，施行筹办内河轮船、开矿、修铁路等新政。次年 2 月，他和唐才常等人创立了南学会，他们经常在一起开会讲学论政。3 月，创办了《湘报》，宣传变法。由于他和其他维新分子的努力，湖南成为全国维新运动开展得最好的一个省。8 月，由侍读学士徐致靖推荐，应诏入京。光绪皇帝召见他之后，赏他四品卿衔军机章京，参与新政。他经常为光绪皇帝批阅奏章，草拟谕旨，努力推动变法。9 月 21 日，清廷以慈禧为代表的顽固派发

---

① 班固：《汉书》，中华书局 1964 年版，第 2462—2463 页。

动政变，有人劝他出走避难，他回答说："自古至今，地球万国，为民变法，必先流血。我国二百年来，未有为民变法流血者，流血者请自嗣同始。"被捕后，他在狱中的墙壁上题词："我自横刀向天笑，去留肝胆两昆仑。"以慈禧太后为首的封建顽固派，大肆捕杀维新党人，维新志士谭嗣同、林旭、杨深秀、杨锐、刘光第、康广仁"戊戌六君子"于1898年9月28日在北京惨遭杀害，临刑前谭嗣同高呼"有心杀贼，无力回天，死得其所，快哉快哉！"，表现出视死如归的英雄气概。终年33岁。①

4.孔子守仁

见齐衰者，虽狎，必变。见冕者与瞽者，虽亵，必以貌。凶服者式之。式负版者。②（《论语·乡党第十》）

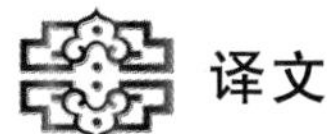 **译文**

孔子看见穿着丧服的人，即使是关系亲密的，也一定会改变神色。看见戴着礼帽的人和盲人，即使是很熟悉的，也一定表现得有礼貌。在车中遇着运送死人衣物的人，便把身体微微向前一俯，手扶着车前的横木，表示同情。

5.孟子辩仁

告子曰："食色，性也。仁，内也，非外也；义，外也，非内也。"孟子曰："何以谓仁内义外也？"曰："彼长而我长之[1]，非有长于我也；犹彼白而我白之，从其白于外也，故谓之外也。"曰："异于[2]白马之白也，无以异于白人之白也；不识长马之长也，无以异于长人之长与？且谓长者义乎？长之者义乎？"曰："吾弟则爱之，秦人之弟则不爱也，是以我为悦者也，故谓之内。长楚人之长，亦长吾之长，是以长为悦者也，故谓之外也。"曰：

① 路则省等主编：《爱国主义教育辞典》，大连出版社1991年版，第137—138页。

② 朱熹：《四书章句集注》，中华书局1983年版，第122页。

“耆[3]秦人之炙，无以异于耆吾炙，夫物则亦有然者也，然则耆炙亦有外欤？”①（《孟子·告子上》）

注释

[1] 彼长而我长之：第一个“长”指年长，第二个“长”指将其看作长者来尊敬。

[2] 异于：朱熹《孟子集注》引张氏的说法认为“‘异于’两字疑衍”。

[3] 耆：同“嗜”。

译文

告子说：“饮食男女，这是本性。仁是内在的东西，不是外在的东西；义是外在的东西，不是内在的东西。”孟子问：“为什么说仁是内在的东西，义是外在的东西呢？”告子答道：“因为他年纪大，所以我才尊敬他，这尊敬不是我固有的；就像那东西是白的，我便认它作白的东西，这是因为那东西的白被我认识的缘故，所以说是外在的东西。”孟子说：“白马的白和白人的白或者无所不同；但是不知道对老马的怜悯和对老者的尊敬心，是不是也没有什么不同呢？况且，您所谓的义，是说老者呢，还是说尊敬老者的人呢？”告子答道：“是我的弟弟于是我爱他，是秦国人的弟弟我便不爱他，这是因我自己高兴这样做，所以说仁是内在的东西。尊敬楚国的老者，也尊敬我自己的老者，这是因为他们都是老者的缘故，所以说义是外在的东西。”孟子说：“喜欢吃秦国人的烧肉，和喜欢吃自己的烧肉无所不同，各种事物也有这样的情形，那么，难道喜欢吃烧肉的心也是外在的东西吗？那不和您说的饮食是本性的论点相矛盾了吗？”

① 朱熹：《四书章句集注》，中华书局1983年版，第326—327页。

第三节　去　恶

▲仁者有勇，仁者除害

一、名人名言

1. 子曰："苟[1]志[2]于仁矣，无恶[3]也。"①（《论语·里仁第四》）

注释

[1] 苟：假如。

[2] 志：立志。

[3] 恶：坏。

译文

孔子说："假如一个人立志修养仁德，他就不会去做坏事了。"

2. 子曰："有德者必有言，有言者不必有德；仁者必有勇，勇者不必有仁。"②（《论语·宪问第十四》）

译文

孔子说："有仁德的人一定留有名言，但有名言的人，不一定都有仁德；有

① 朱熹：《四书章句集注》，中华书局1983年版，第70页。

② 朱熹：《四书章句集注》，中华书局1983年版，第149页。

仁德的君子一定有超凡的勇气（勇敢地去除恶、施仁），但勇敢的人，却不一定都有仁德（会愿意去除恶施仁）”。

3. 子曰：“唯仁者能好[1]人，能恶[2]人。”①（《论语·里仁第四》）

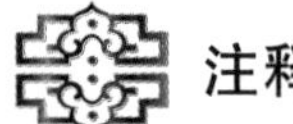

注释

[1] 好：喜爱。

[1] 恶：厌恶，憎恨。

译文

孔子说：“只有具有仁德的人才能真心地喜爱他人，才能真心地厌恶、痛恨没有仁德的人。”

4. 朱熹：“仁者，心无私累[1]，见义必为[2]。”②（《四书集注·论语集注》）

注释

[1] 累：拖累。

[2] 为：做。

译文

朱熹说：“有仁德的人，心中没有私欲私利的拖累，遇见道义的事情就一定会勇敢地去做。”

① 朱熹：《四书章句集注》，中华书局 1983 年版，第 69 页。

② 朱熹：《四书章句集注》，中华书局 1983 年版，第 149 页。

5. 王如施仁政于民，省刑罚，薄税敛，深耕易耨[1]。壮者以暇日修其孝悌忠信，入以事其父兄，出以事其长上，可使制[2]梃[3]以挞秦楚之坚甲利兵矣。彼夺其民时，使不得耕耨以养其父母，父母冻饿，兄弟妻子离散。彼陷溺其民，王往而征[4]之，夫谁与王敌？故曰：“仁者无敌。”王请勿疑！（《孟子·梁惠王上》）①

注释

[1] 易耨（nòu）：快速锄头草。易，快速。耨，古代锄草的农具。

[2] 制：制造。

[3] 梃（tǐng）：棍棒。

[4] 征：讨伐。

译文

大王您如果对百姓施行仁政，减免刑罚，减轻赋税，使得他们能够深耕细作，迅速除去杂草；让年轻人能用闲暇时间学习仁德，修养孝顺父母、敬爱兄长、为人忠心、诚实守信的德行，在家里侍奉父兄，在朝廷侍奉上级，这样，造些木棒给他们用，也能打击披坚执锐的秦楚大军。而秦国、楚国却相反，他们侵占了老百姓的生产时间，使他们不能通过耕种来养活父母，使他们的父母受冻挨饿，兄弟妻儿东逃西散。秦王、楚王使他们的百姓沉沦在痛苦的深渊里，大王去讨伐他们，那还有谁与您为敌呢？老话讲得好：“仁德的人无敌于天下。”您不要疑虑了吧！

6. 子墨子言：“仁人之事，必务求兴天下之利，除天下之害。”②（《墨子·兼爱中》）

① 朱熹：《四书章句集注》，中华书局 1983 年版，第 206 页。

② 毕沅校注，吴旭民标点：《墨子》，上海古籍出版社 2014 年版，第 65 页。

译文

墨子说："有仁德的人做事，一定是通过自己的勇气来谋求兴办对国家和百姓有利的事情，革除对国家和百姓不好的事情。"

二、评点

仁者守仁，必然去恶。所谓去恶，就是远离和驱除邪恶。凡是具备仁德的人，总是善恶分明。从善积德、除恶惩邪，既是力之所及，亦是人生取向。因为仁德的君子孕育着崇高的道义理想、开阔的精神气度和强大的主体力量，其仁德底气深厚博大，会由内而外形成巨大的勇气和能量。因此，不仅自己会英勇地去抗击邪恶，坚决斗争，而且也因为其仁德的影响，往往能一呼百应，在民众中形成抗击邪恶的力量，从而形成无可匹敌的能量，战胜邪恶。这是中华民族生生不息的精神核力的表现。正是如此，自古以来的名人雅士都对"仁"进行礼赞。

三、故事

1. 孙叔敖杀蛇安民

孙叔敖为婴儿之时，出游，见两头蛇，杀而埋之。归而泣，其母问其故，叔敖对曰："吾闻见两头之蛇者死，向者吾见之，恐去母而死也。"其母曰："蛇今安在？"曰："恐他人又见，杀而埋之矣。"其母曰："吾闻有阴德者，天报之以福，汝不死也。"及长，为楚令尹，未治，而国人信其仁也。[①]（《新序·杂事一》）

① 刘向撰，卢元骏注译：《新序今注今译》，天津古籍出版社1987年版，第6页。

译文

孙叔敖幼年时出去游玩，看见一条长着两个头的蛇，于是杀死它并且把它埋了起来。他哭着回家，母亲问他为什么哭泣，孙叔敖回答道："我听说看见长两个头的蛇的人一定会死，刚才我见到了一条两头蛇，恐怕要离开母亲您先死去了。"他母亲说："蛇现在在哪里？"孙叔敖说："我担心别人再看见它，就把它杀掉并埋起来了。"他母亲对他说："我听说积有阴德的人，上天会降福于他，所以你不会死的。"等到孙叔敖长大成人后，做了楚国的令尹，还没有上任，人们就已经都相信他是个仁慈的人了。

2.孔子弃求

孟子曰："求也为季氏宰[1]，无能改于其德，而赋粟倍他日。孔子曰：'求非我徒也，小子鸣鼓而攻之可也。'由此观之，君不行仁政而富之，皆弃于孔子者也。况于为之强战？争地以战，杀人盈野；争城以战，杀人盈城。此所谓率土地而食人肉，罪不容于死。故善战者服上刑[2]，连诸侯[3]者次之，辟草莱、任土地[4]者次之。"①（《孟子·离娄上》）

注释

[1] 求：孔子的弟子冉求，字子有，他是孔门政事科的弟子。季氏：指当时执掌鲁国大权的季孙氏。宰：大夫的家臣。

[2] 服上刑：服，罚；上刑，重刑。

[3] 连诸侯：朱熹《孟子集注》云："连结诸侯，如苏秦、张仪之类。"

[4] 辟草莱、任土地：指开垦土地，分土授民。

① 朱熹：《四书章句集注》，中华书局 1983 年版，第 283 页。

译文

孟子说："冉求当了季康子的总管，却不能改变他的行为，田赋反而增加了一倍。孔子说：'冉求不是我的学生，同学们可以大张旗鼓地攻击他。'从这里看来，君主不实行仁政，反而去帮助他搜刮财富的人，都是被孔子所鄙夷的，何况帮那不仁的君主努力作战的人呢？这些人为争夺土地而战，杀得尸横遍野；为争夺城池而战，被杀死的人满城，这真可以叫作带领土地来吃人肉，一死不足以原谅他们的罪过。所以，战争贩子应该受最重的刑法；摇唇鼓舌，推销合纵连横战略构想的人该受次一等的刑罚；为了替君主搜刮财富而让百姓背井离乡去开垦草莽以尽地利的人该受再次一等的刑罚。"

3.管仲为相守仁

子路曰："桓公杀公子纠[1]，召忽[2]死之，管仲不死。"曰："未仁乎？"子曰："桓公九合诸侯[3]，不以兵车[4]，管仲之力也。如其仁[5]！如其仁！"①（《论语·宪问第十四》）

注释

[1] 公子纠：齐桓公的哥哥。齐桓公与他争位，杀掉了他。

[2] 召忽：管仲和召忽都是公子纠的家臣。公子纠被杀后，召忽自杀，管仲归服于齐桓公，并当上了齐国的宰相。

[3] 九合诸侯：指齐桓公多次召集诸侯盟会。

[4] 不以兵车：即不用武力。

[5] 如其仁：这就是他的仁德。

① 朱熹：《四书章句集注》，中华书局1983年版，第153页。

译文

子路道："齐桓公杀了公子纠，公子纠的师父召忽因此自杀，但是他的另一师父管仲却活着。"接着又道："管仲怕是不仁吧？"孔子道："齐桓公多次主持诸侯间的盟会，平定了战祸，这都是管仲的力量。这就是管仲的仁德！这就是管仲的仁德！"

4.仁政多助

孟子曰："天时不如地利，地利不如人和。三里之城，七里之郭，环而攻之而不胜。夫环而攻之，必有得天时者矣；然而不胜者，是天时不如地利也。城非不高也，池[1]非不深也，兵[2]革非不坚利也，米粟非不多也；委[3]而去之，是地利不如人和也。故曰：域民[4]不以封疆之界，固国不以山溪之险，威天下不以兵革之利。得道者多助，失道者寡助。寡助之至，亲戚畔[5]之；多助之至，天下顺之。以天下之所顺，攻亲戚之所畔；故君子有[6]不战，战必胜矣。"①（《孟子·公孙丑下》）

注释

[1] 池：即护城河。

[2] 兵：武器，指戈矛刀箭等攻击性武器。

[3] 委：弃。

[4] 域民：限制人民。域，界限。

[5] 畔：通"叛"。

[6] 有：或，要么。

① 朱熹：《四书章句集注》，中华书局 1983 年版，第 241 页。

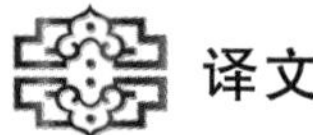

译文

孟子说："天时不如地利，地利不如人和。比如有一座小城，它的每一边只有三里长，外郭每边也只有七里。敌人围攻它，却不能取胜。能够围而攻之，一定得到了合乎天时的战机，然而不能取胜，这就说明得天时不如占地利。再者，另一位守城者，城墙不是不高，护城河不是不深，兵器甲胄不是不锐利坚固，粮食不是不多；然而敌人一来，就弃城而逃，这就说明占地利不如人和。所以我说，限制人民不必用国家的疆界，保护国家不必靠山川的险阻，威慑天下不必凭兵器的锐利。行仁政的人得到的帮助多，不行仁政的人得到的帮助少。帮助的人少到了顶点，连亲戚都背叛他；帮助的人多到了顶点，普天下都顺从他。拿全天下顺从的力量去攻打连亲戚都背叛的人，那么，仁君圣主要么不用战争手段，若用战争手段，就一定会胜利。"

5.陈寔遗盗

寔在乡闾，平心率物[1]。其有争讼，辄求判正，晓譬曲直[2]，退无怨者。至乃叹曰："宁为刑罚所加，不为陈君所短[3]。"时岁荒民俭[4]，有盗夜入其室，止于梁上。寔阴见，乃起自整拂[5]，呼命子孙，正色训之曰："夫人不可不自勉。不善之人未必本恶，习以性成，遂至于此。梁上君子者是矣！"盗大惊，自投于地，稽颡[6]归罪。寔徐譬之曰："视君状貌，不似恶人，宜深克己反善。然此当由贫困。"令遗绢二匹。自是一县无复盗窃。①（《后汉书·荀韩钟陈列传》）

注释

[1] 平心率物：居心公平，正直地对待事物。率，循着，沿着。引申为榜样，楷模。

① 范晔：《后汉书》，中华书局 1965 年版，第 2066—2067 页。

[2] 晓譬曲直：明白详细地说明是非。譬，晓谕，说道理给人听。晓譬，开导。

[3] 短：批评，指责。

[4] 岁荒民俭：岁，年成。俭，生活艰难，贫困。

[5] 整拂：整理拂拭（衣服）。

[6] 稽（qǐ）颡（sǎng）：古代一种跪拜礼，屈膝下拜，以额触地，表示极度的虔诚。

译文

陈寔在乡间，以平和的心对待事物。百姓争着打官司时，陈寔判决公正，告诉百姓道理的曲直，百姓回去后没有埋怨的。大家感叹说："宁愿被刑罚处治，也不愿被陈寔批评。"当时年成不好，民众没有收成，有小偷夜间进入陈寔家里，躲在房梁上。陈寔暗中发现了，就起来整顿衣服，让子孙聚拢过来，正色训诫他们说："人不可以不自我勉励。不善良的人不一定本性是坏的，（坏）习惯往往由（不注重）品性修养而形成，于是到了这样的地步。梁上君子就是这样的人！"小偷大惊，从房梁跳到地上，跪拜在地，诚恳认罪。陈寔慢慢告诉他说："看你的长相，也不像个坏人，应该深自克制，返回正道。然而你这种行为当是由贫困所致。"结果还赠送二匹绢给小偷。从此全县没有再发生盗窃。

6.孟子驳告子

告子曰："性，犹杞柳也；义，犹桮棬也。以人性为仁义，犹以杞柳为桮棬。"孟子曰："子能顺杞柳之性而以为桮棬乎？将戕贼杞柳而后以为桮棬也？如将戕贼杞柳而以为桮棬，则亦将戕贼人以为仁义与？率天下之人而祸仁义者，必子之言夫！"[①]（《孟子·告子上》）

① 朱熹：《四书章句集注》，中华书局1983年版，第325页。

译文

告子说："人的本性好比榉柳树，义理好比杯盘。把人的本性纳于仁义，正好比用榉柳树来制成杯盘。"孟子说："您是顺着榉柳树的本性来制成杯盘呢，还是毁伤榉柳树的本性来制成杯盘呢？如果要毁伤榉柳树的本性后才制成杯盘，那不也要毁伤人的本性后才纳之于仁义吗？率领天下的人来祸害仁义的，一定是您的这种学说吧！"

第四节　务　本

▲君子务本，仁之基也

一、名人名言

1. 有子曰："君子务本[1]，本立而道[2]生。孝弟也者，其为仁[3]之本与[4]！"①（《论语·学而第一》）

注释

[1] 务本：追求根本的道德规范。本，这里指孝悌。

[2] 道：道德。

[3] 仁：这是孔子心目中的一种最高道德的名称。这里指仁爱。

[4] 与，通"欤"。语气词，表示疑问。

① 朱熹：《四书章句集注》，中华书局 1983 年版，第 48 页。

译文

有子说：“君子专心于树立基础，基础树立了，‘道’也就产生了。孝顺父母，尊敬兄长，这就是‘仁’的基础吧！”

2. 子曰：“弟子入则孝，出则弟[1]，谨而信，泛爱众，而亲仁[2]。”①（《论语·学而第一》）

注释

[1] 入、出：指“入父宫”，“出己宫”。宫：房子。

[2] 仁：仁人。古代汉语中常用某一具体的人或事物的特征、性质来指代那一具体的人或事物。

译文

孔子说：“学生们回到家里，在父母跟前，要尽孝道，到社会上要敬长尊贤，谨慎地做事而守信誉，广泛地亲爱民众，亲近有仁德的人。”

3. “故为政在人。取人以身，修身以道，修道以仁。仁者，人也，亲亲[1]为大[2]。”②（《礼记·中庸第三十一》）

注释

[1] 亲亲：亲爱自己的亲属。

[2] 大：最重要。

① 朱熹：《四书章句集注》，中华书局 1983 年版，第 49 页。

② 杨天宇：《礼记译注》下册，上海古籍出版社 2004 年版，第 700 页。

译文

“所以为政的关键在于获得人才，选择人才要看他自身的品德，修养自身的品德就要遵循道义，遵循道义首先要从仁德做起。所谓‘仁’就是指人性，尊敬亲人是其中最重要的内容。”

4. 子曰：“知者乐水，仁者乐山；知者动，仁者静；知者乐，仁者寿。”①（《论语·雍也第六》）

译文

孔子说：“智慧的人喜欢水，仁德的人喜欢山；智慧的人思想活跃，喜欢活动，仁德的人比较沉静；智慧的人常常快乐，仁德的人常常长寿。”

5. 子曰：“知及之，仁不能守之；虽得之，必失之。知及之，仁能守之。不庄以莅之，则民不敬。知及之，仁能守之，庄以莅之。动之不以礼，未善也。”②（《论语·卫灵公第十五》）

译文

孔子说：“做官的智慧够了，如果不能以仁德守住官位，即使得到官位，也一定会失去。做官的智慧够了，如果能以仁德守住官位，而不能严肃谨慎地面对人民，那么人民就不会尊重管理者而认真地工作。做官的智慧够了，如果能以仁德守住官位，又能严肃谨慎地面对人民，但办事不以礼为规范章法，也不是最好的官。”

---

① 朱熹：《四书章句集注》，中华书局1983年版，第90页。
② 朱熹：《四书章句集注》，中华书局1983年版，第167页。

6. 子曰："巧言令色[1]，鲜矣仁！"①（《论语·学而第一》）

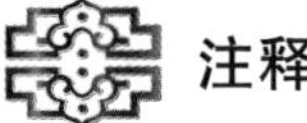

注释

[1] 巧言令色：这里用以形容满脸堆笑的谄媚样子。巧，乖巧。令，美，善。色，脸色。

译文

孔子说："满口花言巧语，满脸充满着讨好的笑，这种人，是没有多少仁德的。"

7. 安土敦乎仁，故能爱。②（《周易·系辞上》）

译文

安于所处的地位，培养深厚的仁慈，所以能仁爱。

8. 温良者，仁之本也；敬慎者，仁之地也；宽裕者，仁之作也；孙[1]接者，仁之能也；礼节者，仁之貌也；言谈者，仁之文也；歌乐者，仁之和也；分散者，仁之施也。儒皆兼而有之，犹且不敢言仁也：其尊让有如此者。③（《礼记·儒行第四十一》）

① 朱熹：《四书章句集注》，中华书局 1983 年版，第 48 页。
② 朱熹：《周易本义》，北京大学出版社 1992 年版，第 140 页。
③ 杨天宇：《礼记译注》下册，上海古籍出版社 2004 年版，第 798 页。

注释

[1] 孙：通“逊”。

译文

温柔善良，是仁者的根本；恭敬谨慎，是仁者的土壤；宽大包容，是仁者的行动；谦逊待人，乃仁者所能；一举一动都有礼貌，是仁者的外貌；说话谈吐高雅，是仁者的文采；吹歌弹唱，是仁者的谐和；分散钱财，赈济贫穷，是仁者的施与。儒者兼有以上的美德，仍然不敢说自己已达到仁。儒者恭敬谦让有如上所说的。

9.子曰：“人而不仁[1]，如礼[2]何？人而不仁，如乐[3]何？”①（《论语·八佾第三》）

注释

[1] 仁：仁德。

[2] 礼：礼仪。

[3] 乐：音乐。

译文

孔子说：“一个人没有仁德之心，能用礼做什么呢？一个人没有仁德之心，能用乐做什么呢？”

10. 司马牛问仁。子曰：“仁者其言也讱[1]。”曰：“其言也讱，斯谓之仁

① 朱熹：《四书章句集注》，中华书局 1983 年版，第 61 页。

已乎？”子曰：“为之难，言之得无讱乎？”①（《论语·颜渊第十二》）

注释

[1] 讱（rèn）：话难说出口。这里引申为说话谨慎。

译文

司马牛问仁德。孔子道：“仁人，他的言语舒缓且谨慎。”司马牛道：“言语谨慎，这就叫作仁了吗？”孔子道：“做起来不容易，说话能够不谨慎吗？”

二、点评

仁，表现在做人的基本要求上，不仅体现在孝悌和遵守规矩等行为表现上，还体现在态度与修养上，还表现为恭、宽、信、敏、惠五个方面，即庄重、宽厚、诚实、勤敏、慈惠。这五种品德都能有效提升自我修养，并有利于他人。庄重，于己可以趋向稳重、避免轻浮；于人则能多受尊重、倍感踏实。宽厚，于己可以扩大胸量、强化善念；于人则能如坐春风、深受感染。诚实，于己可以无愧于心、无愧于道；于人则能真切可感、踏实可信。勤敏，于己可以勤于肢体、敏于思索；于人则能多见实效、多受教益。慈惠，于己可以大度容人、大爱助人；于人则能感受春暖、远离秋凉。所以，仁的根本，必是心通真理，行合大道，内以无私，外以利人。

① 朱熹：《四书章句集注》，中华书局1983年版，第133页。

三、故事

1. 袁安守仁本

时大雪积地丈余，洛阳令身出案行，见人家皆除雪出，有乞食者。至袁安门，无有行路。谓安已死，令人除雪入户，见安僵卧。问何以不出。安曰："大雪人皆饿，不宜干人。"令以为贤，举为孝廉。①（《后汉书·袁安传》）

译文

后汉有一个叫袁安的人，操守高洁，冬天下雪的时候，地下雪有一丈多厚，洛阳令在城中察看，看见每户人家都在扫雪，路上有乞食的人。行到袁安家门，门前没有行路。他以为袁安已死，叫人除雪进内察看，见袁安在室内僵卧。问他为什么不出去。袁安说："天下大雪人都缺食，不适宜求人。"洛阳令认为他贤德，举荐为孝廉。

2.孔子仁德感人

子禽[1]问于子贡[2]曰："夫子[3]至于是邦也，必闻其政，求之与？抑[4]与之与？"子贡曰："夫子温、良、恭、俭、让以得之。夫子之求之也，其诸[5]异乎人之求之与？"②（《论语·学而第一》）

注释

[1] 子禽：姓陈名亢，字子禽。郑玄所注《论语》说他是孔子的学生，但《史记·仲尼弟子列传》未载此人，故一说子禽非孔子学生。

① 范晔：《后汉书》，中华书局1965年版，第1518页。
② 朱熹：《四书章句集注》，中华书局1983年版，第51页。

[2] 子贡：姓端木名赐，字子贡，卫国人，比孔子小 31 岁，是孔子的学生，生于公元前 520 年。子贡善辩，孔子认为他可以做大国的宰相。

[3] 夫子：这是古代的一种敬称，凡是做过大夫的人都可以取得这一称谓。孔子曾担任过鲁国的司寇，所以他的学生们称他为夫子。后来，因此而沿袭以称呼老师。

[4] 抑：表示选择的文言连词，有“还是”的意思。

[5] 其诸：语气词，有大概或者的意思。

译文

子禽问子贡道：“夫子他老人家每到一个国家，一定会听到那个国家的政事，是主动打听来的，还是别人自动告诉的呢？”子贡说：“是靠他老人家温和、善良、严肃、节俭、谦虚的美德取得的。他老人家的取得，大概和别人的取得，不相同吧？”

3.孔子谦恭

孔子于乡党[1]，恂恂如[2]也，似不能言者。

其在宗庙朝廷，便便[3]言，唯谨尔。

朝，与下大夫言，侃侃如也；与上大夫言，訚訚如也。君在，踧踖如也，与与如也。

君召使摈，色勃如也，足躩如也。揖所与立，左右手。衣前后，襜如也。趋进，翼如也。宾退，必复命曰：“宾不顾矣。”

入公门，鞠躬如也，如不容。立不中门，行不履阈。过位，色勃如也，足躩如也，其言似不足者。摄齐升堂，鞠躬如也，屏气似不息者。出，降一等，逞颜色，怡怡如也。没阶趋，翼如也。复其位，踧踖如也。①（《论语·乡党第十》）

① 朱熹：《四书章句集注》，中华书局 1983 年版，第 117 页。

注释

[1] 乡党：古代地方组织的名称。五百家为党，一万二千五百家为乡。

[2] 恂恂如也：恂（xún）恂，恭顺貌。如，相当于“然”。

[3] 便（pián）便：明白畅达。

译文

孔子回到故乡，非常恭顺，好像不能说话的样子。

他在宗庙里、朝廷上却能明白晓畅地说出自己的意见，只是说得不多。

上朝时，在君主到来之前，与下大夫说话，温和而快乐；与上大夫说话，正直而恭敬。君主来了，便显出恭敬而局促的样子，行步却十分从容。

鲁君召他接待国宾，面色矜持庄重，脚步也快起来。向两旁的人作揖，不停地左右拱手，衣服一俯一仰，却很整齐。快步向前，如鸟儿展翅。贵宾退下后，一定向君主报告：“客人已经不回头了。”

走进朝廷大门，他的仪容十分敬畏，好像无处容身。站，不站在门中间；走，不踩门槛。经过国君座位，面色矜持，脚步也快，言语也好像中气不足。提起下摆朝堂上走，恭敬谨慎，憋住气好像不呼吸。出来，下一级台阶，面色舒展，怡然自得。下完台阶，轻快地向前走几步，如同鸟儿舒展翅膀。回到自己的位置，又显出恭敬局促的样子。

4. 齐宣王问政

齐宣王问曰：“人皆谓我毁明堂，毁诸？已乎？”

孟子对曰：“夫明堂者，王者之堂也。王欲行王政，则勿毁之矣。”

王曰：“王政可得闻与？”

对曰：“昔者文王之治岐也，耕者九一，仕者世禄，关市讥而不征，泽梁无禁，罪人不孥。老而无妻曰鳏。老而无夫曰寡。老而无子曰独，幼而无父曰孤。此四者，天下之穷民而无告者。文王发政施仁，必先斯四者。《诗》

云：‘哿矣富人，哀此茕独。’”

王曰：“善哉言乎！”

曰：“王如善之，则何为不行？”

王曰：“寡人有疾，寡人好货。”

对曰：“昔者公刘好货，《诗》云：‘乃积乃仓，乃裹糇粮，于橐于囊。思戢用光。弓矢斯张，干戈戚扬，爰方启行。’故居者有积仓，行者有裹囊也。然后可以爰方启行。王如好货，与百姓同之，于王何有？”

王曰：“寡人有疾，寡人好色。”

对曰：“昔者太王好色，爱厥妃。《诗》云：‘古公亶父，来朝走马，率西水浒，至于岐下。爰及姜女，聿来胥宇。’当是时也，内无怨女，外无旷夫。王如好色，与百姓同之，于王何有？”[①]（《孟子·梁惠王下》）

译文

齐宣王问道：“别人都劝我把明堂毁掉，到底是毁呢，还是不毁？”

孟子答道：“明堂是什么呢？是有道德而统一天下的王者的殿堂。您如果要实行王政，就不要把它给毁了。”

王说：“实行王政的事，我可以听听吗？”

答道：“从前周文王治理岐地，对农夫的税率是九分抽一；做官的人可以世代承袭俸禄；在关卡和市场只稽查，不征税；湖泊可以任意捕鱼，没有禁令；罪犯只惩罚他本人，不株连家属。老了没妻子叫鳏夫，老了没丈夫的叫寡妇，没有儿女的老人叫孤老，死了父亲的儿童叫孤儿。这四种人是世上最穷苦无依的人。周文王实行仁政，一定最先照顾他们。《诗经》说得好：‘有钱人生活没困难，可怜那些无依无靠的人吧！’”

宣王说：“这话说得真好！”

孟子说：“您如果认为这话好，那为什么不实行呢？”

---

① 朱熹：《四书章句集注》，中华书局1983年版，第218—219页。

宣王说："我有个小毛病，我喜爱钱财，实行王政怕有困难。"

孟子说："从前公刘也喜爱钱财，《诗经》说，'粮食堆满仓，用来做干粮，还装满橐囊。百姓安居国威扬。箭上弦，弓开张，梭镖大斧都上场，浩浩荡荡向前方'。王如果喜爱钱财，能跟老百姓一道，对您实行王政有什么困难呢？"

王又说："我有个毛病，我喜爱女人，实行王政怕有困难。"

孟子答道："从前太王也喜爱女人，十分娇宠他的妃子。《诗经》说：'古公亶父清早骑着马，沿着西边的河岸，来到岐山下。视察民众的住宅，姜女始终伴随着他。'这一时代，既没有已到结婚年龄而无夫的女子，也没有已到结婚年龄而无妻子的男子。王如果喜爱女人，能跟老百姓一道，对您实行王政有什么困难呢？"

5.孟子倡导仁政

孟子曰："规矩，方员之至也；圣人，人伦之至也。欲为君，尽君道；欲为臣，尽臣道。二者皆法尧舜而已矣。不以舜之所以事尧事君，不敬其君者也；不以尧之所以治民治民，贼其民者也。孔子曰：'道二：仁与不仁而已矣。'暴其民甚，则身弑国亡；不甚，则身危国削。名之曰'幽厉[1]'，虽孝子慈孙，百世不能改也。《诗》云：'殷鉴[2]不远，在夏后之世。'此之谓也。"①（《孟子·离娄上》）

注释

[1] 幽、厉：指周幽王、周厉王，都是含贬义的谥号。

[2] 鉴：铜镜。这里指借鉴。

译文

孟子说："圆规和曲尺是方圆的极致，圣人是为人的极致。要做君主，就要

① 朱熹：《四书章句集注》，中华书局 1983 年版，第 277 页。

尽君主之道；要做臣子，就要尽臣子之道。这两者都只要效法尧和舜就行了。不像舜服侍尧那样服侍君上，便是对君主的不恭敬；不像尧治理百姓那样治理百姓，便是对老百姓的伤害。孔子说：‘治理国家的方法有两种，行仁政和不行仁政罢了。’暴虐百姓太厉害，本身便会被杀，国家会被灭亡；不太厉害，本身也会危险，国力会被削弱，死了的谥号叫作‘幽’，叫作‘厉’，即使他有孝子贤孙，经历一百代也背着一个坏名声不能更改。《诗经》说过：‘殷商的可鉴之镜离它不远，就是前一代的夏朝。’说的正是这个意思。”

6.孟子倡议修仁德

孟子曰：“广土众民，君子欲之，所乐不存焉；中天下而立，定四海之民，君子乐之，所性不存焉。君子所性，虽大行[1]不加焉，虽穷居不损焉，分定故也。君子所性，仁义礼智根于心，其生色也，睟然[2]见于面，盎[3]于背，施于四体，四体不言而喻。”①（《孟子·尽心上》）

注释

[1] 大行：指理想通行于天下。

[2] 睟然：润泽的样子。

[3] 盎：显现。

译文

孟子说：“拥有广大的土地、众多的人民，是君子的希望，但是乐趣不在这儿；居于天下的中央，安定天下的百姓，君子以此为乐，但是本性不在这儿。君子的本性，即使他的理想通行于天下，也并不因此而增多，纵使穷困隐居也不因此而减，这是因为本分已固定了的缘故。君子的本性，仁义礼智根植于他心中，

① 朱熹：《四书章句集注》，中华书局1983年版，第354—355页。

而表现在外的是安逸祥和，它表现在颜面，反映于肩背，延伸到手足四肢，在手足四肢的动作上，不必言语，别人一目了然。”

7.孔子守本

长沮、桀溺[1]耦而耕，孔子过之，使子路问津[2]焉。长沮曰：“夫[3]执舆者为谁？”子路曰：“为孔丘。”曰：“是鲁孔丘与？”曰：“是也。”曰：“是知津矣。”问于桀溺，桀溺曰：“子为谁？”曰：“为仲由。”曰：“是鲁孔丘之徒与？”对曰：“然。”曰：“滔滔者天下皆是也，而谁以易之？且而与其从辟人之士也，岂若从辟世之士哉？”耰而不辍。子路行以告。夫子怃然[4]曰：“鸟兽不可与同群，吾非斯人之徒与而谁与？天下有道，丘不与易也。”①（《论语·微子第十八》）

注释

[1] 长沮、桀溺：都是当时的隐士。

[2] 津：渡口。

[3] 夫（fú）：彼，那个。

[4] 怃然：怅然，失意。

译文

长沮、桀溺两人一同耕田，孔子从那里路过，让子路去问渡口。长沮问子路：“那位驾车子的是谁？”子路道：“是孔丘。”他又道：“是鲁国的那位孔丘吗？”子路道：“是的。”长沮道：“他嘛，早晓得渡口在哪儿了。”又去问桀溺。桀溺道：“您是谁？”子路道：“我是仲由。”桀溺道：“您是鲁国的孔丘的门徒吗？”答道：“是的。”桀溺便道：“像洪水一样的坏东西到处都是，你们同谁去

① 朱熹：《四书章句集注》，中华书局 1983 年版，第 184 页。

改革它呢？你与其跟着孔丘那种逃避坏人的人，为什么不跟着我们这些逃避整个社会的人呢？”说完，仍旧不停地干农活。子路回来把这些报告给孔子。孔子很失望地说：“我们既然不可以同飞禽走兽合群共处，如果不能同人群打交道，又同什么去打交道呢？如果天下太平，我就不会同你们一道来从事改革了。”

第五节　聚　仁

▲里仁为美，择仁而处

一、名人名言

1.“里[1]仁为美[2]，择[3]不处[4]仁，焉得[5]知[6]。”①（《论语·里仁第四》）

注释

[1] 里：居住。

[2] 美：好。

[3] 择：指选择住处。

[4] 处：居住。

[5] 焉得：怎么算得。

[6] 知：同“智”，明智。

① 朱熹：《四书章句集注》，中华书局1983年版，第69页。

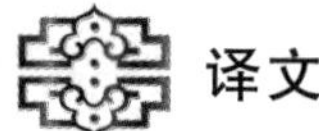

译文

居住的地方以有仁德之风的地方为最好，不选择有仁风的地方居住，怎么能算得上明智呢？

2. 子贡问为仁。子曰：“工欲善其事，必先利其器。居是邦也，事其大夫之贤者，友其士之仁者。”①（《论语 • 卫灵公第十五》）

译文

子贡问如何修养仁德。孔子说：“工匠要想把他的工作做好，必须先把有关的工具修整好。在这个国家生活，就要恭敬侍奉贤明的大夫，与仁德之士交友。”

3. 子曰：“当仁，不让[1]于师。”②（《论语 • 卫灵公第十五》）

注释

[1] 让：谦让，礼让。

译文

孔子说：“面对仁德，即使在老师面前，也不必谦让。”

4. 虽有周亲[1]，不如仁人。③（《尚书 · 泰誓中》）

---

① 朱熹：《四书章句集注》，中华书局 1983 年版，第 163 页。
② 朱熹：《四书章句集注》，中华书局 1983 年版，第 168 页。
③ 李民、王健：《尚书译注》，上海古籍出版社 2004 年版，第 198 页。

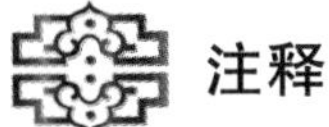

注释

[1] 周亲：至亲。周，至。

译文

虽有至亲的大臣，不如有仁义之人。

5. 亲仁善邻，国之宝也。[①]（《左传·隐公六年》）

译文

亲近仁义，与邻国友好，是国家的宝物。

二、点评

择仁而居，择仁而处，是中国传统文化中的重要内容。择仁而处，以仁为邻，沐浴仁德之风，也能成就自己的仁德。凡是有仁德的人一定宽厚爱人，总是将仁德放在人生中的最高位置去捍卫，不仅富于怜悯心和博爱情怀，遇见弱小就会去关爱，而且总是为公益着想。具有仁德的人集聚着精神底气，遇见凶恶会去对抗。如果能够真诚地与仁义之士交朋友，长期相处，日长月久，耳濡目染，就会受到良好的影响。所谓“入芝兰之室，久而自芳也”，就是这个道理。所以，孔子提出与人交往，要达到“无友不如己者”的状态，才是比较理想的。

① 李梦生：《春秋左传译注》，上海古籍出版社2010年版，第27页。

三、故事

1.尧舜聚仁

后稷教民稼穑，树艺五谷，五谷熟而民人育。人之有道也，饱食、暖衣、逸居而无教，则近于禽兽。圣人有忧之，使契为司徒，教以人伦：父子有亲，君臣有义，夫妇有别，长幼有序，朋友有信。放勋曰："劳之来之，匡之直之，辅之翼之，使自得之，又从而振德之。"圣人之忧民如此，而暇耕乎？尧以不得舜为己忧，舜以不得禹、皋陶为己忧。夫以百亩之不易为己忧者，农夫也。分人以财谓之惠，教人以善谓之忠，为天下得人者谓之仁。是故以天下与人易，为天下得人难。孔子曰："大哉尧之为君！惟天为大，惟尧则之，荡荡乎民无能名焉？君哉舜也！巍巍乎有天下而不与焉！"尧舜之治天下，岂无所用其心哉？亦不用于耕耳。[①]（《孟子·滕文公上》）

译文

后稷教授百姓种庄稼，栽培谷物。于是，谷物成熟后，老百姓得到了养育。人之所以为人，光是吃得饱，穿得暖，住得安逸，却没有教育，那也和禽兽差不多。圣人又为这事忧虑，便让契做了司徒的官，主管教育。用关于人与人之间关系的道理来教导人民：父子间有骨肉之亲，君臣间有礼义之道，夫妻间有内外之别，老少间有尊卑之序，朋友间有诚信之德。尧说："督促他们，纠正他们，帮助他们，使他们各得其所，然后加以提携和教诲。"圣人为百姓考虑这样呕心沥血，还有空闲来耕种吗？尧为得不到舜这样的人而忧虑，舜为得不到禹和皋陶这样的人而忧虑。为了自己的田地耕种得不好而忧虑的，那是农夫。把钱财分给别人的行为，叫作惠；教导大家都学好的行为，叫作忠；为天下找到人才的行为便叫作仁。把天下让给人家比较容易做到，为天下找到好的人才却很难。所以孔子

① 朱熹：《四书章句集注》，中华书局 1983 年版，第 259—260 页。

说："尧作为天子真是伟大！只有天最伟大，也只有尧能效法天。尧的圣德广阔无边，老百姓都找不到恰当的词来形容了！舜真是个好天子！天下坐得稳如泰山，却不去享受它，占有它！"尧舜治理天下难道不用心思吗？只是不把这心思用于种庄稼罢了。

2.孟母三迁

邹孟轲之母也，号孟母。其舍近墓，孟子之少也，嬉游[1]为墓间之事，踊跃筑埋。孟母曰："此非吾所以居处子。"乃去。舍市傍，其嬉戏为贾人[2]衒卖[3]之事。孟母又曰："此非吾所以居处子也。"复徙。舍学宫之傍，其嬉游乃设俎豆[4]揖让[5]进退。孟母曰："真可以居吾子矣。"遂居。及孟子长，学六艺[6]，卒成大儒之名。君子谓孟母善以渐化[7]。《诗》云："彼姝者子何以予之？[8]，"此之谓也。①（《列女传·母仪》）

注释

[1] 嬉（xī）游：游戏，玩耍。

[2] 贾（gǔ）人：设摊、店售货的商人。贾，居货待售者。

[3] 衒（xuàn）卖：夸耀货色，以求出售。

[4] 俎豆：古代宴客、朝聘、祭祀用的礼器。引申为祭祀、崇奉之意。俎（zǔ），置牲、肉的几。豆，盛干肉一类食物的器皿。

[5] 揖（yī）让：作揖和谦让，是古代宾主相见的礼仪。揖，古时拱手礼，以手通指。

[6] 六艺：古代学校的教育内容，即礼、乐、射、御（驭）、书、数六种。又指儒家的六经，即《礼》《乐》《书》《诗》《易》《春秋》。《礼》以节人，《乐》以发和，《书》以道事，《诗》以达意，《易》以神化，《春秋》以道义。

[7] 渐（jiān）化：浸润，感化。渐，沾湿，浸润。

① 刘向撰，刘晓东校点：《列女传》，辽宁教育出版社 1998 年版，第 7 页。

[8] 彼姝（shū）者子，何以予之：见《诗·鄘风·干旄》。意思是，那位贤良善美的人，拿什么礼物送给你。姝，美。这是一首赞美卫文公求贤纳善的诗。

译文

邹人孟轲的母亲，称作孟母。她住的地方靠近一片坟地。孟子小的时候，玩耍时常模仿坟地的活动，争做掘坟筑墓的游戏。孟母说："这里不是我可以让孩子居住的地方。"于是就离开了这里，在一个集市旁住了下来。孟子玩耍游戏，又模仿商贩炫耀叫卖。孟母又说："这里也不是我可以让孩子居住的地方。"又搬到了一处学宫旁边。孟子玩耍，就学着摆设俎豆，作揖行礼，做祭祀、宴客、宾主相见的游戏。孟母说："这里真是适合我的孩子居住啊！"于是就定居了下来。等孟子长大了，就学习礼、乐、射、御、书、数六艺，终于成为一位有名的儒家大师。君子认为，孟母教子善于浸润感化。《诗》中说："那位贤良善美的人，拿什么礼物送给你？"就是说的这个意思。

3.孟子去齐国

孟子去齐。尹士语人曰："不识王之不可以为汤武，则是不明也；识其不可，然且至，则是干泽也。千里而见王，不遇故去。三宿而后出昼，是何濡滞也？士则兹不悦。"

高子[1]以告。曰："夫尹士恶知予哉？千里而见王，是予所欲也；不遇故去，岂予所欲哉？予不得已也。予三宿而出昼，于予心犹以为速。王庶几改之。王如改诸，则必反予。夫出昼而王不予追也，予然后浩然有归志。予虽然，岂舍王哉？王由足用为善。王如用予，则岂徒齐民安，天下之民举安。王庶几改之，予日望之。予岂若是小丈夫然哉？谏于其君而不受，则怒，悻悻然[2]见于其面。去则穷日之力而后宿哉？"

尹士闻之曰："士诚小人也。"①（《孟子·公孙丑下》）

① 朱熹：《四书章句集注》，中华书局1983年版，第249页。

注释

[1] 高子：孟子的学生。

[2] 悻悻然：怨恨失意的样子。

译文

孟子离开了齐国，尹士对别人说："不晓得齐王不能够做商汤、周武，那便是孟子的糊涂；晓得他不行，然而还要来，那便是他贪求富贵。老远地跑来，不相融洽而走，在昼县歇了三夜才离开，为什么这样慢腾腾的呢？我很不喜欢这种情形。"

高子便把这话告诉了孟子。孟子说："那尹士哪能了解我呢？大老远地来和齐王见面，是我的希望；不相融洽而走，难道也是我所希望的吗？我只是不得已罢了。我在昼县歇了三晚才离去，但我心里还是以为太快了，我总是希望王或许会改变态度的；王如果改变态度，那一定会召我返回。我出了昼县，王还没有追回我，所以我才决定要回到自己的国家去。即便这样，我难道肯抛弃王吗？王也还可以行仁政；王如果用我，又何止齐国的百姓得到太平，天下的百姓都将得到太平。王或许会改变态度的！我天天盼啊盼啊！我难道非要像这种小家子气的人一样：向王进谏，王不接受，便大发脾气，满脸不高兴；一旦离开，就非得走得筋疲力尽，不到太阳落山不肯落脚吗？"

尹士听了这话后说："我真是个小人。"

4. 孟子论聚仁

孟子将朝王，王使人来曰："寡人如[1]就见者也，有寒疾，不可以风。朝将视朝[2]，不识可使寡人得见乎？"

对曰："不幸而有疾，不能造[3]朝。"明日出吊于东郭氏。公孙丑曰："昔者辞以病，今日吊，或者不可乎？"

曰："昔者疾，今日愈，如之何不吊？"

王使人问疾，医来。孟仲子对曰："昔者有王命，有采薪之忧，不能造朝。今病小愈，趋造于朝，我不识能至否乎？"使数人要[4]于路，曰："请必无归，而造于朝！"

不得已而之景丑氏宿焉。景子曰："内则父子，外则君臣，人之大伦也。父子主恩，君臣主敬。丑见王之敬子也，未见所以敬王也。"

曰："恶！是何言也！齐人无以仁义与王言者，岂以仁义为不美也？其心曰，'是何足与言仁义也'云尔，则不敬莫大乎是。我非尧舜之道，不敢以陈于王前，故齐人莫如我敬王也。"

景子曰："否，非此之谓也。礼曰：'父召，无诺；君命召，不俟驾。'固将朝也，闻王命而遂不果，宜[5]与夫礼若不相似然。"

曰："岂谓是与？曾子曰：'晋楚之富，不可及也。彼以其富，我以吾仁；彼以其爵，我以吾义，吾何慊[6]乎哉？'夫岂不义而曾子言之？是或一道也。天下有达尊三：爵一，齿一，德一。朝廷莫如爵，乡党莫如齿，辅世长民莫如德。恶得有其一，以慢其二哉？

"故将大有为之君，必有所不召之臣。欲有谋焉，则就之。其尊德乐道，不如是不足与有为也。故汤之于伊尹，学焉然后臣之，故不劳而王；桓公之于管仲，学焉而然后臣之，故不劳而霸。今天下地丑德齐，莫能相尚。无他，好臣其所教，而不好臣其所受教。汤之于伊尹，桓公之于管仲，则不敢召。管仲且犹不可召，而况不为管仲者乎？"①（《孟子·公孙丑下》）

注释

[1] 如：宜，当，应当。

[2] 朝将试朝：第一个"朝"字，指早晨。第二个"朝"字，指朝廷。

[3] 造：到，到……去。

[4] 要：遮拦，堵截。

① 朱熹：《四书章句集注》，中华书局 1983 年版，第 241—243 页。

[5] 宜：殆，大概，恐怕。

[6] 慊：少。

译文

孟子准备去朝见齐王，这时齐王派了个人来传话："我本应该来看你，但是患了感冒，不能让风吹。明天早上我要上朝，不知道我能否见到您？"

孟子答道："很不幸，我也刚得病，不能到朝廷面见您。"第二天，孟子要到东郭大夫家去吊丧。公孙丑说："昨天托词有病谢绝齐王的召见，今天又去吊丧，大概不可以吧？"

孟子说："昨天生了病，今天病好了，为什么不去吊丧呢？"

齐王派遣人来探病，并且有医生一同前来。孟仲子对来人说："昨天齐王有命令来，他得了小病，不能奉命上朝。今天刚好一点，已经上朝去了，但我不晓得他能走得到不？"接着孟仲子派了好几个人分别在孟子归家的路上去拦截他，说道："您无论如何不要回去，一定要赶快上朝廷去。"

孟子没有办法，只好躲到景丑家去歇一晚。景丑说："在家庭里有父子，在家庭外有君臣，这是人与人之间最重要的伦理关系。父子之间以慈爱为主，君臣之间以恭敬为主。我只看见齐王对你很尊敬，却没看见你对齐王是如何恭敬的。"

孟子说："哎，你这算什么话呀！在齐国，没有一个拿仁义的道理向齐王进言的，他们难道以为仁义不好吗？不是的。他们心里是这样想的：'这个齐王哪里值得和他谈仁义呢？'他们对齐王就是这样的。这才是最大的不尊敬呢。我呢，不是尧舜之道，不敢拿来向齐王陈述，所以说，在齐国人中间没有谁像我一样对齐王恭敬的。"

景丑说："不，我指的不是这个。礼经上说过，父亲召唤，'唯'一声就起身，不说'诺'；君主召唤，不等车马驾好就先走。你呢，本来准备朝见齐王，一听到王召见你，反而不去了。这似乎和礼经上所说的有点不相符合吧。"

孟子说："原来你说的是这个呀！曾子说过：'晋国和楚国的财富，我们是赶不上的。但他凭他的财富，我凭我的仁；他凭他的爵位，我凭我的义，我比他又少了什么呢？’这些话如果不合道理，曾子难道愿意说吗？大概是有些道理的。天下公认为尊贵的东西有三样：爵位是一个，年龄是一个，道德是一个。在朝廷中，先论爵位；在乡党中，先论年龄；至于辅助君王统治百姓自然以道德为上。他怎么能凭着爵位来侮辱我的年龄和道德呢？

所以大有作为的君主一定有他不能召唤的臣属；如有什么事要商量，就亲自到臣属那儿去。他要尊重道德，乐于仁政，如果不这样做，便不必与这样的君主一起有所作为。因此，商汤对于伊尹，先向他学习，然后以他为臣，所以不大费力气便统一了天下；齐桓公对于管仲，也是先向他学习，然后以他为臣，所以不大费力气而称霸于诸侯。当今天下各国土地大小相当，君主的德行高低也差不多，不相上下，谁也不能超过谁，这没有别的缘故，就是因为这些国家的君主只喜欢以听从他的话的人为臣，却不喜欢以能够教导他的人为臣。商汤对于伊尹，齐桓公对于管仲，就不敢召唤。管仲都不可以召唤，何况不屑于做管仲的人呢？”

5.孔子劝仁

子曰：“我未见好仁者，恶不仁者。好仁者，无以尚[1]之；恶不仁者，其为仁矣[2]，不使不仁者加乎其身。有能一日用其力于仁矣乎？我未见力不足者。盖[3]有之矣，我未之见也。”①（《论语·里仁第四》）

注释

[1] 尚：超过。

[2] 矣：这里用法同“也”，表停顿。

[3] 盖：大概。

① 朱熹：《四书章句集注》，中华书局1983年版，第70页。

译文

孔子说："我没有见过真正喜爱仁德的人和真正憎恶不仁德的人。真正喜爱仁德的人，那是再好不过的了；真正憎恶不仁德的人，他是要实行仁德，是让不仁德的东西不要出现在他自己的身上。有谁能在某一天把自己的力量用在仁德上呢？我没有见过力量不够的人。或许真有这种人，我没有见到罢了。"

6.孟子劝滕文公聚仁

滕文公问曰："齐人将筑薛，吾甚恐。如之何则可？"孟子对曰："昔者大王居邠，狄人侵之，去之岐山之下居焉。非择而取之，不得已也。苟为善，后世子孙必有王者矣。君子创业垂统，为可继也。若夫成功，则天也，君如彼何哉？强为善而已矣。"

滕文公问曰："滕，小国也。竭力以事大国，则不得免焉，如之何则可？"孟子对曰："昔者大王居邠，狄人侵之。事之以皮币，不得免焉；事之以犬马，不得免焉；事之以珠玉，不得免焉。乃属其耆老而告之曰：'狄人之所欲者，吾土地也。吾闻之也：君子不以其所以养人者害人。二三子何患乎无君？我将去之。'去邠，逾梁山，邑于岐山之下居焉。邠人曰：'仁人也，不可失也。'从之者如归市。或曰：'世守也，非身之所能为也。效死勿去。'君请择于斯二者。"[①]（《孟子·梁惠王下》）

译文

滕文公问道："齐国人准备加强薛邑的城池，我很害怕，应该怎么办才好呢？"孟子答道："从前太王住在邠地，狄人来侵犯，他便搬迁到岐山下定居。他并不是主动选取了这个地方，完全是不得已而为之。要是一个君主能实行仁政，后代子孙也一定会有成为帝王的人。有德的君子创立功业，传于子孙，正是

① 朱熹：《四书章句集注》，中华书局1983年版，第224—225页。

为了能代代相传。至于成不成功，自有天命。您奈何得了齐人吗？只有努力实行仁政罢了。”

滕文公问道：“滕是个弱小的国家，尽心竭力地服事大国，仍然难免于遭受祸害，怎么办才好呢？”孟子答道：“从前太王住在邠地，狄人来侵犯他。用皮裘和布帛去笼络，不能幸免；用好狗名马去笼络，不能幸免；用珍珠宝玉去笼络，仍然不能幸免。太王便召集邠地德高望重的老年人，向他们宣布：‘狄人所要的，乃是我们的土地。我听说过：有德行的人不让本用来养人的东西成为祸害。你们何必害怕没有君主呢？狄人不也可以做你们的君主吗？我要走了，免得连累你们。’于是离开邠地，翻过梁山，在岐山之下重新建筑一个城邑定居下来。邠地的老百姓说：‘这是一位有仁德的人呀，我们不能失去他。’追随而去的好像赶集的一样多。也有人说：‘这是祖宗传下来叫我们世世代代加以保守的基业，不是我本人能擅自做主把它丢弃的，宁愿死，也不离开。’以上两条道路，您可以在其中选择。”

第六节　行　仁

▲我欲得仁，斯仁至矣

1. 君子曰：“仁人之言，其利博哉！晏子一言而齐侯省刑。”①（《左传·昭公三年》）

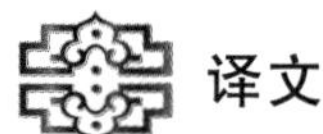

译文

君子说：“仁义之人的话，它的好处真是多啊！晏子一句话，齐侯就减少了

① 李梦生：《春秋左传译注》，上海古籍出版社2010年版，第940页。

刑罚。”

2. 颜渊问仁。子曰：“克己复礼为仁。一日克己复礼，天下归仁焉。为仁由己，而由人乎哉？”颜渊曰：“请问其目。”子曰：“非礼勿视，非礼勿听，非礼勿言，非礼勿动。”①（《论语·颜渊第十二》）

译文

颜渊问怎么做才是仁。孔子说：“克制自己，一切都照着礼的要求去做，这就是仁。一旦这样做了，天下的一切就都归于仁了。实行仁德，完全在于自己，难道还在于别人吗？”颜渊说：“请问实行仁的条目。”孔子说：“不合于礼的不要看，不合于礼的不要听，不合于礼的不要说，不合于礼的不要做。”

3. 子贡曰：“如有博施于民而能济众，何如？可谓仁乎？”子曰：“何事于仁？必也圣乎！尧舜其犹病诸！夫仁者，己欲立而立人，己欲达而达人。能近取譬，可谓仁之方也已。”②（《论语·雍也第六》）

译文

子贡道：“假如有一个人，他能给老百姓很多好处，又能周济大众，如何？可以算是仁人了吗？”孔子道：“岂止是仁人，简直是圣人了！就连尧、舜尚且难以做到。至于仁人，就是要想自己站得住，也要帮助人家站得住；要想自己过得好，也要帮助人家过得好。凡事能就近以自己作比，而推己及人，可以说就是实行仁的方法了。”

4. 子贡曰：“管仲非仁者与？桓公杀公子纠，不能死，又相之。”子曰：

① 朱熹：《四书章句集注》，中华书局1983年版，第131页。

② 朱熹：《四书章句集注》，中华书局1983年版，第91—92页。

“管仲相桓公，霸诸侯，一匡天下，民到于今受其赐。微[1]管仲，吾其被发左衽[2]矣。岂若匹夫匹妇之为谅[3]也，自经[4]于沟渎[5]而莫之知也？”①（《论语·宪问第十四》）

注释

[1] 微：无，没有。

[2] 被发左衽：是当时的夷狄之俗。被，同“披”。衽，衣襟。

[3] 谅：遵守信用。这里指小节小信。

[4] 自经：上吊自杀。

[5] 渎：小沟渠。

译文

子贡道：“管仲不算是仁人吧，桓公杀了公子纠，他不能为公子纠殉死，反而做了齐桓公的宰相。”孔子说：“管仲辅佐桓公，称霸诸侯，匡正了天下，直到今天百姓还享受到他的好处。如果没有管仲，恐怕我们也要披散着头发，衣襟向左开了。他难道要像普通老百姓一样守着小节小信，在山沟里自杀，死了都没人知道吗？”

5. 孟子曰：“人不足与适[1]也，政不足间[2]也。唯大人为能格君心之非。君仁莫不仁，君义莫不义，君正莫不正。一正君而国定矣。”②（《孟子·离娄上》）

---

① 朱熹：《四书章句集注》，中华书局1983年版，第153页。

② 朱熹：《四书章句集注》，中华书局1983年版，第285页。

注释

[1] 适（zhé）：同“谪”，指责，批评。

[2] 间（jiàn）：非议。

译文

孟子说：“当政的小人不值得去谴责，他们的政治也不值得去非议。只有大人才能够纠正君主的不正确思想。君主仁，没有人不仁；君主义，没有人不义；君主正，没有人不正。一旦君主端正了，国家也就安定了。”

6. 子墨子言曰：“仁者之为天下度[1]也，辟之无以异乎孝子之为亲度也。”今孝子之为亲度也，将奈何哉？曰：“亲贫，则从事乎富之；人民寡，则从事乎众[2]之；众乱，则从事乎治之。”当其于此也，亦有力不足，财不赡[3]，智不智，然后已矣。无敢舍余力，隐谋遗利，而不为亲为之者矣。若三务者，孝子之为亲度也，既[4]若此矣。虽仁者之为天下度，亦犹此也。曰：“天下贫，则从事乎富之；人民寡，则从事乎众之；众而乱，则从事乎治之。”当其于此，亦有力不足，财不赡，智不智，然后已矣。无敢舍余力，隐谋遗利，而不为天下为之者矣。若三务者，此仁者之为天下度也，既若此矣。①（《墨子·节葬下》）

注释

[1] 度：考虑，思考。

[2] 众：增多。

[3] 赡：丰富，充足。

[4] 既：全，都。

---

① 毕沅校注，吴旭民标点：《墨子》，上海古籍出版社 2014 年版，第 93 页。

译文

墨子说："仁德之人为天下考虑，就像孝子为父母考虑一样。"现在孝子是怎么样为父母考虑的呢？他说："父母贫困，就设法使父母富裕；人口少就设法让人口增多；人口众多而混乱，则设法去治理。"在这种情况下，也有因力量不足、财物不丰富、智慧不能做到而后停止的。不敢舍弃余力，隐藏遗存的利益，而不为父母去做的。这三件事，是孝子为父母考虑的，人人都是这样。虽然仁德之人为天下考虑也是这样。墨子说："天下贫困就设法富裕，人口少就设法使人口增多，人口众多而混乱就设法去治理。"在这种情况下，也有因力量不足、财物不丰富、智慧不能做到而后停止的。不敢舍弃余力，隐藏遗存的利益，而不为天下去做的。这三件事，是仁人为天下考虑的，都像这样的了。

7. 子墨子言曰：仁者之事，必务求兴天下之利，除天下之害，将[1]以为法乎天下，利人乎即为，不利人乎即止。且夫仁者之为天下度[2]也，非为其目之所美，耳之所乐，口之所甘，身体之所安。以此亏夺[3]民衣食之财，仁者弗为也。①（《墨子・非乐》）

注释

[1] 将：用。

[2] 度：衡量的标准。

[3] 亏夺：损伤，夺取。

译文

墨子说：仁德的人做事，一定是竭尽全力去做有利于天下的大事，去除天下的公害，以此作为天下的法则，有利于人民的事情就去做，不利于人民的事情就

① 毕沅校注，吴旭民标点：《墨子》，上海古籍出版社 2014 年版，第 136 页。

停止不做。并且仁德的人替天下打算，不是为了他的眼睛看得美，耳朵听得乐，嘴里吃得甜，身体感到舒服。像这样去损害、强取老百姓衣食资财的事情，仁德的人是不会做的。

8. 孟子曰：“仁，人心也；义，人路也。舍[1]其路而弗由，放[2]其心而不知求，哀哉！人有鸡犬放，则知求之；有放心，而不知求。学问之道[3]无他，求其放心而已矣。”①（《孟子·告子上》）

注释

[1] 舍：放弃。

[2] 放：此指丢失。

[3] 道：道理。

译文

孟子说：“仁是人的心，义是人的路。放弃了那条正路而不走，丢失了那善良的心却不知道去找回，真是可悲呀！一个人，鸡和狗走失了，都晓得去找回，有善良的心丧失了，却不晓得去寻求。学问的道义没其他的，就是把那丧失了的良心找回来罢了。”

9. 王子垫问曰：“士何事？”孟子曰：“尚志。”曰：“何谓尚志？”曰：“仁义而已矣。杀一无罪，非仁也；非其有而取之，非义也。居恶在？仁是也；路恶在？义是也。居仁由义，大人之事备矣。”②（《孟子·尽心上》）

① 朱熹：《四书章句集注》，中华书局1983年版，第333—334页。

② 朱熹：《四书章句集注》，中华书局1983年版，第359页。

译文

王子垫问孟子，说："士做什么事？"孟子说："就是要使自己的志行高尚。"他又问道："怎样才算自己的志行高尚？"孟子答道："施行仁德和道义罢了。杀一个无罪的人，是不仁；不是自己所有，却取了过来，是不义。所居之处在哪里呢？仁便是；所行走之路在哪里呢？义便是。住在仁的屋子里，走在义的大路上，便够格做一个大人了。"

10. 子曰："恭而无礼则劳，慎而无礼则葸[1]，勇而无礼则乱，直而无礼则绞[2]。君子笃于亲，则民兴于仁；故旧不遗，则民不偷[3]。"①（《论语·泰伯第八》）

注释

[1] 葸（xǐ）：胆怯。

[2] 绞：尖刻刺人。

[3] 偷：淡薄。

译文

孔子说："恭敬而不懂礼教，就会显得劳倦；谨慎而不懂礼教，就会显得懦弱；胆大而不懂礼教，就容易闯祸；直爽而不懂礼教，就显得尖酸刻薄。在上位的人对待亲族宽厚仁慈，老百姓就会走向仁德；在上位的人不遗弃他的老同事、老朋友，老百姓就不会对人冷漠无情。"

11. 孟子曰："三代之得天下也以仁，其失天下也以不仁。国之所以废兴存亡者亦然。天子不仁，不保四海；诸侯不仁，不保社稷；卿大夫不仁，不保宗庙[1]；士庶人不仁，不保四体。今恶死亡而乐不仁，是犹恶醉而强[2]

---

① 朱熹：《四书章句集注》，中华书局1983年版，第103页。

酒。”[①]（《孟子·离娄上》）

注释

[1] 宗庙：这里指采邑（封地），卿大夫先有采邑然后才有宗庙。

[2] 强：勉强。

译文

孟子说：“夏、商、周三代获得天下是由于仁，它们失去天下是由于不仁。国家的兴起和衰败，生存和灭亡也是这样。天子如果不仁，便不能保有天下；诸侯如果不仁，便不能保有国家；卿大夫如果不仁，便不能保有他的祖庙；士和百姓如果不仁，便不能保全自己的身体。现在有的人怕死却乐于不仁，这就好比怕醉却偏要喝酒一样。”

12. 孟子曰：“以力假仁者霸，霸必有大国；以德行仁者王，王不待大。汤以七十里，文王以百里。以力服人者，非心服也，力不赡也；以德服人者，中心悦而诚服也，如七十子[1]之服孔子也。《诗》云：‘自西自东，自南自北，无思不服。’此之谓也。”[②]（《孟子·公孙丑上》）

注释

[1] 七十子：孔子办学多年，传说有弟子三千，其中优秀者七十二人，这里是举其整数。

---

① 朱熹：《四书章句集注》，中华书局 1983 年版，第 277—278 页。

② 朱熹：《四书章句集注》，中华书局 1983 年版，第 235 页。

译文

孟子说："仗着武力然后假借仁义的名进行征伐的，可以称霸诸侯，称霸一定要凭借强大的国力；依靠道德来实行仁义的，可以使天下归服，这样做不必以强大国家为基础。商汤仅仅凭借纵横各七十里的土地，周文王仅仅凭借纵横各百里的土地。凭借武力而让别人屈服的，别人不是从内心真正屈服的，而是力量不足不得已为之；依靠道德来使人服从的，人家才会心悦诚服，就好像七十多位弟子归服孔子一样。《诗经》说过：'从东从西，从南从北，无不心悦诚服。'正是这个意思。"

13. 孟子曰："仁则荣，不仁则辱。今恶辱而居不仁，是犹恶湿而居下也。如恶之，莫如贵德而尊士，贤者在位，能者在职。国家闲暇[1]，及是时明其政刑。虽大国，必畏之矣。《诗》云：'迨[2]天之未阴雨，彻彼桑土[3]，绸缪牖户[4]。今此下民[5]，或敢侮予？'孔子曰：'为此诗者，其知道乎！能治其国家，谁敢侮之？'"①（《孟子·公孙丑上》）

注释

[1] 闲暇：指国家安定，无内忧外患。

[2] 迨（dài）：趁着。

[3] 桑土（dù）：桑树根。土同"杜"，东齐方言说"根"为"杜"。

[4] 绸缪牖户：绸缪（móu），缠结。牖（yǒu），窗子。户，门。

[5] 下民："民"义同"人"。这里的诗句是以鸱鸦（一种形似黄雀而身体较小的鸟）的口吻，其巢在上，所以称人为"下民"。

译文

孟子说："诸侯卿相如果实行仁政，就会得到荣誉；如果不行仁政，就会招

① 朱熹：《四书章句集注》，中华书局 1983 年版，第 235—236 页。

致屈辱。如今这些人，害怕受屈辱，却仍旧处于不仁之地；这正好比害怕潮湿，却又自处于低洼之地一样。若真害怕受屈辱，不如崇尚道德而尊敬士人，让贤人居于高位，让有能力的人担任要职。国家既无内忧外患，趁着这时修明政治法典，即使是强大的邻国也一定害怕它。《诗经》说：‘趁雨没下云没起，桑树根上剥些皮，门儿窗儿都修理。下面的人们，谁敢把我欺！’孔子说：‘这诗的作者真懂道理呀！能治理好他的国家，谁敢侮辱他？’”

二、点评

“仁远乎哉？我欲仁，斯仁至矣”，意思是说“仁并不遥远，如果我想要仁，仁就会来了”。在此处，孔子着意强调，“仁”并不是高不可攀的东西，只要我们自觉地、真心诚意地去追求，任何人都能得到仁。行仁并不是件难事，关键还是看人们内心的想法，是否是自觉自愿地行仁罢了。正如孟子所言，“人之初，性本善”，在每个人的心底都有着“仁爱”之念，只是在面对现实的利益时，被自己的欲望蒙蔽了。若是有人能够不受欲念和利益的驱使，发现隐匿在心底的“仁爱”之心，恢复本性，自然就达到“仁”之境界了。因此，孔子才会说：“我欲仁，斯仁至矣。”

三、故事

1.孟子谈行仁

公都子曰：“告子曰：‘性无善无不善也。’或曰：‘性可以为善，可以为不善；是故文武兴，则民好善；幽厉兴，则民好暴。’或曰：‘有性善，有性不善；是故以尧为君而有象；以瞽瞍为父而有舜；以纣为兄之子，且以为君，而有微子启、王子比干。’今曰‘性善’，然则彼皆非与？”

孟子曰：“乃若其情，则可以为善矣，乃所谓善也。若夫为不善，非才之罪也。恻隐之心，人皆有之；羞恶之心，人皆有之；恭敬之心，人皆有之；是非之心，人皆有之。恻隐之心，仁也；羞恶之心，义也；恭敬之心，礼也；是非之心，智也。仁义礼智，非由外铄我也，我固有之也，弗思耳矣。故曰：‘求则得之，舍则失之。’或相倍蓰而无算者，不能尽其才者也。《诗》曰：‘天生蒸民，有物有则。民之秉彝，好是懿德。’孔子曰：‘为此诗者，其知道乎！故有物必有则；民之秉彝也，故好是懿德。’”[①]（《孟子·告子上》）

译文

公都子说：“告子说：‘本性没有什么善良，也没有什么不善良。’也有人说：‘本性可以使人善良，也可以使人不善良；所以周文王、武王在上，百姓便趋向善良；周幽王、厉王在上，百姓便趋向横暴。’也有人说：‘有些人本性善良，有些人本性不善良；所以凭着尧这样的圣人为君，却有象这样不好的百姓；凭着瞽瞍这样坏的父亲，却有舜这样好的儿子；凭着纣这样恶的侄儿，而且贵为君主，却有微子启、王子比干这样的仁人。’如今老师说本性善良，那么，他们的说法都错了吗？”

孟子说：“从天生的品行来看，可以使人善良，这便是我所谓的人性善良。至于有些人不善良，不能归罪于他的资质。同情心，人人都有；羞耻心，人人都有；尊敬心，人人都有；是非心，人人都有。同情心属于仁，羞耻心属于义，恭敬心属于礼，是非心属于智。这仁义礼智，不是凭借外人给我的，是我自身就拥有，不过不曾发现它罢了。所以说：‘一经探求，便会得到；一加放弃，便会失掉。’人与人之间相差一倍、五倍甚至无数倍的，就是不能充分发挥他们人性的本质的缘故。《诗经》说：‘天生育众民，每一样事物，都有它的规律。百姓把握了那些不变的规律，便会喜爱高尚的品德。’孔子说：‘这篇诗的作者真懂得道呀！有事物，便有它的规律；百姓把握了这些不变的规律，所以喜爱高尚的品德。’”

① 朱熹：《四书章句集注》，中华书局1983年版，第328—329页。

2.孟子教宋牼劝秦楚行仁

宋牼[1]将之楚，孟子遇于石丘[2]，曰："先生将何之？"

曰："吾闻秦楚构兵[3]，我将见楚王说[4]而罢之。楚王不悦，我将见秦王说而罢之。二王我将有所遇[5]焉。"

曰："轲也请无问其详，愿闻其指。说之将何如？"

曰："我将言其不利也。"

曰："先生之志则大矣，先生之号[6]则不可。先生以利说秦楚之王，秦楚之王悦于利，以罢三军之师，是三军之士乐罢而悦于利也。为人臣者怀利以事其君，为人子者怀利以事其父，为人弟者怀利以事其兄，是君臣、父子、兄弟终去仁义，怀利以相接，然而不亡者，未之有也。先生以仁义说秦楚之王，秦楚之王悦于仁义，而罢三军之师，是三军之士乐罢而悦于仁义也。为人臣者怀仁义以事其君，为人子者怀仁义以事其父，为人弟者怀仁义以事其兄，是君臣、父子、兄弟去利，怀仁义以相接也，然而不王者，未之有也。何必曰利？"①（《孟子·告子下》）

注释

[1] 宋牼（kēng）：战国时宋国著名学者，反对战争，主张和平。

[2] 石丘：地址。

[3] 构兵：交战。

[4] 说（shuì）：劝说。

[5] 遇：说而相合。

[6] 号：提法。

① 朱熹：《四书章句集注》，中华书局 1983 年版，第 340—341 页。

译文

宋牼到楚国去，孟子在石丘碰到了他，孟子问道："先生准备往哪里去？"

答道："我听说秦楚两国交兵，我打算去谒见楚王，向他进言，劝他罢兵。如果楚王不乐意，我还打算再谒见秦王，向他进言，劝他罢兵。在两个国君中，我总会有所遇合。"

孟子说："我不想问得太仔细，只想知道你的大意，您将怎样去进言呢？"

答道："我打算说，交兵是不利的。"

孟子说："先生的志向是很好的了，可是先生的提法却不行。先生用利益劝说秦楚两国君王，秦王楚王因为有利益而高兴地停止战争，这就是军队的官兵因为喜欢利益而高兴地停止战争。做臣属的为求利而服侍君主，做儿子的为求利而服侍父亲，做弟弟的为求利而服侍哥哥，这就会使君臣、父子、兄弟之间都完全失去仁义，为了求利而打交道，这样做而国家不灭亡，是没有的事情。如果先生用仁义来向秦王、楚王进言，秦王、楚王因为喜欢仁义的缘故，而停止军事行动，这就是军队的官兵因为喜欢仁义而高兴地停止战斗。做臣属的从仁义出发去服侍君主，做儿子的从仁义出发去服侍父亲，做弟弟的从仁义出发去服侍哥哥，这就会使君臣、父子、兄弟之间都去掉利的观念，只从仁义出发来打交道，这样的国家不统一天下，是从没有过的事。为什么一定要提到利呢？"

3.曹冲脱库吏罪

时军国多事，用刑严重。太祖[1]马鞍在库，而为鼠所啮[2]，库吏惧必死，议欲面缚[3]首罪[4]，犹惧不免[5]。冲谓曰："待三日中，然后自归[6]。"冲于是以刀穿[7]单衣，如鼠啮者，谬为失意[8]，貌有愁色。太祖问之，冲对曰："世俗以为鼠啮衣者，其主不吉。今单衣见啮[9]，是以忧戚[10]。"太祖曰："此妄言耳，无所苦也。"俄而库吏以啮鞍闻，太祖笑曰："儿衣在侧，尚啮，况鞍县[11]柱乎？"一无所问。冲仁爱识达，皆此类也。①（《三国志·曹冲传》）

① 陈寿撰，裴松之注：《三国志》，中华书局1959年版，第580页。

注释

[1] 太祖：指曹操。

[2] 啮（niè）：咬。

[3] 面缚：两手反绑。

[4] 首罪：自首请罪。

[5] 犹惧不免：还是害怕不能免除（罪责）。

[6] 自归：自首。

[7] 穿：戳。

[8] 谬为失意：谎称内心有不快活的事。谬，谎称，撒谎说。失意，内心有不快活的事。

[9] 见啮：被咬洞。见，被。

[10] 是以忧戚：因此悲伤。

[11] 县：同“悬”。

译文

汉末之时，战事频繁，统治者常常实施严刑峻法来约束百姓。有一次曹操的一副马鞍放在马厩中被老鼠咬坏，管马房的小厮害怕曹操怪罪，他想把自己捆绑起来，当面向曹操自首请罪，但还是害怕不能免除罪责。曹冲知道后，就对他说：“等待三天，然后再去自首。”曹冲于是用刀戳破自己的单衣，弄得像是被老鼠咬坏的，装出极不痛快的样子，来到曹操跟前。曹操看到儿子的失意神色，觉得奇怪，就问他有什么心事。曹冲回答说：“世上的人们都说，谁的衣服让老鼠咬了，谁就不吉利。如今单衣被老鼠咬了，所以心里很悲伤。”曹操一听，笑着安慰他说：“这都是些无稽之谈，不要信它。别再为这事苦恼了。”一会儿，马房小厮进来向曹操报告马鞍被老鼠咬坏的事，曹操笑着说：“我儿子的衣服就在身边，尚且被咬坏，何况马鞍是悬挂在梁柱上的呢？”他丝毫不加追究。曹冲平时为人仁爱慈善，通达事理，都和这件事差不多。

4.孟子推井田制助滕文公行仁政

（公）使毕战[1]问井地[2]。

孟子曰：“子之君将行仁政，选择而使子，子必勉之！夫仁政，必自经界[3]始。经界不正，井地不钧[4]，谷禄[5]不平。是故暴君污吏必慢其经界。经界既正，分田制禄可坐而定也。

“夫滕壤地褊小，将为君子焉，将为野人焉。无君子莫治野人，无野人莫养君子。请野九一而助[6]，国中什一使自赋。卿以下必有圭田[7]，圭田五十亩。余夫二十五亩。死徙无出乡，乡田同井。出入相友，守望[8]相助，疾病相扶持，则百姓亲睦。方里而井，井九百亩，其中为公田。八家皆私百亩，同养公田。公事毕，然后敢治私事，所以别野人也。此其大略也。若夫润泽之，则在君与子矣。”①（《孟子·滕文公上》）

注释

[1] 毕战：滕国的臣子。

[2] 井地：井田。

[3] 经界：这里指土地的分界。

[4] 钧：同“均”。

[5] 谷禄：同义复词，古人俸禄用谷，故谷有禄义。

[6] 请野九一而助：在郊外实行九一税。

[7] 圭田：供祭祀的田地。

[8] 守望：看守瞭望。

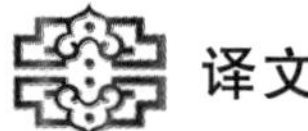

译文

滕文公派毕战来向孟子问井田制。孟子说：“你的国君准备实行仁政，选中

① 朱熹：《四书章句集注》，中华书局 1983 年版，第 256—257 页。

你来问我，你一定要好好干！实行仁政，一定要从划分整理田界开始。田界划分得不正确，井田的大小就不均匀，作为俸禄的田租收入也就不会公平合理，所以暴虐的君王和贪官污吏一定要打乱正确的田间界限。田间界限正确了，人民土地的分配，官吏俸禄的厘定，都可以毫不费力地决定了。滕国土地狭小，但也得有官吏和劳动人民。没有官吏，便没人治理劳动人民；没有劳动人民，也没有人养活官吏。我建议：郊野用九分抽一地租法，城市用十分抽一地贡法。公卿以下的官吏一定有供祭祀的圭田，每家五十亩；如果还有剩余的劳动力，每一劳动力再给二十五亩。无论埋葬或搬家，也不离开本乡本土。一井田中的各家平日出入，互相友爱；防御盗贼，互相帮助；一有疾病，互为照顾，百姓之间便亲爱和睦了。办法是：每一方里的土地划为一个井田，每一井田划为九百亩，当中一百亩是公田，以外八百亩分给八家作私田。这八家共同来耕种公有田，先把公有田种完毕，再来料理私人的事务，这便是区别官吏和劳动人民的办法。这不过是一个大概，至于怎样去使它完善，那就在于你的国君和你本人了。”

5.舜放象施仁

万章问曰：“象日以杀舜为事，立为天子则放[1]之，何也？”

孟子曰：“封之也，或曰放焉。”

万章曰：“舜流共工于幽州，放驩兜[2]于崇山，杀三苗于三危，殛鲧于羽山，四罪而天下咸服，诛不仁也。象至不仁，封之有庳，有庳[3]之人奚罪焉？仁人固如是乎？在他人则诛之，在弟则封之？”

曰：“仁人之于弟也，不藏怒焉，不宿怨焉，亲爱之而已矣。亲之欲其贵也，爱之欲其富也。封之有庳，富贵之也。身为天子，弟为匹夫，可谓亲爱之乎？”

“敢问或曰放者，何谓也？”

曰：“象不得有为于其国，天子使吏治其国，而纳其贡税焉，故谓之放。岂得暴彼民哉？虽然，欲常常而见之，故源源而来。‘不及贡，以政接于有

庳’，此之谓也。”[①]（《孟子·万章上》）

注释

[1] 放：放逐，犹如后来的充军。

[2] 驩（huān）兜：即尧的儿子丹朱。一说，他是尧臣，因朋比共工为恶而被放逐。

[3] 庳（bì）：地名，旧说在今河南道县之北。

译文

万章问：“象每天把谋杀舜的事情作为他的工作，等舜做了天子，却只是流放他，这是为什么呢？”

孟子说：“其实是封他为诸侯，有人说是流放罢了。”

万章说：“舜流放共工到幽州，发配驩兜到崇山，驱逐三苗之君到三危，把鲧充军到羽山，这四个人被治了罪，天下便都归服了，就因为讨伐了不仁的人的缘故。象最不仁，却以有庳之国来封他。有庳国的百姓又有什么罪过呢？对别人，就加以惩处；对弟弟，就封以国土，难道仁人的做法竟是这样的吗？”

孟子说：“仁人对于弟弟，不忍气吞声，也不耿耿于怀，只是亲他爱他罢了。亲他，便想让他贵；爱他，便想让他富。把有庳国土封给他，就是让他又富又贵。本人做了天子，弟弟却是一个老百姓，可以说是亲近爱护他吗？”

万章说：“请问为什么有人说是流放呢？”

孟子说：“象不能在他国土上为所欲为，天子派遣了官吏来给他治理国家，缴纳贡税，所以有人说是流放。象难道能够暴虐地对待他的百姓吗？自然不能。就算这样，舜还是想常常看到象，象也不断地来和舜相见。古书上说，‘不必等到规定的朝贡的时候，平常也假借政治上的需要来相接待’，就是这个意思。”

---

① 朱熹：《四书章句集注》，中华书局 1983 年版，第 305 页。

6. 淳于髡问仁政

淳于髡曰："先名实者，为人也；后名实者，自为也。夫子在三卿之中，名实未加于上下而去之，仁者固如此乎？"

孟子曰："居下位，不以贤事不肖者，伯夷也；五就汤，五就桀者，伊尹也；不恶污君，不辞小官者，柳下惠也。三子者不同道，其趋一也。一者何也？曰：仁也。君子亦仁而已矣，何必同？"

曰："鲁缪公之时，公仪子为政，子柳、子思为臣，鲁之削也滋甚。若是乎贤者之无益于国也！"

曰："虞不用百里奚而亡，秦穆公用之而霸。不用贤则亡，削何可得与？"

曰："昔者王豹处于淇，而河西善讴；绵驹处于高唐，而齐右善歌；华周、杞梁之妻善哭其夫，而变国俗。有诸内必形诸外。为其事而无其功者，髡未尝睹之也。是故无贤者也，有则髡必识之。"

曰："孔子为鲁司寇，不用，从而祭，燔肉不至，不税冕而行。不知者以为为肉也，其知者以为为无礼也。乃孔子则欲以微罪行，不欲为苟去。君子之所为，众人固不识也。"①（《孟子·告子下》）

译文

淳于髡说："重视名望功业，是为了济世救民，轻视名誉功业，是为了独善其身。您贵为齐国三卿之一，名誉和功业都还没在君主和臣民之间显示出来，您就要离开，仁人原来是这样的吗？"

孟子说："处在卑贱的地位，不拿自己贤良去服事不贤明的君王，这就是伯夷；五次接受汤的任用，又五次接受桀的任用，这就是伊尹；不讨厌恶浊的君主，不拒绝卑微职位的，这就是柳下惠。三个人的行为不相同，但他们所追求的内在东西是一样的。这一样东西是什么呢？回答就是仁。君子只要仁就行了，为

① 朱熹：《四书章句集注》，中华书局1983年版，第342—343页。

什么一定要相同呢？”

淳于髡说：“当鲁缪公的时候，公仪子主持国政，泄柳和子思也都立于朝廷，鲁国的削弱却更厉害，贤人对国家的无用像这样的呀！”

孟子说：“虞国不用百里奚，因而灭亡；秦穆公用了百里奚，因而称霸。不用贤人就会灭亡，即使在削地求和的境况下勉强存在，都是办不到的。”

淳于髡说：“从前王豹住在淇水旁边，河西的人都会唱歌；绵驹住在高唐，齐国西部地方都会唱歌；华周杞梁的妻子痛哭她们的丈夫，因而改变了国家风尚。里面有什么，一定会表现在外面。从事某种工作，却见不到功绩的，我不曾看过这样的事。所以今天是没有贤人；如果有贤人，我一定会知道他。”

孟子说：“孔子做鲁国司寇的官，不被重用，跟随着去祭祀，祭肉也不见送来，于是匆忙地离开。不知道孔子的人以为他是为了祭肉的缘故，知道孔子的人晓得他是为鲁国失礼而离开。至于孔子，却是想背一点小罪名而离开，而不想随便离开。君子的作为，一般人当然无法理解。”

第二章　重民本

第一节　邦　本

▲ 民惟邦本，本固邦宁

一、名人名言

1. 皇祖有训：民可近，不可下[1]。民惟[2]邦本，本固[3]邦宁。①（《尚书·五子之歌》）

注释

[1] 下：轻视，引申为疏远。

[2] 惟：是。

[3] 固：牢固。

① 李民、王健：《尚书译注》，上海古籍出版社 2004 年版，第 93 页。

译文

伟大的祖先大禹曾有明训，百姓只可以亲近不可以疏远。百姓是国家的根本，根本牢固，国家就安宁。

2. 孟子曰："诸侯之宝三：土地、人民、政事。宝珠玉者，殃必及[1]身。"①（《孟子·尽心下》）

注释

[1] 及：降临。

译文

孟子说："诸侯有三种宝：土地、人民、政务。把珍珠美玉当作宝贝的，祸害一定会降临到他身上。"

3. 民之所好好[1]之，民之所恶恶[2]之，此之谓[3]民之父母。②（《礼记·大学》）

注释

[1] 好（hào）：喜爱。

[2] 恶（wù）：厌恶。

[3] 此之谓：可以称得上。

---

① 朱熹：《四书章句集注》，中华书局 1983 年版，第 371 页。

② 朱熹等注：《四书五经（上）》，北京古籍出版社 1993 年版，第 10 页。

译文

百姓喜欢什么，当权者就应该喜欢什么；百姓厌恶什么，当权者就应该厌恶什么。这样做，才能称得上是父母官。

4. 夫民者，万世之本[1]也，不可欺[2]。①（《新书·大政》）

注释

[1] 本：根本。

[2] 欺：欺骗。

译文

人民，是千秋万代的根基，主政的人是不可以欺骗人民的。

5. 夫民者，国之根也，诚[1]宜[2]重其食，爱其命。②（《三国志·吴书·陆凯传》）

注释

[1] 诚：的确。

[2] 宜：应当。

① 贾谊：《新书》，商务印书馆1937年版，第97页。

② 陈寿撰，裴松之注：《三国志》，中华书局1959年版，第1400页。

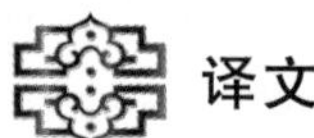

译文

人民是国家的根本，实在应该重视他们的食物，爱惜他们的生命。

二、点评

早在夏朝的开国者大禹，就已经认识到“民惟邦本，本固邦宁”的治国之道。在他看来，人民是国家的根本，人民安居乐业，生活安定，国家才能安宁。因此，大禹实行“以民为本”的政策，这为夏商时期多数统治者所传承。春秋时期，不仅孔孟儒学勃兴，倡导“民为贵，社稷次之，君为轻”（《孟子·尽心下》）的治国理念，作为法家的重要人物，齐国名相管仲（前725年前后—前645年）也最早明确提出“夫霸王之始也，以人为本”（《管子·霸言》）的思想。自春秋时期以来，每一朝代都继承和发扬民本思想。特别在唐宋时期，其民本思想的成就体现在“贞观之治”的辉煌上，统治者时刻秉持“以人为本”“天下为公”的治国理念。正因为统治者对民本思想的实践，才有了历代的开明盛世。

三、故事

1.百姓足，国家足

哀公问于有若曰：“年饥，用不足，如之何？”

有若对曰：“盍[1]彻[2]乎？”

曰：“二[3]，吾犹不足，如之何其彻也？”

对曰：“百姓足，君孰与不足？百姓不足，君孰足？”①（《论语·颜渊第十二》）

① 朱熹：《四书章句集注》，中华书局1983年版，第135页。

注释

[1] 盍：何不。

[2] 彻：西周奴隶主国家的一种田税制度。

[3] 二：抽取十分之二的税。

译文

鲁哀公向有若问道："年成不好，国家用度不足，该怎么办？"

有若答道："为什么不实行十分抽一的税率呢？"

哀公道："十分抽二，我还不够用，怎么能十分抽一呢？"

答道："如果百姓的用度够，您怎么会不够？如果百姓的用度不够，您又怎么会够？"

2.孟子与梁惠王论政

梁惠王曰："寡人之于国也，尽心焉耳矣。河内[1]凶[2]，则移其民于河东[3]，移其粟于河内。河东凶亦然。察邻国之政，无如寡人之用心者。邻国之民不加[4]少，寡人之民不加多，何也？"孟子对曰："王好战，请以战喻。填[5]然鼓之，兵刃既接，弃甲曳兵[6]而走。或百步而后止，或五十步而后止。以[7]五十步笑百步，则何如？"曰："不可，直不百步耳，是[8]亦走也。"

曰："王如知此，则无望民之多于邻国也。不违农时，谷不可胜食也；数罟[9]不入洿[10]池，鱼鳖不可胜食也；斧斤[11]以时[12]入山林，材木不可胜用也。谷与鱼鳖不可胜食，材木不可胜用，是使民养生[13]丧死[14]无憾也。养生丧死无憾，王道[15]之始也。"

"五亩之宅，树之以桑，五十者可以衣帛矣；鸡豚狗彘之畜，无失其时，七十者可以食肉矣；百亩之田，勿夺其时，数口之家可以无饥矣；谨[16]庠序[17]之教[18]，申[19]之以孝悌之义，颁白者不负戴于道路矣。七十者衣帛食肉，黎民不饥不寒，然而不王者，未之有[20]也。狗彘食[21]人食[22]而不知检[23]，涂[24]有饿莩[25]而不知发[26]；人死则曰：‘非我也，岁也。’是何异于刺人而杀之，曰：‘非我也，兵也。’王无罪岁，斯天下之民至焉。”①（《孟子·梁惠王上》）

注释

[1] 河内：今河南境内黄河以北的地方。古人以中原地区为中心，所以黄河以北称河内，黄河以南称河外。

[2] 凶：谷物收成不好，荒年。

[3] 河东：黄河以东的地方，即今山西西南部。黄河流经山西省境，自北而南，故称山西境内黄河以东的地区为河东。

[4] 加：副词，更，再。

[5] 填：拟声词，模拟鼓声。

[6] 弃甲曳（yè）兵：抛弃铠甲，拖着兵器。曳，拖着。

[7] 以：凭着，借口。

[8] 是：代词，指上文“五十步而后止”。

[9] 罟（gǔ）：网。

[10] 洿（wū）：深。

[11] 斤：与斧相似，比斧小而刃横。

[12] 时：时令季节。砍伐树木宜于在草木凋落、生长季节过后的秋冬时节进行。

[13] 养生：供养活着的人。

[14] 丧死：为死了的人办丧事。

[15] 王道：以仁义治天下，这是儒家的政治主张。

[16] 谨：谨慎，这里指认真从事。

[17] 庠（xiáng）序：古代的乡学。庠，古代学校之称。

① 朱熹：《四书章句集注》，中华书局1983年版，第203—204页。

[18] 教：教化。

[19] 申：反复陈述。

[20] 未之有：未有之。之，指代“七十者衣帛食肉，黎民不饥不寒，然而不王者”。

[21] 食：动词，吃。

[22] 食：名词，指食物。

[23] 检：检点，制止、约束。

[24] 涂：通“途”，道路。

[25] 饿莩（piǎo）：饿死的人。莩，同“殍”，饿死。

[26] 发：指打开粮仓，赈济百姓。

译文

梁惠王（对孟子）说：“我对于国家，可算是操心到家了。河内地方遭了灾，我便把那里的一些百姓迁到河东，还把河东的一些粮食运到河内。河东遭了灾也这样对待。考察邻国的政治，没有一个国家能像我这样替百姓打算的。尽管这样，邻国的百姓并不减少，我的百姓并不增多，这是为什么呢？”孟子答道：“王喜欢战争，就请让我用战争做个比喻吧。战鼓咚咚一响，枪尖刀锋一接触，就扔掉盔甲拖着兵器逃跑。有的一口气跑了一百步停住脚，有的一口气跑了五十步停住脚。那些跑了五十步的战士竟耻笑跑了一百步的战士，这怎么样？”王说：“这不行，他只不过没跑到一百步罢了，但他也逃跑了呀。”

孟子说：“王如果懂得这个道理，就不要指望老百姓比邻国多了。如果在农忙时，不去（征兵征工）妨碍耕种，那粮食便会吃不完了。如果密网不拿到大池里去捕鱼，那鱼鳖也就会吃不完了。如果砍伐树木按照一定的季节规律，木材也就用不尽了。粮食和鱼鳖吃不完，木材用不尽，这样就使老百姓对生死病老没有什么不满了。老百姓对生死病老没有什么不满，这就是王道的开端呀。”

“在五亩大小的庭院里种植桑树，五十岁以上的人就能够穿上丝棉袄了。鸡、猪、狗等家畜的饲养，都能按时按量，七十岁以上的人就都可以吃上肉了。一户人家有百亩的耕地，不要让他们失去耕种收割的时机，一家几口人就可以吃得饱饱的了。好好地办些学校，反复地用孝顺父母敬爱兄长的大道理教育他们，那么，须发斑白的老人也就用不着背负、头顶着重物奔波于道路上了。七十岁以上的人有丝棉袄穿，有肉吃，平民百姓不受冻的，这样还不能使天下归服的，是绝不会有的事。（可是现在富贵人家的）猪狗吃掉了老百姓的粮食，却不晓得去检查和制止；道路上有饿死的人，也没想到要打开仓库来赈济。老百姓死了，就说：‘不怪我呀，怪年岁不好。’这种说法和拿刀子杀了人，却说‘不怪我呀，怪兵器吧’有什么不同？王假如不去怪罪年成（而切切实实地去改革政治），这样，天下的百姓都会来投奔了。”

3.商汤爱民

汤出，见野张网四面，祝曰：“自天下四方皆入吾网。”汤曰：“嘻，尽之矣！”乃去其三面，祝曰：“欲左，左。欲右，右。不用命，乃入吾网。”诸侯闻之，曰：“汤德至矣，及禽兽。”

当是时，夏桀为虐政淫荒，而诸侯昆吾氏为乱。汤乃兴师，率诸侯，伊尹从汤，汤自把钺以伐昆吾。遂伐桀。汤曰：“格女众庶，来，女悉听朕言。匪台小子敢行举乱，有夏多罪，予维闻女众言夏氏有罪。予畏上帝，不敢不正[1]。今夏多罪，天命殛[2]之。今女有众，女曰‘我君不恤我众，舍我啬事[3]而割政’。女其曰‘有罪，其奈何？’夏王率止众力，率夺夏国。有众率怠不和，曰‘是日何时丧？予与女皆亡！’夏德若兹，今朕必往。尔尚及予一人致天之罚，予其大理女。女毋不信，朕不食言。女不从誓言，予则帑僇女，无有攸赦。”以告令师，作《汤誓》。于是汤曰“吾甚武”，号曰武王。

桀败于有娀之虚[4]，桀奔于鸣条，夏师败绩。汤遂伐三㚇，俘厥宝玉，义伯、仲伯作《典宝》。汤既胜夏，欲迁其社，不可，作《夏社》。伊尹报，于是诸侯（必）〔毕〕服，汤乃践天子位，平定海内。

汤归至于泰卷（陶），中垒[5]作诰。既绌夏命，还亳，作《汤诰》：“维三月，王自至于东郊。告诸侯群后：‘毋不有功于民，勤力乃事。予乃大罚殛女，毋予怨。’曰：‘古禹、皋陶久劳于外，其有功乎民，民乃有安。东为江，北为济，西为河，南为淮，四渎已修，万民乃有居。后稷降播，农殖百谷。三公咸有功于民，故后有立。昔蚩尤与其大夫作乱百姓，帝乃弗予，有状。先王言不可不勉。’曰：‘不道，毋之在国，女毋我怨。’”以令诸侯。伊尹作《咸有一德》，咎单作《明居》。①

注释

[1] 正：同“征”。

[2] 殛：诛杀。

[3] 啬事：农事。啬，同“穑”，稼穑。

[4] 虚：同“墟”。

[5] 中垒：即仲虺，汤的左相。

译文

成汤外出游猎看见郊野四处布着罗网，布网的人祝祷说：“希望从天上来的，从地下来的，从四方来的，都进入我的罗网！”成汤听了说：“哎。这样就把禽兽都打完了！”于是成汤把罗网撤去三面，让布网的人祝祷说：“想往左边走的就往左边走，想向右边逃的就往右边逃。不听命令的就进我的罗网吧。”诸侯知道这件事，都说：“汤真是仁德到极点了，就连禽兽都受到了他的恩惠。”

就在这时，夏桀施行暴政，荒淫无道，还有诸侯昆吴氏也起来作乱。于是，商汤起兵，率领诸侯，伊尹跟随，商汤亲自握着大斧指挥，先去讨伐昆吴。转而又去讨伐夏桀。商汤说：“来，你们众人，到这儿来，都仔细听着我的话。不是我个人敢于兴兵作乱，是因为夏桀犯下了很多的罪行。我虽然也听到你们说了一些抱怨的话，可是夏桀有罪啊，我畏惧上天，不敢不去征伐。如今夏桀犯下了那

① 司马迁：《史记》，中华书局 1959 年版，第 95—97 页。

么多的罪行，是上天命令我去惩罚他的。现在你们众人说：‘我们的国君不体恤我们，抛开我们的农事不管，却要去征伐打仗。’你们或许还会问：‘夏桀有罪，他的罪行究竟怎么样？’夏桀君臣大徭役，耗尽了夏国的民力；又重加盘剥，掠光了夏国的资财。夏国的民众都在怠工，不与他合作。他们说：‘这个太阳什么时候消灭，我宁愿和你一起灭亡！’夏王的德行已经到这种地步，现在我一定要去讨伐他！希望你们和我一起来奉行上天降下的惩罚，我会重重地奖赏你们。你们不要怀疑，我绝不会说话不算数。如果你们违抗我的誓言，我就要惩罚你们，概不宽赦！”商汤把这些话告诉传令长官，写下了《汤誓》。当时商汤曾说“我很勇武”，因此号称武王。

夏桀在有娀氏旧地被打败，奔逃到鸣条，夏军就全军崩溃了。商汤乘胜追击，进攻忠于夏桀的三葼，缴获了他们的宝器珠玉，义伯、仲伯二臣写下了《典宝》(因为这是国家的固定财宝)。商汤灭夏之后，想换掉夏的社神，可是社神是远古共公氏之子句龙，能平水土，还没有谁比得上他，所以没有换成，于是写下《夏社》(说明夏社不可换的道理)。伊尹向诸侯公布了这次大战的战绩，自此，诸侯全都听命归服了，商汤登上天子之位，平定了天下。

成汤班师回朝，途经泰卷时，仲虺作了朝廷的诰命。汤废除了夏的政令，回到国都亳，作《汤诰》号令诸侯。《汤诰》这样记载：“三月，殷王亲自到了东郊，向各诸侯国君宣布：‘各位可不能不为民众谋立功业，要努力办好你们的事情。否则，我就对你们严加惩办，那时可不要怪罪我。’又说：‘过去禹、皋陶长期奔劳在外，为民众建立了功业，民众才得以安居乐业。当时他们东面治理了长江，北面治理了济河，西面治理了黄河，南面治理了淮河，这四条重要的河道治理好了，万民才得以定居下来。后稷教导民众播种五谷，民众才知道种植各种庄稼。这三位古人都对民众有功，所以，他们的后代能够建功立业。也有另外的情况：从前蚩尤和他的大臣们在百姓中发动暴乱，上帝就不降福于他们，这样的事在历史上是有过的。先王的教诲，可不能不努力照办啊！’又说：‘你们当中如果有谁干出违背道义的事，那就不允许他回国再当诸侯，那时你们也不要怨恨我。’”汤用这些话告诫了诸侯。这时，伊尹又作了《咸有一德》(说明君臣都应该有纯一的品德)。咎单作了《明居》(讲的是民众应该遵守的法则)。

第二节　爱　民

▲爱民者安，爱民者强

一、名人名言

1. 爱民者强，不爱民者弱[1]。①（《荀子·议兵》）

注释

[1] 弱：衰弱。

译文

爱护人民的国家强盛，不爱护人民的国家衰弱。

2. 良君将赏善而除民患，爱民如[1]子，盖[2]之如天，容[3]之若地。②（《礼记·中庸》）

注释

[1] 如：像，好像。

[2] 盖：遮蔽，引申为庇护。

[3] 容：包容，引申为宽待。

① 王先谦撰，沈啸寰、王星贤校点：《荀子集解》，中华书局 1988 年版，第 271 页。

② 刘向撰，刘元骏注译：《新序今注今译》，天津古籍出版社 1987 年版，第 16 页。

译文

好的君主赏赐善人善事，消除百姓的忧虑，爱护百姓就像爱护自己的子女一样，像天一样庇护他的子民，像地一样宽待他的子民。

3. 故君人者[1]爱[2]民而安，好士[3]而荣，两者无一焉而亡。①（《荀子·君道》）

注释

[1] 君人者：指皇帝或国君。《商君书·慎法》："君人者不察也，非侵于诸侯，必劫于百姓。"君，统治。君人，统治人。

[2] 爱：爱护、加惠。

[3] 士：古代称四民中学习道义者。《谷梁传·成公元年》："古者有四民：有士民，有商民，有农民，有工民。"

译文

所以国君爱护人民，国家就安泰；亲善士人，国家就繁荣；这两条一样也没做到，国家就会灭亡。

4. 上莫不致爱其下而制[1]之以礼，上之于下，如保赤子[2]。②（《荀子·王霸》）

① 王先谦撰，沈啸寰、王星贤点校：《荀子集解》，中华书局 1988 年版，第 236 页。
② 王先谦撰，沈啸寰、王星贤点校：《荀子集解》，中华书局 1988 年版，第 230 页。

注释

[1] 制：礼制。

[2] 赤子：婴儿。

译文

君主没有不爱护他的臣民的，因而用礼制来限制他们；君主对于臣民，就像爱护婴儿一样。

5. 及问为治之方，则对以敬[1]天爱民为本。①（《元史·释老传·丘处机》）

注释

[1] 敬：尊重，有礼貌地看待。

译文

等到成吉思汗向丘处机询问治理天下的方略时，丘处机就回答，应该把敬畏上天、爱护人民作为施政的根本。

6. 陛下嗣位以来，非不敬天爱民，而天变民穷特甚者，臣窃[1]恐圣德虽修而未至[2]，大伦虽正而未笃，贤才虽用而未收其效，邪佞虽屏而未尽其类，仁爱施而实惠未溥[3]，财用省而上供未节，刑罚宽而冤狱未伸，工役停而匠力未息，法制颁而奉行或有更张，赋税免而有司或仍牵制。②（《明史·王竑传》）

① 宋濂：《元史》，中华书局 1976 年版，第 4524—4525 页。

② 张廷玉：《明史》，中华书局 1974 年版，第 4708 页。

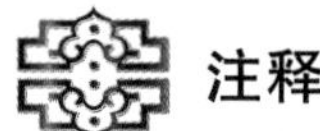

注释

[1] 窃：私下。

[2] 未至：没有到达顶点。

[3] 溥（pǔ）：广大，引申指周遍。又假借作“普”，指普遍。

译文

陛下继承皇位以来，不是不敬天爱民，而上天变故是百姓贫穷的重要原因，臣私下以为恐怕是圣德虽然修明但还没有达到极点，伦理虽然端正但还不笃厚，贤人虽被任用但还没有收到效果，奸人虽被摒弃但还没有完全铲除同党，仁爱施行了但实惠不普遍，财用节省了但上供没有减少，刑罚宽松了但冤狱没有伸张，工程停止了但工匠的劳作没有停息，法律颁布了但实行时有的有更改，赋税免除了但有司有的仍然控制。

7. 圣人[1]无常心[2]，以百姓心为心。①（《老子·四十九章》）

注释

[1] 圣人：指遵循大道而行事的统治者。

[2] 常心：恒心，固定不变之心，指主观成见。

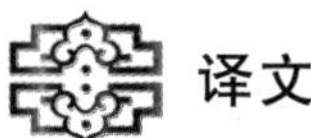

译文

圣人常常是没有主观偏见的，以百姓的心为自己的心。

① 陈鼓应：《老子今注今译》，商务印书馆 2003 年版，第 253 页。

二、评点

爱民，就是以仁爱之心对待民众，亦即保护、爱护民众。爱民是治国理政的出发点，只有君爱民，才能民爱君；民才能为君分忧解难。如周公旦所言："君民者子以爱之，则民亲之。"（《礼记·缁衣》）君待民如何，民待君如何。爱民，要真心实意，不可虚情假意。要把民众视同自己的子女一样爱护，真正为人民谋利益，人民就会亲近他，自然国家就能兴盛。中国古代的历史已经证明了这一点。凡是繁荣兴盛的王朝，往往是统治者爱民的结果。汉唐盛世就典型地反映了这一点。

三、故事

1.太公论爱民方法

文王问太公曰："愿闻为国之大务[1]，欲使主尊人安，为之奈何？"

太公曰："爱民而已。"

文王曰："爱民奈何？"

太公曰："利而勿害，成而勿败，生而勿杀，与而勿夺，乐而勿苦，喜而勿怒。"

文王曰："敢[2]请释其故。"

太公曰："民不失务则利之，农不失时则成之，省刑罚则生之，薄赋敛[3]则与之，俭官室台榭[4]则乐之，吏清不苛扰则喜之。民失其务则害之，农失其时则败之，无罪而罚则杀之，重赋敛则夺之，多营宫室台榭以疲民力则苦之，吏浊苛扰则怒之。故善为国者，驭[5]民如父母之爱子，如兄之爱弟。见其饥寒则为之忧，见其劳苦则为之悲。赏罚如加于身，赋敛如取己物。此爱民之道也。"①（《六韬·文韬》）

① 曹胜高、安娜译注：《六韬·鬼谷子》，中华书局2012年版，第14—15页。

注释

[1] 为国之大务：为国，治理国家。务，要务。

[2] 敢：谦辞，冒昧的意思。

[3] 敛：征收赋税。

[4] 台榭：本为存放武器之所，后为游观之处。台，高而平的建筑物。榭，在台上盖的高屋。

[5] 驭：驾驭，治理。

译文

文王询问太公说：“我希望听你讲讲治理国家大事（的方略）。如果想要使君主受到臣民尊敬、爱戴，天下百姓安居乐业，应该怎么办呢？”

太公回答说：“治国的关键，爱护百姓罢了。”

文王又问：“应该怎样去爱护百姓呢？”

太公回答说：“凡事要有利于百姓而不要伤害他们，要使百姓获得事业的成功而不要加以毁坏，要让百姓能够生存而不要无辜杀害他们，要给予百姓实惠而不要掠夺他们的利益，让百姓安居乐业而不要让他们遭受困苦；要使百姓生活幸福愉快、心情喜悦，而不要激发他们的怨恨愤怒。”

文王说：“我想冒昧请你具体解释一下其中的缘故。”

太公回答说：“百姓能不失去其本业，就会有利；不耽误他们耕种收获的时节，就会使他们有收成；减免刑罚，就是保护百姓的生存；减轻赋税，就是给予百姓好处；少建宫室台榭，节省民力，就会使百姓安乐；官吏清廉，不用苛捐杂税骚扰百姓，就会使百姓欢喜。相反，如果使百姓失去本务，就是损害了他们的利益；耽误耕种收获的时节，就是损坏了百姓的收成；民众无罪而妄加惩罚，就是对他们的残害；加重赋税，横征暴敛，就是夺取百姓的财务；大兴土木，修建宫室台榭，使民力疲惫，就会增加百姓的困苦；吏气混浊不清，官员贪污腐败，苛刻骚扰百姓，就会激起他们的怨怒。所以，善于治理国家的君主，统治百姓就像父母怜爱子女，像兄长爱护弟弟一样。看到他们饥寒就为他们忧虑，看到他们劳苦就为他们悲痛；对百姓施行赏罚，像赏罚自己一样；向百姓征收赋税，就像取走自己的财物一样。所有这些，就是爱护民众的重要道理。”

2.孙登爱民

孙登字子高，权长子也。魏黄初二年，以权为吴王，拜登东中郎将，封万户侯，登辞疾不受。是岁，立登为太子，选置师傅，铨简[1]秀士，以为宾友，于是诸葛恪、张休、顾谭、陈表等以选入，侍讲诗书，出从骑射。权欲登读《汉书》，习知近代之事，以张昭有师法，重烦劳之，乃令休从昭受读，还以授登。登侍接寮属，略用布衣之礼，与恪、休、谭等或同舆而载，或共帐而寐。太傅张温言于权曰："夫中庶子官最亲密，切问近对，宜用隽德。"于是乃用表等为中庶子。后又以庶子礼拘，复令整巾侍坐。黄龙元年，权称尊号，立为皇太子，以恪为左辅，休右弼，谭为辅正，表为翼正督尉，是为四友，而谢景、范慎、刁玄、羊衜等皆为宾客，于是东宫号为多士。

权迁都建业，征上大将军陆逊辅登镇武昌，领宫府留事。登或射猎，当由径道，常远避良田，不践苗稼，至所顿息，又择空闲之地，其不欲烦民如此。尝乘马出，有弹丸过，左右求之。有一人操弹佩丸，咸以为是，辞对不服，从者欲捶之，登不听，使过求丸，比之非类，乃见释。又失盛水金马盂，觉得其主，左右所为，不忍致罚，呼责数之，长遣归家，敕亲近勿言。①（《三国志·孙登传》）

注释

[1] 铨简：估量选拔。

① 陈寿撰，裴松之注：《三国志》，中华书局1959年版，第1363—1364页。

译文

孙登，字子高，是孙权的长子。魏国在黄初二年，任命孙权为吴王，同时任命孙登为东中郎将，封为万户侯。孙登以有病为由推辞侯爵，没有接受。这一年，立孙登为太子，给他选置师父，精选了一些优秀的人才，作为他的宾客朋友。于是诸葛恪、张休、顾谭、陈表等人被选入东宫，他们陪着孙登研读诗书，外出就跟着骑马射猎。孙权想让孙登读《汉书》，习知近代治乱兴衰之事，因张昭好学有师法，于是让张休从张昭学习，然后教授给孙登。孙登接待他的官属，只是简单地使用平民的礼节，和诸葛恪、张休、顾谭等人有时同乘一车，有时共睡一床。太傅张温对孙权说："中庶子官职最为亲密，恳切求教，亲近以对，最好用德行好的人。"于是让陈表等人担任中庶子。黄龙元年，孙权称帝，立孙登为皇太子，任命诸葛恪为左辅，张休为右弼，顾谭为辅正，陈表为翼正督尉，这就是所谓的四友。谢景、范慎、刁玄、羊衜等人都是太子的宾客，因此东宫号称人才济济。

孙权迁移国都，建立功业，征上大将军陆逊辅助孙登镇守武昌，在孙权手下做事。孙登有时出外射猎，常常远避农田，从不践踏庄稼。到了暂时停猎休息时，又总是挑选没有耕种的空地。他就是这样不想打扰民众。他曾经乘马出游，忽然有一颗弹丸从眼前飞过，侍卫马上去搜寻发射弹丸之人。结果发现附近确实有一个人手拿弹弓，身带弹丸。侍卫都认为就是他干的，但是那人却不承认。侍卫想动手打他，孙登不准，派人去找到那颗从眼前飞过的弹丸，与那人所带弹丸一比较，并不一样，那人即被释放。又有一次孙登丢了一只用金马作装饰的水盂，发觉了偷窃者，原来是自己身边的一名侍从所为，他不忍心给予重罚，只是把那人叫来责备了一番，然后遣送回家（不再使用），并且指示亲近随从不要把这件事说出去。

3. 张伯行爱民如子

张伯行，字孝先，河南仪封人，康熙二十四年进士。考授内阁中书，改中书科中书。

丁父忧归，建请见书院，讲明正学。仪封城北旧有堤，三十八年六月，大雨，溃，伯行募民囊[1]土塞之。河道总督张鹏翮行[2]河，疏荐堪理河务。命以原衔赴河工，督修黄河南岸堤二百余里，及马家港、东坝、高家堰诸工。

四十二年，授山东济宁道。值岁饥，即家运钱米，并帛棉衣，拯民饥寒。上命分道治赈，伯行赈汶上、阳谷二县，发仓谷二万二千六百石有奇。布政使责其专擅，即论劾，伯行曰："有旨治赈，不得为专擅。上视民如伤，仓谷重乎？人命重乎？"乃得寝。四十五年，上南巡，赐"布泽安流"榜。寻迁江苏按察使。

四十六年，复南巡。至苏州，谕从臣曰："朕闻张伯行居官甚清，最不易得。"时命所在督抚举贤能官，伯行不与。上见伯行曰："朕久识汝，朕自举之。他日居官而善，天下以朕为知人。"擢[3]福建巡抚，赐"廉惠宣猷"榜，伯行疏请免台湾、凤山、诸罗三县荒赋。福建米贵，请发帑[4]五万市湖广、江西、广东米平粜[5]。建鳌峰书院，置学舍，出所藏书，搜先儒文集刊布为《正谊堂丛书》，以教诸生。福建民祀瘟神，命毁其偶像[6]，改祠为义塾，祀朱子。俗多尼，鬻[7]贫家女，髡[8]至千百，伯行命其家赎还择偶。贫不能赎，官为出之。①（《清史稿·张伯行传》）

注释

[1] 囊：有底的口袋，这里用作动词，意为用口袋装。

[2] 行：巡行，巡视。

[3] 擢：提拔。

[4] 帑（tǎng）：收藏钱财的府库或钱财。

[5] 粜（tiào）：卖米，引申为卖出。

[6] 偶像：用木头或泥土等制成的人形雕像。

[7] 鬻（yù）：卖。

① 赵尔巽：《清史稿》，中华书局 1976 年版，第 9936—9937 页。

[8] 髡（kūn）：剃光头。

译文

张伯行，字孝先，河南仪封人，康熙二十四年进士。后经考选，授内阁中书，又改任中书科中书。

遇父丧归乡，建立请见书院，并讲解传授儒学。仪封城北原有堤，康熙三十八年六月因遭大雨被冲垮，伯行招募民工用口袋装土来堵塞。河道总督张鹏翮巡视黄河后，上疏推荐张伯行能够治理河务。皇上命他以原来的官衔到河工任职，督修黄河南岸堤二百余里，以及马家港、东坝、高家堰各工程。

四十二年，张伯行被授为山东济宁道。适逢灾荒之年，便从家乡运来钱和粮食，并缝制棉衣，用来解救百姓的饥寒。皇上命令按各道救济灾民，张伯行便拿出仓谷二万二千六百石有余赈济所属汶上、阳谷二县。山东布政使责备他独断专行，准备上疏弹劾，伯行说："皇上有旨救灾，不能说是独断专行。皇上如此重视民间疾苦，应该以仓谷为重呢，还是以人命为重？"布政使只好停止弹劾事。四十五年，皇上南巡时，赐予张伯行"布泽安流"匾额。不久，张伯行升为江苏按察使。

四十六年，皇上再次南巡。到苏州后，对随从的臣子们说："我听说张伯行任官特别清廉，这是最难得的。"当时曾命负责管理江苏的总督及巡抚推荐德才兼备的官员，而张伯行并没有被推荐。皇上见到张伯行说："我很早就了解你，我来推荐你。如果将来做官做得很好，天下都会认为我是知人善任的。"于是，提拔张伯行为福建巡抚，赐予"廉惠宜猷"的匾。张伯行上疏请求免去台湾、凤山、诸罗三县因灾荒而欠交的赋税。因为福建的米价很贵，张伯行请求动用国库的钱五万购买湖广、江西、广东的米平价出售。建鳌峰书院，置学舍，拿出自己的藏书，搜罗前代文人的文集刊印成《正谊堂丛书》，用来教学生。福建百姓祭祀瘟神，张伯行命令毁掉这些瘟神的偶像，改祠堂为义学，祭祀朱熹。民间多尼姑，有人卖贫苦人家的女子，以致削发为尼者成百上千，张伯行命令这些人家赎回自己的女子，为她们选择配偶。有家境贫穷无法赎回的，由官府出钱赎出。

第三节　贵　民

▲民贵君轻，重民则安

一、名人名言

1. 孟子曰："民为贵，社稷[1]次之，君为轻。是故得乎丘民[2]而为天子，得乎天子为诸侯，得乎诸侯为大夫。诸侯危社稷，则变置[3]。牺牲[4]既成，粢[5]盛既絜[6]，祭祀以时[7]，然而旱干水溢，则变置社稷。"①（《孟子·尽心章句下》）

注释

[1] 社稷：社，土神。稷，谷神。古时君主为了祈求国家太平，五谷丰登，每年都要到郊外祭祀土地和五谷神，即祭社稷，后"社稷"被用来借指国家。

[2] 丘民：百姓。丘，众的意思。

[3] 变置：改立，另行设立。

[4] 牺牲：指祭祀或祭拜用品，供祭祀用的纯色全体牲畜。

[5] 粢（zì）：谷物的总称。

[6] 絜（jié）：同"洁"。

[7] 时：时间节气。

① 朱熹：《四书章句集注》，中华书局1983年版，第367页。

译文

孟子说："百姓最重要，土谷之神其次，君主更轻。因此，得到众百姓欢心的做天子，得到天子欢心的做诸侯，得到诸侯欢心的做大夫。诸侯危害国家，就另外改立。祭祀用的牲畜已经长成，祭品已经洁净，就按时祭祀，但仍发生旱灾涝灾，就另立土神谷神。"

2. 盖国以民为本，社稷亦为民而立，而君之尊，又系于二者之存亡，故其轻重如此。①（《孟子章句集注》）

译文

国家是以人民为根本，社稷也是为人民而设立的，君主的地位，取决于人民和国家的存亡，所以人民和社稷为重，君主为轻。

3. 传曰："君者，舟也；庶人[1]者，水也。水则载舟，水则覆舟。"②（《荀子·王制》）

注释

[1] 庶人：指没有官爵、为贵族工作的平民阶层。

译文

君王好比是船，百姓好比是水，水可以使船行驶，也可以使船覆没。

① 朱熹：《四书章句集注》，中华书局 1983 年版，第 367 页。
② 王先谦撰，沈啸寰、王星贤点校：《荀子集解》，中华书局 1988 年版，第 152—153 页。

4. 管仲曰："所谓天者，非谓苍苍莽莽之天也，君人者以百姓为天。百姓与[1]之，则安；辅之，则强；非[2]，则危；背之，则亡。"①（《说苑·建本》）

注释

[1] 与：亲附。

[2] 非：非难，责怪，反对。

译文

管仲说："所说的天，不是指苍苍茫茫的天空。国君应该把百姓视为天。百姓亲附他，国家就安定；辅助他，国家就强盛；指责他，统治就危险；背叛他，政权就要灭亡。"

5. 重我民，无尽刘[1]。②（《尚书·盘庚上》）

注释

[1] 刘：杀害。

译文

重视百姓的生命，不能让他们在原居地坐以待毙。

6. 古人有言曰："人，无于水监[1]，当于民监。"③（《尚书·酒诰》）

---

① 程翔评注：《说苑》，商务印书馆 2018 年版，第 130 页。

② 李民、王健：《尚书译注》，上海古籍出版社 2004 年版，第 148 页。

③ 李民、王健：《尚书译注》，上海古籍出版社 2004 年版，第 277 页。

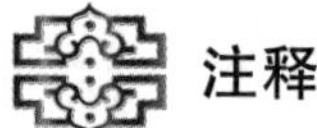

注释

[1] 监：从旁查看，监督。

译文

古人有句格言："人，不要只把水当作镜子来观察自己，还应当把民众当作镜子来观察自己。"

7. 轻民处，重民散，则地不辟。地不辟，则六畜不育。六畜不育，则国贫而用不足。国贫而用不足，则兵弱而士[1]不厉[2]。兵弱而士不厉，则战不胜而守不固。战不胜而守不固，则国不安矣。①（《管子·七法》）

注释

[1] 士：指军队。

[2] 不厉：不振作。

译文

为盗者留，务农者散，其结果是土地不能开辟。土地不能开辟，六畜就不能繁育。六畜不能繁育，国家就会贫穷，财用就会不足。国家贫穷财用不足，就会导致武备削弱，士气低落。武备削弱，士气低落就会导致作战而不能取胜，守土而不能坚固。战而不胜，守而不固，国家就不能安定了。

8. 吾闻之，国将兴，听于民；将亡，听于神。②（《春秋左传卷三·庄公

---

① 房玄龄注，刘绩补注，刘晓艺校点：《管子》，上海古籍出版社 2015 年版，第 31 页。

② 李梦生：《春秋左传译注》，上海古籍出版社 2010 版，第 170 页。

三十二年》)

译文

我听说，国家将要兴盛，一定会听从民众的意愿；国家将要灭亡，就会听从神的旨意。

9. 天之生民，非为君也。天之立君，以为民也。[①]（《荀子·大略》）

译文

上天生育民众并不是为了君主，上天设立君主，却是为了民众。

二、评点

贵民思想是民本思想中很重要的内涵，不仅是大禹民本思想的核心内容，也是孟子民本思想的核心内容。从大禹告诫子孙的“民惟邦本”到孟子的“民为贵”的观点，再到管子的“以百姓为天”的思想，都是将百姓放在国家的首要位置。在孟子看来，君主应当实行民贵君轻的措施，因为只有“得乎丘民而为天子”，国家和社稷都可以更换，只有百姓不可以更换。在荀子看来，设立国家是为了人民，设立君主也是为了人民。在管子看来，人民是一个国家存在的根本条件，君主能否使国家安定依旧取决于人民。贵民必须重民，也必然重民。重民就是重视百姓的生命，重视百姓的生活水平。这不仅是一个关于政治家的政治立场问题，也是关系到其政治活动的成效的问题，更是显示国家统治的人心向背与民生状态的问题。大禹说：“民可近，不可下。”又说：“予视天下，愚夫愚妇一能胜予。”还说：“予临兆民，懔乎若朽

① 王先谦撰，沈啸寰、王星贤点校：《荀子集解》，中华书局 1988 年版，第 504 页。

索之驭六马。”（《尚书·五子之歌》）可见大禹是多么重视民众！《尚书》中的“无丁水监，当于民监”，警示统治者，要重视百姓，将百姓当作镜子来观察自己，从百姓的生活水平中可以看出统治者的管理是否正确，一个国家是否兴盛。百姓安居乐业就表明国家的统治方式很有成效；当百姓处于水深火热时，统治者就应该反思自己的治国方式了。因此，统治者必须坚持重民的思想来维护社会的稳定。所以,《荀子》中提出了“重民任而诛不能”的思想。

三、故事

1. 鲁哀公问道，孔子要他重视民众

鲁哀公问于孔子曰：“寡人生于深宫之中，长于妇人之手，寡人未尝知哀也，未尝知忧也，未尝知劳也，未尝知惧也，未尝知危也。”

孔子曰：“君之所问，圣君之问也。丘，小人也，何足以知之？”

曰：“非吾子无所闻之也。”

孔子曰：“君入庙门而右，登自胙阶[1]，仰视榱[2]栋[3]，俛[4]见几筵[5]，其器存，其人亡，君以此思哀，则哀将焉而不至矣！君昧爽而栉冠，平明而听朝，一物不应，乱之端也，君以此思忧，则忧将焉而不至矣！君平明而听朝，日昃[6]而退，诸侯之子孙必有在君之末庭者，君以思劳，则劳将焉而不至矣！君出鲁之四门以望鲁四郊，亡国之虚[7]则必有数盖[8]焉，君以此思惧，则惧将焉而不至矣！且丘闻之：‘君者，舟也；庶人者，水也。水则载舟，水则覆舟。’君以此思危，则危将焉而不至矣！”①（《荀子·哀公》）

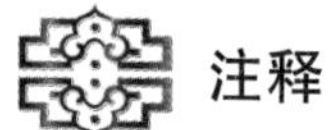

注释

[1] 胙（zuò）阶：大堂前东边的台阶，是主人登堂的台阶。胙，通“阼”。

① 王先谦撰，沈啸寰、王星贤点校：《荀子集解》，中华书局 1988 年版，第 543—544 页。

[2] 榱（cuī）：椽子。

[3] 栋：屋中的正梁。

[4] 俛：低头。

[5] 几（jǐ）筵（yán）：犹几席，指灵座，即供奉神主、摆供品的桌子。

[6] 日昃（zè）：太阳偏西，约未时，即下午两点左右。

[7] 虚：同“墟”。

[8] 盖：茅草盖的屋。这里形容亡国者的子孙极为贫贱。

译文

鲁哀公问孔子说：“我出生在深邃的后宫之中，在妇人的哺育下长大，我从来不知道什么是悲哀，从来不知道什么是忧愁，从来不知道什么是劳苦，从来不知道什么是恐惧，从来不知道什么是危险。”

孔子说：“您所问的，是圣明的君主所问的问题。我孔丘，是个小人啊，哪能知道这些？”

哀公说：“除了您，我没有地方可问啊。”

孔子说：“您走进宗庙的大门向右，从东边的台阶登堂，抬头看见椽子屋梁，低头看见灵位，那些器物还在，但那祖先已经没了，您从这些方面来想想悲哀，那么悲哀之情哪会不到来呢？您黎明就起来梳头戴帽，天亮时就上朝听政，如果一件事情处理不当，就会成为祸乱的发端，您从这些方面来想想忧愁，那么忧愁之情哪会不到来呢？你天亮时上朝处理政事，太阳偏西时退朝，而各国逃亡而来的诸侯的子孙一定有等在您那朝堂的远处来侍奉您的，您从这些方面来想想劳苦，那么劳苦的感觉哪会不到来呢？您走出鲁国国都的四方城门去瞭望鲁国的四郊，那些亡国的废墟中一定有几处茅屋，您从这些方面来想想恐惧，那么恐惧之情哪会不到来呢？而且我听说过这样的话：‘君主，好比船；百姓，好比水。水能载船，水能翻船。’您从这个方面来想想危险，那么危险感哪会不到来呢？”

2. 伊尹以百姓好恶对待君主

公孙丑曰："伊尹曰：'予不狎[1]于不顺。'放太甲于桐，民大悦。太甲贤。又反之，民大悦。贤者之为人臣也，其君不贤，则固可放与？"孟子曰："有伊尹之志，则可；无伊尹之志，则篡也。"①（《孟子·尽心上》）

注释

[1] 狎（xiá）：亲近而态度不庄重。

译文

公孙丑说："伊尹说：'我不亲近违背义理的人。'因此，把太甲放逐到桐邑，百姓大为高兴。太甲变好了，又让他回来，恢复王位，百姓大为高兴。贤人作为臣属，君王不好，就可以放逐吗？"孟子说："有伊尹那样大公无私的心志，则可以这样做；如果没有伊尹那样的心志，那就是篡位了。"

3.大禹倡导养民

禹曰："惠迪吉，从逆凶，惟影响。"

益曰："吁！戒哉！儆戒无虞，罔失法度，罔游于逸，罔淫于乐。任贤勿贰，去邪勿疑，疑谋勿成，百志惟熙[1]。罔违道以干[2]百姓之誉，罔咈[3]百姓以从己之欲。无怠无荒，四夷来王。"

禹曰："於！帝念哉！德惟善政，政在养民。水、火、金、木、土、谷，惟修，正德、利用、厚生惟和，九功惟叙[4]，九叙惟歌。戒之用休[5]，董[6]之用威，劝之以九歌，俾[7]勿坏。"

帝曰："俞！地平天成，六府三事允[8]治，万世永赖，时[9]乃功。"②（《尚

① 朱熹：《四书章句集注》，中华书局 1983 年版，第 358 页。

② 李民、王健：《尚书译注》，上海古籍出版社 2004 年版，第 26 页。

书·大禹谟》）

注释

[1] 熙：广。

[2] 干：求。

[3] 咈：逆，违背。

[4] 叙：顺理，有秩序。

[5] 休：美。

[6] 董：督，督察。

[7] 俾：使。

[8] 允：的确。

[9] 时：是。

译文

大禹说："顺从善就吉利，顺从恶就凶险，就像影子顺从形体和回响出于声音一样。"

伯益说："啊！要戒慎呀！警戒不要失误，不要放弃法度，不要放纵游逸，不要沉湎于安乐。任用贤人不要怀疑，罢去邪人不要犹豫。犹豫、迟疑的图谋不要实行，不会成功，各种思虑应当全面广阔。不要违背治世常理来取得百姓的称赞，不要违背百姓意愿来顺从自己的私心。对这些不要懈怠，不要荒废政事，周边各部族的首领就会归顺臣服而来朝见天子了。"

禹说："啊呀！帝要经常想着呀！帝的美德在于搞好国家政事，使政治美好，政事的根本在于养护百姓。所以修水利、存火种、炼金属、伐木材、开垦土地、种植五谷，这六种事情必须做好，保障六种生活资料的需要。因此，修正百姓的德行、便利百姓对物资的使用、改善民众的生活，这三件大事应当一齐做好。这九件事应当理顺，九事理顺了应当歌颂。警戒臣民要用和善，监督臣民用威罚，劝勉臣民要用九歌，使他们不会败坏政事。”

4.赵威后贵民轻君

齐王使使者问赵威后。书未发，威后问使者曰：“岁亦无恙耶？民亦无恙耶？王亦无恙耶？”使者不说，曰：“臣奉使使威后，今不问王，而先问岁与民，岂先贱而后尊贵者乎？”威后曰：“不然。苟无岁，何以有民？苟无民，何以有君？故有问舍本而问末者耶？”乃进而问之曰：“齐有处士[1]曰钟离子，无恙耶？是其为人也，有粮者亦食，无粮者亦食；有衣者亦衣，无衣者亦衣。是助王养其民也，何以至今不业也？叶阳子无恙乎？是其为人，哀鳏[2]寡[3]，恤孤[4]独[5]，振困穷，补不足。是助王息其民者也，何以至今不业也？北宫之女婴儿子无恙耶？撤其环瑱，至老不嫁，以养父母。是皆率民而出于孝情者也，胡为至今不朝也？此二士弗业，一女不朝，何以王齐国，子万民乎？於陵子仲尚存乎？是其为人也，上不臣于王，下不治其家，中不索交诸侯。此率民而出于无用者，何为至今不杀乎？”①（《战国策·齐策》）

注释

[1] 处士：有才德却隐居不做官的人。

[2] 鳏：年老无妻或丧妻的男子。

[3] 寡：年老无父或丧父的女子。

[4] 孤：幼而无父。

[5] 独：老而无子。

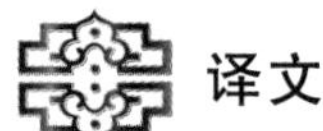

译文

齐襄王派使者去问候赵威后。赵威后还没有把书信打开，就问使者说：“今

① 王守谦等：《战国策全译》，贵州人民出版社1992年版，第316—317页。

年年成好吗？百姓平安吗？大王也贵体康健吗？”使者很不高兴，说：“臣下奉命出使赵国来问候您，现在您不问齐王，却先问年成和百姓，这不是先卑贱而后尊贵吗？”威后说：“你这话不对。如果没好年成，哪里有老百姓呢？如果没有老百姓，又哪里有国君呢？所以我问你话时，哪有舍去根本而打听细枝末节的呢？”于是又进一步问道：“齐国有个处士叫钟离子，他很好吗？这个人的为人，对有粮食的人他给食物吃，对没有粮食的人他也给食物吃；对有衣服的人他给衣服穿，对没有衣服的人也给衣服穿。这是帮助齐王抚养百姓，为什么到现在不使他成就功业呢？叶阳子身体好吗？这个人的为人，怜悯鳏寡，抚恤孤儿老人，救济穷困的人，补助缺衣少食的人。这是帮助齐王使百姓生息繁衍的人，为什么直到现在也不让他成就功业呢？北宫家的孝女婴儿子好吗？她撤去了玉环耳坠，一直到老都不出嫁，尽心奉养父母。这是率领民众奉行孝道的人，为什么至今还没入朝封为命妇呢？这两个隐士不能成就功业，这个孝女不能入朝，凭什么统治齐国，成为百姓的父母呢？於陵子仲还活着吗？这个人的为人，上不向国君称臣，下不治理他自己的家，中不与诸侯结交，这是一个带领百姓无所作为的人，为什么到现在还不杀掉他呢？”

第四节　惠　民

▲安民则惠，王者富民

一、名人名言

1. 安民则惠[1]，黎民怀[2]之。①（《尚书·皋陶谟》）

① 李民、王健：《尚书译注》，上海古籍出版社2004年版，第37页。

注释

[1] 惠：仁，好处。

[2] 怀：感激。

译文

安抚民众，使他们得到好处，则是仁慈的做法，这样民众自然会感激和怀念他。

2. 徽[1]柔[2]懿[3]恭[4]，怀保[5]小民，惠鲜[6]鳏寡[7]。①（《尚书·无逸》）

注释

[1] 徽：善良。

[2] 柔：仁慈。

[3] 懿：美。

[4] 恭：敬。

[5] 怀保：安抚保护，抚养。

[6] 鲜：通“献”，施于。

[7] 鳏寡：老而无妻或无夫的人。引申指老弱孤苦者。《诗·小雅·鸿雁》：“爰及矜人，哀此鳏寡。”

译文

（文王）心地善良仁慈、态度和蔼恭敬，关心爱护民众，施恩惠于年老而穷困无靠的人。

① 李民、王健：《尚书译注》，上海古籍出版社 2004 年版，第 315 页。

3. 入国四旬[1]，五行[2]九惠之教[3]。一曰老老，二曰慈幼，三曰恤孤，四曰养疾，五曰合独，六曰问疾，七曰通穷，八曰振困，九曰接绝。①（《管子·入国》）

注释

[1] 四旬：十日为一旬，一月分三旬，四旬为四十天。

[2] 行：督行。

[3] 教：政教。

译文

入国才四十天，就五次督行九种惠民的政教。第一叫作老老，第二叫作慈幼，第三叫作恤孤，第四叫作养疾，第五叫作合独，第六叫作问疾，第七叫作通穷，第八叫赈困，第九叫作接绝。

4. 子曰："道[1]千乘[2]之国：敬事而信，节用而爱人，使民以时[3]。"②（《论语·学而第一》）

注释

[1] 道：通"导"，引导。

[2] 千乘（shèng）之国：指拥有一千辆战车的国家及诸侯国。

[3] 使民以时：古代百姓以农业为主，执政者要在农闲时使用民力，避免影响农业生产。

---

① 房玄龄注，刘绩补注，刘晓艺校点：《管子》，上海古籍出版社 2015 年版，第 365 页。

② 朱熹：《四书章句集注》，中华书局 1983 年版，第 49 页。

译文

孔子说："治理一个拥有上千辆兵车的国家，应该处事虔敬讲究信用，节省财用关爱民生，役使百姓要在合适的时候。"

5. 凡治国之道，必先富民，民富则易治也，民贫则难治也。奚[1]以知其然也？民富则安乡重家[2]，安乡重家则敬上畏罪，敬上畏罪则易治也。民贫则危乡轻家，危乡轻家则敢凌上犯禁，凌上犯禁则难治也。故治国常[3]富，而乱国常贫。是以[4]善为[5]国者，必先富民，然后治之。①（《管子·治国》）

注释

[1] 奚：何。

[2] 安乡重家：安于乡居，爱惜家园。

[3] 常：往往。

[4] 是以：因此。

[5] 为：主持。

译文

大凡治国的道理，一定要先使人民富裕，人民富裕就容易治理，人民贫穷就难以治理。何以知其然？人民富裕就安于乡居而爱惜家园，安乡爱家就恭敬君上而畏惧刑罪，敬上畏罪就容易治理了。人民贫穷就不安于乡居而轻视家园，不安于乡居而轻家就敢于对抗君上而违犯禁令，抗上犯禁就难以治理了。所以，治理得好的国家往往是富足的，治理混乱的国家必然是贫穷的。因此，善于主持国家的君主，一定要先使人民富裕起来，然后再加以治理。

---

① 房玄龄注，刘绩补注，刘晓艺校点：《管子》，上海古籍出版社 2015 年版，第 323 页。

6. 故王者富民，霸者富士，仅存[1]之国富大夫[2]，亡国富筐箧[3]，实府库[4]。筐箧已富，府库已实，而百姓贫，夫是之谓上溢而下漏，入[5]不可以守，出[6]不可以战，则倾覆[7]灭亡可立而待也。①（《荀子·王制》）

注释

[1] 仅存：勉强存在。

[2] 大夫：古职官名。

[3] 筐箧（qiè）：用竹枝等编制的狭长形箱子。

[4] 府库：旧指国家贮藏财物、兵甲的处所。

[5] 入：对内。

[6] 出：对外。

[7] 倾覆：垮台。

译文

所以成就帝王大业的君主，使民众富足；称霸诸侯的君主，使兵士富足；只能勉强存在的国家，使大夫富足；亡国的君主，只是富了自己的箱子，装满了自己的府库。箱子塞满了，府库装足了，而老百姓却贫穷了，这就叫君主的财富溢出来了，老百姓却漏得精光，一贫如洗。这样的国家，对内不能防卫，对外不能征战，它的垮台覆灭自然可以立刻等到。

7. 足[1]国之道，节用裕民[2]，而善臧[3]其余。节用以礼[4]，裕民以政[5]。②（《荀子·富国》）

① 王先谦撰，沈啸寰、王星贤点校：《荀子集解》，中华书局 1988 年版，第 153—154 页。

② 王先谦撰，沈啸寰、王星贤点校：《荀子集解》，中华书局 1988 年版，第 177 页。

注释

[1] 足：富。

[2] 节用裕民：节制开支、消费和使民富裕。

[3] 臧：通“藏”。

[4] 节用以礼：按着礼法来节制开支、消费。

[5] 政：政治纲领、路线、政策。

译文

使国家富足的办法是节约用度，使百姓富裕，并且善于储备那些节余的东西。用礼法制度节约用度，用政策使百姓富裕。

8. 民富国强，众安[1]道泰[2]。①（《吴越春秋·勾践归国外传》）

注释

[1] 众安：大家安宁。

[2] 道泰：“道”可以解释为名词“道路”或“思想”，“泰”即康泰之意，形容一种安宁的社会现状。

译文

人民富足，国家强大，民众就安宁康泰。

9. 损上益下[1]，民说无疆。②（《周易·益·彖》）

---

① 赵晔撰，薛耀天译注：《吴越春秋译注》，天津古籍出版社 1992 年版，第 315 页。

② 朱熹：《周易本义》，北京大学出版社 1992 年版，第 37 页。

注释

[1] 损上益下：益卦震下巽上，原本三阳（乾）在上，三阴（坤）在下，乾一阳下居坤初，而成益卦，故说损上益下；引义惠民，故民悦无疆。

译文

统治者损己以利民，百姓无限喜悦。

10. 夫为国者[1]，以富民为本[2]，以正学[3]为基。民富乃可教，学正乃得义[4]。①（《潜夫论·务本》）

注释

[1] 为国者：国家的统治者。

[2] 本：根本。

[3] 正学：正确的学习内容。

[4] 义：仁义、大义。

译文

国家的统治者应该制定使百姓富裕的政策，并把它作为治理国家的根本，还应该以正确的学习内容作为统治基础。因为百姓富裕了才可以推行教化，以正确的思想来教化才可以使其获得仁义的观念。

11. 天下顺治[1]在民富，天下和静[2]在民乐，天下兴行在民趋于正。②（《慎

① 王符撰，张觉校注：《潜夫论校注》，岳麓书社 2008 年版，第 17 页。

② 李敖主编：《陈献章集·王阳明集·王廷相集》，天津古籍出版社 2016 年版，第 342 页。

言·御民篇》）

注释

[1] 顺治：安顺太平。

[2] 和静：和平安宁。

译文

国家的安顺太平在于人民生活富裕，国家能够和平安定在于人民心情愉悦，国家兴旺繁盛在于民风纯正。

二、评点

惠民就是统治者施恩惠于民众，是爱民的具体体现。从《尚书》的“民心无常，为惠之怀”（《尚书·周书·蔡仲之命第十九》）到《周礼》的“以王命施惠”（《周礼·地官司徒第二》），再到《荀子》的“庶人骇政则莫若惠之”（《荀子·王制第九》），都表明在国家治理中实施惠民政策的重要性。在《管子》一书中，惠民的含义十分广泛，不但有经济意义上的，还有政治意义上的。从经济意义上说，惠民就要富民，让民众生活裕足。中国富民思想的渊源极早。不仅《周易·益·彖》则有“损上益下，民说无疆”的思想，而且《尚书》中也有“惟天惠民”（《尚书·周书·泰誓中》）的思想，二者都把重视人民的利益视为统治者的德政。至春秋战国时代，随着社会经济的发展和阶级关系的变化，诸子著书立说，百家争鸣，各家都从各自的政治理想出发，从不同角度阐发了富民思想。其中，最为典型的便是儒家的富民思想。孔子周游列国，途经卫国时，沿途人烟稠密，为其驾车的弟子冉有问老师：“即庶矣，又何加焉？”孔子答道：“富之。”孔子的富民主张为儒学的后继者所继承并加以弘扬。《管子》十分重视富民的作用。该书认为让民众占有一定数量的财产，既是法令得以推行的保证，也是国家安定的反映。为此，《管子》主张“藏富于民”。在政治上说，《管子》主要是提出了“赋爵禄，授备位”等主张。他的惠民思想反映了传统文化民本思想的丰富性。正是这样，中国历代卓越的帝王都以富民为国策。

三、故事

1. 齐宣王好货

王曰：“寡人有疾，寡人好货。”对曰：“昔者公刘[1]好货，《诗》云：‘乃积乃仓，乃裹糇粮[2]，于橐[3]于囊[4]。思[5]戢[6]用光[7]。弓矢斯张，干戈戚扬[8]，爰方启行。’故居者有积仓，行者有裹囊也，然后可以爰[9]方启行。王如好货，与百姓同之，于王何有？”①（《孟子·梁惠王下》）

注释

[1] 公刘：后稷的后代，周代创业的始祖。

[2] 糇（hóu）粮：干粮。

[3] 橐（tuó）：两端有底，旁边开口的口袋。

[4] 囊：无底，物件盛于两头的口袋。

[5] 思：语助词，无实义。

[6] 戢（jí）：和，安。

[7] 光：发扬光大。

[8] 干戈戚扬：四种兵器。

[9] 爰（yuán）：句首语气词。

① 朱熹：《四书章句集注》，中华书局 1983 年版，第 218—219 页。

译文

齐宣王说："我有一个小毛病，我喜爱钱财（实行王政恐怕有些困难）。"孟子说："从前，公刘也喜爱钱财，《诗经》说：'粮食堆满仓，用来做干粮，还装满橐囊。百姓富足安居，国威就能光大。箭上弦，弓开张，梭镖大斧都上场，浩浩荡荡向前方。'留在家里的人都有存粮，行军的人都有干粮，这样才能'浩浩荡荡向前方'。大王如果喜爱钱财，而能跟老百姓一道，那么对您实行王政有什么困难呢？"

2. 西门豹治邺

西〔门〕豹治邺，廪无积粟，府无储钱，库无甲兵[1]，官无计会，人数言其过于文侯。文侯身行其县，果若人言。文侯曰："翟璜任子治邺而大乱，子能道，则可；不能，将加诛于子。"西门豹曰："臣闻王主富民，霸主富武，亡国富库。今君欲为霸王者也，臣故稸积于民。君以为不然，臣请升城鼓之，一鼓，甲兵粟米，可立具也。"于是乃升城而鼓之。一鼓，民被甲括矢，操兵弩而出；再鼓，负辇粟而至。文侯曰："罢之。"西门豹曰："与民约信，非一日之积也。一举而欺之，后不可复用也。燕常侵魏八城，臣请北击之，以复侵地。"遂举兵击燕，复地而后（皮）(反)。①（《淮南子·人间训》）

注释

[1] 甲兵：指铠甲和兵械，泛指兵器。

译文

西门豹在治理邺城时，粮仓里没有积蓄的粮食，钱库里没有储备的钱币，军

① 刘安撰，许慎注、陈广忠校点：《淮南子》，上海古籍出版社2016年版，第458页。

库里没有兵器，官府里没有计算收入的账簿。这样就有人多次在文侯面前议论过西门豹的这些过失。于是魏文侯就亲临邺县检查工作，看到的现象果然和人们议论的相一致。魏文侯于是召见西门豹说：“翟璜推荐你来治理邺县，你却将这里治理得如此混乱。你能说清这些事的缘由也就算了，否则就要严加追究。”西门豹解释说：“我听说实行王道的君王使人民富足，实施霸道的君王使士富足，只有亡国之君才使各种府库充足。如今你魏文侯是要实施王霸之道，所以为臣就将粮食、兵器、钱财都积贮在民间。你如果不信的话，让我登上城楼击鼓，这时铠甲兵器和粮食就会马上齐备。”于是西门豹登上城楼开始击鼓，第一阵鼓声结束，只见百姓纷纷披挂铠甲，带着弓箭，手持兵器从家里出来；第二阵鼓声结束，只见又有许多百姓背着或用车装着粮食纷纷来到。看到这些后，魏文侯说：“行了，行了。”西门豹说：“我和百姓守约讲信用，这可不是一天就能形成的。有一次欺骗他们，以后就别再想调动他们。燕国曾经侵犯我国，占据我国八座城市；现在让我指挥军民向北攻打燕国，收复失地。”于是西门豹率兵攻打燕国，收复了失地后返回邺城。

3.管子惠民

桓公曰：“善哉。牧[1]民何先？”管子对曰：“有时先事，有时先政，有时先德，有时先恕。飘风暴雨，不为人害，涸旱不为民患。百川道，年谷熟，籴[2]贷贱，禽兽与人聚食民食，民不疾疫。当此时也，民富且骄。牧民者，厚收善岁以充仓廪，禁薮泽[3]，此谓先之以事；随之以刑，敬之以礼乐，以振其淫，此谓先之以政。飘风暴雨为民害，涸旱为民患，年谷不熟，岁饥籴贷贵，民疾疫，当此时也，民贫且罢。牧民者，发仓廪，山林、薮泽以共其财，后之以事，先之以恕，以振其罢，此谓先之以德。其收之也，不夺民财。其施之也，不失有德。富上而足下，此圣王之至事也。”桓公曰：“善。”①（《管子·小问第五十一》）

① 房玄龄注，刘绩补注，刘晓艺校点：《管子》，上海古籍出版社 2015 年版，第 339 页。

注释

[1] 牧：管理，治理。

[2] 籴（dí）：买米，引申为买入之意。

[3] 薮泽：指水草茂密的沼泽湖泊地带。

译文

桓公说："好呵！那么治民以何事为先呢？"管仲回答说："有时先施政，有时先施德。在没有狂风暴雨为害的年景，在没有干旱天灾的时候，百河通畅，年谷丰熟，粮价低，禽兽与人同吃粮食，人们也没有疾病和瘟疫。这时，人民是富有而且骄傲的。治民者应该大量收购丰年的产品，以充实国家仓廪，禁止薮泽的采伐捕获，先抓好政事，随之以刑法，并结合礼乐来劝诫人们以消除淫邪风气。这个就叫作：先施以'政'。如果遇上狂风暴雨为害的年景，同时也存在干旱之灾，年谷不丰熟，荒年粮价高，人民又有了疾病和瘟疫。这时，人民是穷困而且疲惫的。治民者就应该开放仓廪、山林和薮泽，以供应人民财物，不先讲政刑，而先讲宽厚，以消除人民的疲困。这个就叫作：先施以'德'。丰年收聚人民的产品，不夺民财；荒年施予人民以财物，又不失有德。富裕了君主而且满足了人民，这是圣王所行的最好事情。"桓公说："好。"①

① 赵守正：《管子注译》下册，广西人民出版社 1982 年版，第 101 页。

第五节　恤　民

▲恤民之患，除民之害

一、名人名言

1. 恤民为德，正直为正，正曲为直，参和[1]为仁。①（《春秋左传卷十四·襄公七年》）

注释

[1] 参和：将德、正、直三者合为一体。

译文

体恤百姓是一种美德，校正直（循直而行）是为正，纠正曲（匡正别人的过错）是为直，三者合一则是仁。

2. 善政者，恤民之患，除民之害也。②（《群书治要·政要论·兵要》）

译文

所谓美善的政治，也就是体恤老百姓的苦难，消除他们面临的危害的政治。

① 李梦生：《春秋左传译注》，上海古籍出版社 2010 版，第 662 页。
② 魏徵编：《群书治要》，天津人民出版社 2015 年 2 月版，第 453 页。

3. 古之治民者，劝[1]赏而畏刑，恤民不倦。①（《春秋左传卷十八·襄公二十六年》）

注释

[1] 劝：劝勉，鼓励的意思。

译文

古代治理人民的人，总是以奖赏来鼓励、劝导民众，敬畏使用刑罚，为民众操心而不知疲倦。

4. 今失其劝种之时，而令给驱禽除路之役，非贤圣恤民之意也。②（《后汉书·陈蕃传》）

译文

现在放弃了鼓励百姓耕种的时机，而让百姓从事驱赶禽兽开辟猎场的劳役，这不是圣明君主体恤百姓的心意。

5. 其政用宽仁，忧恤民黎，擢用长者，与参政事，郡中欢爱，三辅[1]咨嗟[2]焉。③（《后汉书·延笃传》）

① 李梦生：《春秋左传译注》，上海古籍出版社 2010 年版，第 819 页。
② 范晔：《后汉书》，中华书局 1965 年版，第 2162 页。
③ 范晔：《后汉书》，中华书局 1965 年版，第 2103 页。

注释

[1] 三辅：指西汉武帝至东汉末年期间，治理长安京畿地区的三位官员京兆尹、左冯翊、右扶风，同时也指这三位官员管辖的地区京兆、左冯翊、右扶风三个地方。

[2] 咨嗟：赞叹。

译文

他（延笃）为政主张宽松仁爱，爱惜百姓，选用道德修养高的人参加政事，郡里和爱，三辅赞叹他的政绩。

6. 方春和时，草木群生之物皆有以自乐，而吾百姓鳏寡孤独[1]穷困之人，或阽[2]于死亡，而莫之省忧，为民父母将何如？其议所以振贷[3]之。①（《汉书·文帝纪》）

注释

[1] 鳏寡孤独：泛指没有劳动力而又没有亲属供养、无依无靠的人。鳏，年老无妻或丧妻的男子。寡，年老无夫或丧夫的女子。孤，年幼丧父或父母双亡的孩子。独，年老无子女的人。

[2] 阽（diàn）：临近（死亡）。

[3] 振贷：赈济的意思。振，同“赈”。

译文

春天来了，草木万物生机勃勃，都有各自的喜悦，而我们百姓中的鳏寡孤独

① 余诚编：《古文释义：〈古文观止〉姊妹篇》，岳麓书社 2003 年版，第 191 页。

处境穷困的人有些却面临死亡的危险，我们却没有能体察他们的痛苦，作为为民父母的地方行政长官又该如何呢？他们商议之后赈济百姓。

7. 恤其勤劳[1]，爱民犹子。①（魏徵《谏太宗十思疏》）

注释

[1] 勤劳：辛劳，劳苦的意思。

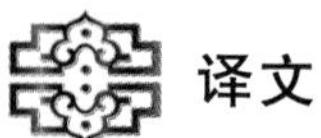

译文

顾恤百姓的疾苦，爱护老百姓，犹如父母爱护自己的子女一样。

二、评点

中国传统文化中，统治者皆以恤民为德。因此，“恤民”是中国古代以衡量君主是否贤明的标准，也是君王推行政治举措的行为准则。《尚书》中商王自己担心民众责备他“不恤我众，舍我穑事”（《尚书·商书·汤誓》），《春秋左传》中有臧孙达的“是宜为君，有恤民之心”（《春秋左传·庄公十一年》）。汉文帝为警示自己和在职的官员们关心百姓，体会百姓忧苦，写下了《恤民诏》，提出了从政者应该如何对待百姓于水火之中的行为准则。只有能够体恤百姓辛劳、轻徭薄赋的君王才能被称为贤明的君王；百姓也只有在君主的“恤民”政策下，才能够安居乐业。事实上，不论是对于统治者而言，还是对于百姓来说，“恤民”都是有利的。君王体恤百姓，百姓的生活就会好；百姓们的生活好了，国家就变得安定有序，又有利于君王的统治。

① 林邦钧：《隋唐五代散文选注》，岳麓书社1998年版，第26页。

三、故事

1.萧秀郢州恤民

郢州当涂为剧地[1]，百姓贫，至以妇人供役，其弊如此。秀至镇，务安之。主者或求召吏，秀曰："不识救弊之术；此州凋残，不可扰也。"于是务存约己，省去游费，百姓安堵[2]，境内晏然。先是夏口常为兵冲[3]，露骸积骨于黄鹤楼下，秀祭而埋之。一夜，梦数百人拜谢而去。每冬月，常作襦袴[4]以赐冻者。……

秀有容观，每朝，百僚属目。性仁恕，喜愠不形于色。左右尝以石掷杀所养鹄，斋帅[5]请治其罪。秀曰："吾岂以鸟伤人。"在京师，旦临公事，厨人进食，误而覆之，去而登车，竟朝不饭，亦不之诮[6]也。①（《梁书·萧秀传》）

注释

[1] 剧地：险要之地。

[2] 安堵：安居，安定地生活。

[3] 兵冲：军事要冲。

[4] 襦袴（kù）：短衣与裤。亦泛指衣服。

[5] 斋帅：官署名，斋仗之长。

[6] 诮（qiào）：诮斥，责备。

译文

郢州地处四方要冲，形势险要，百姓贫困，以至于让妇女承担力役，其凋敝

① 姚思廉：《梁书》，中华书局 1973 年版，第 344—345 页。

程度可想而知。萧秀到了郢州任上，努力安定民生。有些官员要求增添吏员，他就说："你们不懂救弊之术，这里一片凋残，不能再干增加百姓负担的事了。"于是，上下严格约束，也尽量节省开支，这样百姓安居，一州之内也很安定。原先夏口常有战事，一些阵亡者的残骸堆积于黄鹤楼下，萧秀予以祭祀、掩埋。一天晚上，他梦见数百人对他拜谢而后离去。每到寒冬，他就制作衣服，赐给那些无衣受冻的人。……

萧秀外表出众，每当朝会，百官都喜欢朝他看。他为人讲仁恕，喜怒不形于色。他手下有个人曾用石头打死了他所养的天鹅，帝王斋宫禁卫的头目要求惩罚那人，但萧秀却说："我怎么能因为死一只鸟而伤人呢？"在京城时，早晨起来要赶去上朝，厨师送来早餐，不小心打翻在地，他就登车而去，这顿早饭没吃，饿到中午。就这样，他也没有责备那个厨师。①

2. 齐襄王嘉奖田单恤民

田单相齐，过淄水[1]，有老人涉淄而寒，出水不能行。田单解其裘而衣之。

襄王恶之，曰："田单之施于人，将以取我国乎！不早图，恐后之变也。"左右顾无人，岩下有贯[2]珠者，襄王呼而问之曰："汝闻吾言乎？"

对曰："闻之。"

王曰："汝以为何如？"

对曰："王不如因以为己善。王嘉[3]单之善，下令曰：'寡人忧民之饥也，单收[4]而食[5]之。寡人忧民之寒也，单解裘而衣之。寡人忧劳百姓，而单亦忧，称寡人之意。'单有是善而王嘉之，单之善亦王之善也！"

王曰："善。"乃赐单牛、酒。

后数日，贯珠者复见王曰："王朝日宜召田单而揖之于庭，口劳之。乃布令求百姓之饥寒者，收谷之。"乃使人听于闾里[6]，闻大夫之相与语者曰：

① 萧枫主编：《二十五史智慧精华（第2卷）》，西安出版社2009年版，第327页。

"田单之爱人，嗟，乃王之教也！"①（《资治通鉴》第四卷）

注释

[1] 淄水：齐国水名，今山东省内的淄河。

[2] 贯：穿，连。

[3] 嘉：夸奖，赞许。

[4] 收：收养，接收。

[5] 食（sì）：动词，喂养，供给食物。

[6] 闾里：平民聚居之处。

译文

田单做齐国相时，有一次路过淄水，看见有一位老人涉水而过，出水之后因寒冷无法行走。田单就脱下自己的皮袄给老人穿上。

齐襄王知道这件事后很不高兴，说："田单这样笼络人心，是想取代我做国君吗？如果不早做准备，恐怕田单会先下手。"看看左右没有其他人，殿堂下面有个穿珠的匠人，襄王把他叫到身边问道："你听到我刚才说的话了吗？"

匠人回答说："听见了。"

襄王说："你认为怎么样？"

匠人说："大王不如借此把它作为自己的优点。大王赞扬田单的善行，下令说：'我担心老百姓要挨饿，田单就收容给饭吃。我担心老百姓要受冻，田单就脱下皮袄给穿上。我十分挂念老百姓，田单也挂念，很符合我的心意。'田单有这样的善举而大王赞扬他，田单的善举也就等于是大王的善举了。"

襄王说："说得好！"于是就赏赐田单牛和酒。

过了几天，穿珠的匠人又来见襄王说："大王上朝时应该召见田单，在大庭

---

① 司马光：《资治通鉴》，中华书局1956年版，第142页。

广众中以礼相待，亲自慰劳他。然后下令寻找饥寒的百姓，收养他们。”齐襄王就派人到乡里去打听，听到大夫们在相互谈论说：“田单爱护人民，原来是大王教导他的啊！”

3. 宋太宗告诫曾致尧恤民

曾致尧为两浙[1]转运使，尝上言：“去岁所部秋租，惟湖州一郡督纳及期，而苏、常、润三州，悉有逋负[2]，请各按赏罚。”太宗以江、淮频年水灾，苏、常特甚，致尧所言，刻薄不可行，因诏戒之，使倍加安抚，勿得骚扰。①（《容斋随笔·容斋四笔卷十四》）

注释

[1] 两浙：亦作“两淛（zhè）”。浙东和浙西的合称。

[2] 逋（bū）负：泛指各种未偿的债务或仇恨。

译文

曾致尧任两浙转运使时，曾经上书说：“去年为臣所辖地区得秋季租税，只有湖州（今属浙江）一个郡按时交纳，而苏州（今属江苏）、常州（今属江苏）、润州（今江苏镇江）三州，全部都有拖欠，请求按各郡的交纳情况而定赏罚。”太宗因为江、淮地区连年水灾，苏、常二州特别严重，致尧的建议刻薄寡恩，不可实行，于是下诏告诫他，对未按期交租税的地区加倍安抚，不得骚扰。

① 洪迈著，穆公校点：《容斋随笔》，上海古籍出版社2015年版，第440—441页。

第六节　教　民

▲善教得民，教民为先

一、名人名言

1. 孟子曰："仁言，不如仁声[1]之入人深也。善政，不如善教之得民也。善政民畏[2]之，善[3]教民爱之；善政得民财，善教得民心。"①（《孟子·尽心上》）

注释

[1] 声：音乐。

[2] 畏：害怕。

[3] 善：完善。

译文

孟子说："仁德的话语不如仁德的音乐深入人心，完善的政治不如完善的教育深入民心。完善的政治让百姓怕它，完善的教育令百姓爱它；完善的政治能获取百姓的财富，完善的教育能获得民心。"

2. 玉不琢[1]，不成器[2]。人不学，不知道。是故[3]古之王者建国君民[4]，教学为先。②（《礼记·学记》）

① 朱熹：《四书章句集注》，中华书局1983年版，第353页。

② 杨天宇：《礼记译注》，上海古籍出版社2004年版，第456页。

注释

[1] 琢：雕琢。

[2] 器：器物。

[3] 是故：因此。

[4] 建国君民：建立国家，管理民众。君，动词，统治。

译文

玉虽美，不经雕琢是成不了有价值的器皿的；人本质再好，不学习也是不知什么是理想和人生道理的。所以，古代有作为的君王在考虑如何建设国家和如何统治人民的时候，都把教育放在第一位。

3. “设为庠[1]序学校以教之：庠者，养也；校者，教也；序者，射也。夏曰校，殷曰序，周曰庠，学则三代共之，皆所以明人伦[2]也。人伦明于上，小民亲于下。有王者起[3]，必来取法[4]，是为王者师也。《诗》云：‘周虽旧邦，其命惟新。’文王之谓也。子力行之，亦以新子之国[5]。”①（《孟子·滕文公上》）

注释

[1] 庠（xiáng）：古代的学校。

[2] 伦：伦常。

[3] 起：兴起。

[4] 法：效法。

[5] 亦以新子之国：也来让你的国家气象一新。

① 朱熹：《四书章句集注》，中华书局1983年版，第255页。

译文

“要兴办‘庠’‘序’‘学’‘校’来教育人民。‘庠’是教养的意思，‘校’是教导的意思，‘序’是教射箭的意思。夏代叫‘校’，商代叫‘序’，周代叫‘庠’，‘学’这个名称，三代都这么叫。学习的目的都是为了让人明白人的伦常。诸侯、卿、大夫、士都明白了人的伦常，小老百姓自然会一团和气亲密无间了。这时如有圣王兴起，也一定会来学习效法，这等于做了圣王的老师。《诗经》说：‘岐周虽然是古国，国运却焕然一新。’这是赞美文王的诗。你努力实行吧，也来让你的国家气象一新！”

4. 人之有道也，饱食、煖[1]衣、逸居而无教，则近于禽兽。圣人有忧之，使契[2]为司徒[3]，教以人伦：父子有[4]亲，君臣有义，夫妇有别，长幼有序，朋友有信。①（《孟子·滕文公上》）

注释

[1] 煖（nuǎn）：同“暖”。

[2] 契（xiè）：相传为商代的祖先，因佐禹治水有功，被舜任命为司徒。

[3] 司徒：掌管民事教化的官职。

[4] 有：要。

译文

做人有做人的道理，如果只是吃得饱，穿得暖，安居逸乐，却不接受教育，不知礼义，那就和禽兽差不多了。圣人又为此担忧（前忧洪水横流，泛滥天下，现忧人民没有教育），于是派遣契担任司徒，用人与人之间关系的大道理教导百姓：父子要有骨肉之亲，君臣要有礼义之道，夫妇要分内外之别，老少要有尊卑

① 朱熹：《四书章句集注》，中华书局1983年版，第259页。

之次序，朋友间要有诚信之德。

5.（冉有）曰："既富矣，又何加[1]焉？"曰："教之。"①（《论语·子路第十三》）

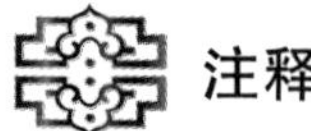

注释

[1] 加：再，增加。

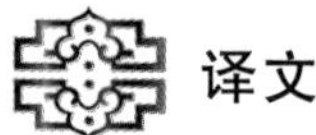

译文

冉有（又）问："已经富裕了，下一步做什么呢？"孔子说："教导他们。"

二、点评

教民，就是用人伦道德理念来教化民众。民本论的为政之道不仅体现在爱民、利民和富民上，而且还体现在教民上。民本论认为，治国在治民，而治民的根本在治心。孟子所说的，得民心者得民，得民者得天下，就是这个道理。实际上，在儒家出现之前，已有教民观念的产生。《尚书·舜典》中有对民"敬敷五教"之说。据孔颖达《尚书正义》的解释，"五教"为义、慈、友、恭、孝。《尚书·武成》中还有"重民五教，惟食丧祭"之语。东汉的王符也说："明王之养民也，忧之劳之，教之诲之，慎微防萌，以断其邪。"两宋之后，理学兴起，教民被界定为限制民欲，强调存天理灭人欲，实际上有违于先秦儒家的教民主张。教民是引导民众符合礼，崇尚仁，并不是要民众抛却人世间的一切私欲。如果为了明天理而灭一切私欲，那么利民、富民的思想主张无从实践。教民是以人伦道德引导民众，使其在内心明白人与人之

① 朱熹：《四书章句集注》，中华书局 1983 年版，第 143 页。

间的各种关系，筑起道德的防线，合理地处理与人与社会的关系。

三、故事

1.孟子昌教抑武

鲁欲使慎子[1]为将军。慎子，鲁臣。孟子曰："不教民而用之，谓之殃民。殃民者，不容于尧舜之世。一战胜齐，遂有南阳，然且不可。"慎子勃然不悦曰："此则滑厘所不识也。"曰："吾明告子。天子之地方千里；不千里，不足以待诸侯。诸侯之地方百里；不百里，不足以守宗庙之典籍。周公之封于鲁，为方百里也；地非不足，而俭于百里。太公之封于齐也，亦为方百里也；地非不足也，而俭于百里。今鲁方百里者五，子以为有王者作，则鲁在所损乎，在所益乎？徒取诸彼以与此，然且仁者不为，况于杀人以求之乎？君子之事君也，务引其君以当道，志于仁而已。"①（《孟子·告子下》）

注释

[1] 慎子：名滑厘，鲁国的一名大臣，善于用兵。

译文

鲁国打算叫慎子做将军。慎子，是鲁国的臣子。孟子说："不先教导百姓便用他们打仗，这叫作祸害老百姓。祸害老百姓的人，在尧舜的时代，是容不得的。只打一次仗便胜了齐国，因而得到了南阳，这样尚且不可以。"慎子一下子变了脸色，不高兴地说："这是我所不了解的了。"孟子说："我明白地告诉你吧。天子的土地纵横一千里；如果不到一千里，便不够接待诸侯。诸侯的土地纵横

① 朱熹：《四书章句集注》，中华书局1983年版，第345页。

一百里；如果不到一百里，便不够来奉守历代相传的立法制度。周公被封于鲁，是应该纵横一百里的；土地并不是不够，但实际上少于一百里。太公被封于齐，也应该是纵横一百里的；土地并不是不够，但实际上少于一百里。如今鲁国有五个纵横一百里，假如有圣主明王兴起，你认为鲁国的土地在被减少之列呢，还是在被增加之列呢？不用兵力，白白地取自那国来给予这国，仁人尚且不干，何况杀人来求得土地呢？君子服侍君王，只是专心一意地引导他趋向正路，有志于仁罢了。”

2.神农教民稼穑

炎帝又号称神农氏，是远古时伟大的农业之神，发明了许多耕田的农具，教百姓学会了种庄稼。神农觉得大地上人口越来越多，光靠打猎、捕鱼、采集野果野菜不行，吃的东西会一天比一天困难，就想把种子种在土里，让它长出果实来，给大家做食物。于是，他就把树木砍下来，制做些农具，和人们一道开垦荒地，预备播种百谷。有一天，晴朗的天空忽然纷纷扬扬降下了许多百谷种子。神农带领人们高高兴兴地把种子搜集起来，教民众种在新开垦的土地里，不久大地长出了绿油油的禾苗，秋天收获了百谷，从此人们不再为食物而发愁了。还有一个更加动人的传说，说那时有一只全身通红的鸟，嘴里衔着一株九穗的稻禾从天空飞过，穗上的谷粒落到地上，神农把它们拾起来，种在土里。不久便长成了又高又大的嘉谷。这种天降的嘉谷，人们吃了不但可以充饥，还能长生不死呢！①

3.龚遂劝农

宣帝即位，久之，渤海左右郡岁饥，盗贼并起，二千石不能禽制。上选能治者，丞相御史举遂可用，上以为渤海太守。时遂年七十余，召见，形貌短小，宣帝望见，不副所闻，心内轻焉，谓遂曰：“渤海废乱，朕甚忧之。君

① 栗静云主编：《中国神话故事》，延边大学出版社 2005 年版，第 14 页。

欲何以息其盗贼，以称朕意？”遂对曰：“海濒遐远，不沾圣化，其民困于饥寒而吏不恤，故使陛下赤子盗弄陛下之兵于潢池[1]中耳。今欲使臣胜之邪，将安之也？”上闻遂对，甚说，答曰：“选用贤良，固欲安之也。”遂曰：“臣闻治乱民犹治乱绳，不可急也；唯缓之，然后可治。臣愿丞相御史且无拘臣以文法，得一切便宜[2]从事。”上许焉，加赐黄金，赠遣乘传。至渤海界，郡闻新太守至，发兵以迎，遂皆遣还，移书敕属县悉罢逐捕盗贼吏。诸持鉤[3]鉏[4]田器者皆为良民，吏无得问，持兵者乃为盗贼。遂单车独行至府，郡中翕然[5]，盗贼亦皆罢。……遂乃开仓廪假贫民，选用良吏，尉[6]安收养焉。

遂见齐俗奢侈，好末技，不田作，乃躬率以俭约，劝民务农桑，令口种一树榆、百本薤、五十本葱、一畦[7]韭，家二母彘、五鸡。民有带持刀剑者，使卖剑买牛，卖刀买犊，曰：“何为带牛佩犊！”春夏不得不趋田亩，秋冬课收敛，益蓄果实菱芡。劳来[8]循行，郡中皆有畜积，吏民皆富实，狱讼止息。①（《汉书·龚遂传》）

注释

[1] 潢池：积水的池塘。

[2] 便宜：方便、适宜。

[3] 鉤（gōu）：镰刀。

[4] 鉏（chú）：同“锄”。

[5] 翕然：安定的样子。

[6] 尉：通“慰”。

[7] 畦：菜圃间划分的长横。

[8] 劳来：劝勉。

① 班固：《汉书》，中华书局1962年版，第3639—3640页。

译文

汉宣帝即位后，过了很长时间，渤海郡及其相邻地区闹饥荒，盗贼四起，太守不能制止。帝王选拔能用之人，丞相、御史推选龚遂，认为其可用。皇帝任命龚遂为渤海太守。当时龚遂已七十多岁，皇帝召见时，见他身材矮小，宣帝自远处看见，认为龚遂与所听说的不符，心中对他有轻视之感，问龚遂："渤海郡一片荒乱，我十分担忧。你准备用什么方法平息那里的盗贼，而使我不再忧虑呢？"龚遂回答："渤海郡地处偏远，没有沾沐圣上的恩惠教化，那里的百姓为饥寒所困，而官吏不知加以救济，致使陛下的子民偷盗陛下的兵器在渤海岸边耍弄罢了。现在您打算让我去剿灭他们，还是去安抚他们？"宣帝听了龚遂的回答，很高兴，说："选贤良之臣前去，本来就是想对他们进行安抚。"龚遂说："我听说治理不守秩序的百姓如同理顺乱绳一样，不能着急；只能慢慢来，才会达到目的。我希望（到任后）丞相御史对我的工作暂时不要按常规加以限制，一切事要允许我见机行事。"宣帝答应了，外加赏赐黄金给龚遂，还为他增派了驿车。龚遂进入渤海郡的地界后，郡府的官吏们听说新上任的太守到了，便派兵来迎接，龚遂让他们都回去，并传达文书命令所属的县把专管追捕盗贼的官吏都罢去。那些手拿农具的人都是良民，官吏不得对他们问罪，携带兵器的人才是盗贼。龚遂单独乘车来到郡府，很快郡中就安定了下来，盗贼也都散去了……龚遂于是打开粮仓，把粮食借给贫民，选任了一些好官吏，对百姓实行安抚管理。

龚遂发现渤海郡一带的风俗好追求奢侈的生活，喜欢从事工商之类的末技，不重视耕种田地，于是他便亲自做表率。追求俭朴的生活，鼓励老百姓务农，命令每个人种一株榆树、一百棵薤菜、五十丛葱、一畦韭菜；每家养两头母猪、五只鸡。有拿刀持剑的百姓，让他们卖掉剑去买牛，卖掉刀去买小牛，龚遂问："你为什么把壮牛和牛犊佩戴在身上？"春夏之季老百姓都要下地劳作，秋冬之季检查督促老百姓收获，又种植和储藏瓜果、菱角、鸡头米等经济作物，劝勉人们照规定办事，遵守法令，郡中人们都有了积蓄，官吏和百姓都很富足殷实，犯罪和打官司的都没有了。

第三章　守诚信

第一节　信　本

▲诚信为本，不诚无物

一、名人名言

1. 信[1]不足[2]焉，有不信焉。①（《老子·第十七章》）

注释

[1] 信：诚信。

[2] 不足：不足够。

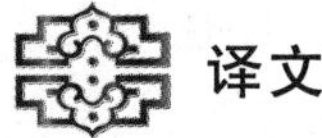

译文

统治者的诚信不足，人民自然不相信他。

① 陈鼓应：《老子今注今译》，商务印书馆2003年版，第141页。

2. 孟子曰："君子不亮[1]，恶[2]乎执[3]？"①（《孟子·告子章句下》）

注释

[1] 亮：通"谅"，信也。

[2] 恶：这里用于表达疑问，相当于何、怎么之意。

[3] 执：坚持。

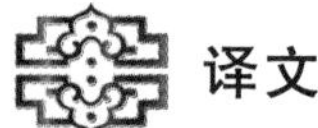

译文

孟子说："君子不讲求诚信，如何能坚持？"

3. 夫诚者，君子之所守[1]也，而政事之本也。②（《荀子·不苟》）

注释

[1] 守：遵守，遵循。

译文

诚心是君子为人处世必须遵循的原则，也是处理政治事务的根本。

4. 孟子曰："居下位而不获于上[1]，民不可得而治也。获于上有道，不信于友，弗获于上矣。信于友有道，事亲弗悦，弗信于友矣。悦亲有道，反身不诚，不悦于亲矣。诚身有道，不明乎善，不诚其身矣。是故诚者，天之道

① 朱熹：《四书章句集注》，中华书局1983年版，第346页。

② 王先谦撰，沈啸寰，王星贤点校：《荀子集解》，中华书局1988年版，第48页。

也；思诚者，人之道也。至诚而不动者，未之有也；不诚，未有能动者也。”①（《孟子·离娄章句上》）

注释

[1] 获于上：朱熹《四书章句集注》云：“‘获于上’，得其上之信任也。”谓获得上级信任。

译文

孟子说：“职位卑下，又得不到上级的信任，是不能够把百姓治理好的。要得到上级的信任，要先得到朋友的信任，若是得不到朋友的信任，也就得不到上级的信任。要使朋友信任，要先得到父母的欢心，若是侍奉父母而不能使他们高兴，朋友也就不信任你。要使父母高兴，要先诚心诚意，如果反躬自问，心意不诚，也就不能使父母高兴。要使自己诚心诚意，要先明白什么是善，若是不明白什么是善，也就不能使自己诚心诚意。所以，诚是大自然的规律，追求诚是做人的规律。极度诚心却不能使人感动，是从来不曾有过的事；不诚心，没有能感动别人的。”

5. 马悫[1]愿顺，然后求其良材焉；人必忠信重厚，然后求其知[2]能焉。②（《说苑·尊贤》）

注释

[1] 悫（què）：诚实。

[2] 知：通“智”，智慧，才智。

① 朱熹：《四书章句集注》，中华书局1983年版，第282页。

② 刘向撰，向宗鲁校证：《说苑校证》，中华书局1987年版，第186页。

译文

马先要驯良温顺，然后才能要求它是一匹好马；人一定要先忠诚敦厚，然后再追求发挥其聪明才智。

6. 孟子曰："万物皆备于我矣。反身[1]而诚，乐莫大焉。强恕而行，求[2]仁莫近焉。"①（《孟子·尽心章句上》）

注释

[1] 反身：反躬自问。

[2] 求：达到。

译文

孟子说："一切我都具备了。反躬自问，自己是忠诚踏实的，便是最大的快乐。不懈地按推己及人的恕道去做，达到仁德的道路没有比这更便捷的了。"

7. 子曰："人而无信[1]，不知其可也。大车[2]无輗[3]，小车[4]无軏[5]，其何以行之哉？"②（《论语·为政第二》）

注释

[1] 人而无信：而，如果。信，信誉。

[2] 大车：古代用牛力的车叫大车。

[3] 輗（ní）：大车辕和车辕前横木相接的部件。

① 朱熹：《四书章句集注》，中华书局 1983 年版，第 350 页。

② 朱熹：《四书章句集注》，中华书局 1983 年版，第 59 页。

[4] 小车：用马力的车叫小车。

[5] 軏（yuè）：马车辕前横木两端的木销。

译文

孔子说：“一个人如果不讲信誉，真不知他怎么办。就像大车没有安横木的輗，小车没有安横木的軏，这怎么能行驶呢？”

二、评点

古语云：“民无信不立，业无信不兴，国无信不宁。”诚信是中华民族的传统美德，千百年来始终被人们广泛地实践到修身、立业、治国之中。中华传统文化中有许多有关诚信的谚语和故事，“诚信为本”的民族精神已经融入中华民族的血液中，从而传承至今。在“诚信”二字中“诚”是基础，是根本，也就是做人要做到“以诚为先”。不诚信的人，人们唾弃他；诚信的人，人们爱戴他，以他为榜样。大到一个国家的形象地位，小到个人的事业发展，都离不开诚信。

三、故事

1.魏徵上唐太宗疏

贞观十年，魏徵上疏曰：“臣闻为国之基，必资于德礼，君之所保，惟在于诚信。诚信立则下无二心，德礼形则远人斯格[1]。然则德礼诚信，国之大纲，在于君臣父子，不可斯须[2]而废也。故孔子曰：‘君使臣以礼，臣事君以忠。’又曰：‘自古皆有死，民无信不立。’文子曰：‘同言而信，信在言前；同令而行，诚在令外。’然而言而不信，言无信也；令而不从，令无诚也。不信之言，无诚之令，为上则败德，为下则危身，虽在颠沛之中，君子之所不为也。自王道休明[3]，十有余载，威加海外，万国来庭，仓廪日积，土地日广，然而道德未益厚，仁义未益博者，何哉？由乎待下之情未尽于诚信，虽有善始之勤，未睹克终之美故也。昔贞观之始，乃闻善惊叹，暨八九年间，犹悦以从谏。自兹厥后，渐恶直言，虽或勉强有所容，非复曩[4]时之豁如[5]。謇谔之辈[6]，稍避龙鳞；便佞之徒，肆其巧辩。谓同心者为擅权，谓忠谠者为诽谤。谓之为朋党，虽忠信而可疑；谓之为至公，虽矫伪而无咎。强直者畏擅权之议，忠谠者虑诽谤之尤。正臣不得尽其言，大臣莫能与之争。荧惑视听，郁于大道，妨政损德，其在此乎？故孔子曰‘恶利口之覆邦家者’，盖为此也。”①（《贞观之治·诚信》）

注释

[1] 格：来，至。意为信服，归顺。

[2] 斯须：须臾，一会儿。

[3] 休明：原意是美而明，这里是太平盛世的意思。

[4] 曩（nǎng）：过去的。

[5] 豁如：豁然旷达，聪明大度。

[6] 謇（jiǎn）谔之辈：忠诚正直、敢于直言的人。

译文

贞观十年，魏徵上疏说：“臣听说国家的基础，在于道德和礼教；国君地位的保障，重点在于诚实信用。有了诚信，底下的人就不会产生二心。实行德政，边远的人民也会来归顺。由此可见，德、礼、诚、信是国家的纲领，贯穿在君臣、父子关系中，一个也不能偏废。所以孔子说：‘君王以礼对待臣子，臣子以

① 吴兢：《贞观政要》，岳麓书社2014年版，第241—242页。

忠心侍奉君王。’还说：‘一个人终有一死，得不到人民的信任，国家就无法立足。’文子说：‘说的话能够使人相信，是因为说话之前已经取得了他人的信任；发出的政令能够得到执行，是因为命令之中有诚意。’说了却不做，是言而无信；接受了命令却不执行，是没有诚意。如果是君王，那就会败坏名声；如果是臣子，那就会危及生命。因此，即使身不由己，处境艰难，君子也不会做失掉诚信的事情。自从陛下登基，实行王道已有十多年了，神威遍及四方，各国使者前来朝拜，国家粮仓日益充实，国土面积日益宽广。然而，我认为如今道德和仁义仍然不够笃厚，为什么呢？因为朝廷对待臣子的态度还不够诚信，虽然陛下在贞观初期勤于政务，有一个好的开头，却没能做到善始善终。贞观初年，陛下听到好的意见就很惊喜，到贞观八、九年间，仍然乐于接受意见。可是，从那之后，陛下您渐渐讨厌直言，有时即使勉强接受，也不像早年那般豁然旷达、聪明大度了。因此，忠正的大臣，逐渐为了避免触犯您而不敢直言；那些奸邪之人，正好大肆发挥他们巧舌如簧的本领。他们诬陷与朝廷同心同德的人，这是滥用职权；中伤直言进谏的人，这是在诽谤朝政。说一个人结党营私，即使他忠诚中正也会让人觉得可疑；说一个人大公无私，即使他弄虚作假也不会遭受责备。所以，刚强正直的人害怕玩忽职守的罪名，忠诚正直的人担心诽谤朝廷的恶名。于是正直的忠臣不能完全陈述自己的想法，朝中重臣也不能与之争辩是非。圣上被迷惑视听，破坏了治政的原则，妨政害德的原因就在这里吧？因此孔子说：‘厌恶那些口齿伶俐毁灭国家和家庭的人。’大概说的正是如今的情形啊。”

2.陈太丘与友期行

陈太丘与友期行[1]，期日中[2]，过中不至，太丘舍去[3]。去后乃至。元方[4]时年[5]七岁，门外戏。客问元方："尊君[6]在不？"答曰："待君久不至，已去。"友人便怒曰："非人哉！与人期行，相委而去[7]。"元方曰："君与家君期日中，日中不至，则是无信；对子骂父，则是无礼。"友人惭，下车引之。元方入门，不顾[8]。①（《世说新语·方正》）

① 余嘉锡：《世说新语笺疏》，中华书局2007年版，第331页。

注释

[1] 陈太丘与友期行：陈太丘，即陈寔，字仲弓，东汉颍川许县（今河南许昌东）人，做过太丘（地名）长。期行，约定时间一起出行。

[2] 日中：正午时分。

[3] 舍去：不再等候而离开了。

[4] 元方：即陈纪，字元方，陈寔的长子。

[5] 时年：当年。

[6] 尊君：对别人父亲的尊称。

[7] 相委而去：丢下别人走了。委，丢下，舍弃。

[8] 顾：回头看。

译文

陈太丘和一位好朋友约定一同出门，约好正午时碰头。正午已过，不见那朋友来，太丘便不再等候自行离开。太丘走后，那人才来。太丘的长子陈元方那年七岁，当时正在门外玩耍。那人便问元方："你爸爸在家吗？"元方答道："等你好久都不来，他已经走了。"那人便发起脾气来，骂道："真不是东西！跟别人约好一块儿走，却把别人丢下，自己走了。"元方说："您跟我爸爸约好一起正午出发，您正午没到，就是不讲信用；对着别人儿子骂他的父亲，就是失礼。"那人感到十分惭愧，便从车里下来，想跟元方握手，元方连头也不回地走进了自家的大门。

3.晋文公攻原得卫

晋文公攻原[1]，裹[2]十日粮，遂与大夫期十日。至原十日，而原不下，击金[3]而退，罢兵而去。士有从原中出者，曰："原三日即下矣。"群臣左右谏曰："夫原之食竭力尽矣，君姑[4]待之。"公曰："吾与士期十日，不去，是亡吾信也。得原失信，吾不为也。"遂罢兵而去。原人闻曰："有君如彼其信也，可无归乎？”乃降公。卫人闻曰：“有君如彼其信也，可无从乎？”乃降公。孔子闻而记之曰：“攻原得卫者，信也。”文公问箕郑曰：“救饿奈何？”对曰：“信。”公曰：“安信？”曰：“信名、信事、信义。信名，则群臣守职，善恶不逾，百事不怠；信事，则不失天时，百姓不逾；信义，则近亲劝勉，而远者归之矣。”[①]（《韩非子·外储说左上》）

注释

[1] 原：原国。

[2] 裹：携带。

[3] 金：锣。

[4] 姑：暂且。

译文

晋文公率兵攻打原邑，带了十天的干粮，于是与士大夫们约定十天后返回。到原邑十天后，却攻打不下原邑，于是鸣金退兵，撤退离去。有从原邑出来的人说：“原邑再有三天即可攻下。”大臣及身边的人都劝谏说：“那原邑的食物已经断绝，力量也用完了，国君姑且再坚持一下。”晋文公说：“我与大家约定好十天，如果不离开，是在丧失我的信誉。得到原邑而失掉我的信誉，这样的事我不做。”于是收兵撤去。原邑人听说后道：“有这样守信誉的国君，我们能不归顺吗？”于是投降了晋文公。卫国人听后，也说：“有这样守信誉的国君，我们能不随从吗？”于是也向晋文公投降。孔子听说后，记录道：“晋文公攻打原邑而意外得到卫国，那是靠信誉啊。”晋文公问箕郑说：“如何才能救济饥荒？”箕郑回答说：“守信用。”晋文公说：“如何讲信用？”箕郑说：“在名分、政事、道义三个方面讲信用。在名分方面讲信用，那么群臣就会坚守本职，善恶分明，做任

① 王先慎撰，钟哲点校：《韩非子集解》，中华书局 2003 年版，第 285—286 页。

何事都不敢懈怠；在政事方面守信用，那么就不会失去天时，百姓也不会犯上作乱；在道义方面讲信用，那么亲近的人会相互劝勉鼓励，远方的人也会前来归顺。”

第二节 慎 行

▲言行一致，表里如一

一、名人名言

1. 言必信，行必果[1]，硜硜然[2]小人哉！①（《论语·子路第十三》）

注释

[1] 果：坚定果决。

[2] 硜（kēng）硜然：浅薄固执的样子。

译文

言语一定信实，行为一定坚定果决，这是不问是非只管自己的小人啊！

2. 君子以言有物[1]而行有恒[2]。②（《周易·家人卦·象辞》）

---

① 朱熹：《四书章句集注》，中华书局 1983 年版，第 146 页。

② 黄寿祺、张善文：《周易译注》，上海古籍出版社 2001 年版，第 303 页。

注释

[1] 物：依据。

[2] 恒：恒心。

译文

君子说话有依据，做事有恒心。

3. 子曰："苟有车，必见其轼[1]；苟有衣，必见其敝[2]；人苟或言之，必闻其声；苟或行之，必见其成。《葛覃》曰：'服之无射[3]。'"①（《礼记·缁衣》）

注释

[1] 轼：在此指代车。

[2] 敝：通"袂"，衣袂。

[3] 射：厌倦。

译文

孔子说："如果有车子就一定能看到车轼，如果有衣服就一定能看到衣袂。人如果说过话就一定能够听到他的声音，如果有行动就一定会看到结果。《葛覃》上说：'衣服穿不厌。'"

4. 子曰："古者言之不出，耻[1]躬之不逮[2]也。"②（《论语·里仁第四》）

① 杨天宇：《礼记译注》，上海古籍出版社，2004年版，第743页。

② 朱熹：《四书章句集注》，中华书局1983年版，第74页。

注释

[1] 耻：以……为可耻，动词的意动用法。

[2] 逮（dài）：及，赶上。

译文

孔子说："古代的君子从不轻易地发言表态，他们以说了而做不到为耻。"

5. 子曰："君子耻其言而[1]过其行。"①（《论语·宪问第十四》）

注释

[1] 而：用法同"之"。

译文

孔子说："君子以那些说得多、做得少的人为耻。"

6. 言无常信，行无[1]常贞[2]，唯利所在，无所不倾，若是[3]则可谓小人矣。②（《荀子·不苟》）

注释

[1] 无：失去。

[2] 常贞：一贯的原则。

---

① 朱熹：《四书章句集注》，中华书局1983年版，第156页。

② 王先谦撰，沈啸寰、王星贤点校：《荀子集解》，中华书局1988年版，第51页。

[3] 若是：如果是这样。

译文

说话不讲诚信，行为没有一贯的原则，只要是有利益的地方，就没有不让他为之倾倒的。如果是这样，这样的人就算是小人了。

7. 棘子成[1]曰："君子质[2]而已矣，何以文[3]为？"子贡曰："惜乎，夫子之说[4]君子也。驷不及舌[5]。文犹质也，质犹文也。虎豹之鞟[6]犹犬羊之鞟。"①（《论语·颜渊第十二》）

注释

[1] 棘子成：卫国大夫。古代大夫都可以被尊称为"夫子"，故子贡以此称之。

[2] 质：质地，指思想品德。

[3] 文：文采，指礼节仪式。

[4] 说：谈论。

[5] 驷（sì）不及舌：话一出口，四匹马也追不回来，即"一言既出，驷马难追"。

[6] 鞟（kuò）：去毛的兽皮。

译文

棘子成说："君子只要有好的思想品德就行了，要那些文采（那些仪节、那些形式）干什么？"子贡道："可惜呀，先生这样谈论君子。一言既出，驷马难追。本质和文采，是同等重要的。倘若把虎豹和犬羊两类兽皮拔去有文采的毛，那这

① 朱熹：《四书章句集注》，中华书局 1983 年版，第 135 页。

两类皮革就很难区别了。”

二、评点

儒家主张“言行一致，表里如一”。言行如一的优秀品格体现了一个人对自身形象的在意。然而，在社会生活中，往往有很多人，说起话来总是口若悬河、滔滔不绝，说尽了大话、好话、空话、套话，但当真正做起事情来却虎头蛇尾、黔驴技穷了，不仅一改人们对他初始的美好印象，甚至还会因此造成无法挽回的损失。以言行一致为美德，以言过其行为可耻，这是孔子一贯提倡的做人准则。要么不说，要么说到就一定要做到。如果言之凿凿，却不能付诸实践，徒有华丽的言辞，那也只是假道学罢了。君子是行动胜过言语的。

三、故事

1.为树良好家风，曾子亲自杀猪

曾子之妻之市，其子随之而泣，其母曰：“女还，顾反为女杀彘[1]。”妻适[2]市来，曾子欲捕彘杀之，妻止之曰：“特[3]与婴儿戏耳。”曾子曰：“婴儿[4]非与戏[5]也。婴儿非有知[6]也，待父母而学者也，听父母之教。今子欺之，是教子[7]欺也。母欺子，子而不信其母，非所以成教也。”遂烹彘也。①（《韩非子·外储说左上》）

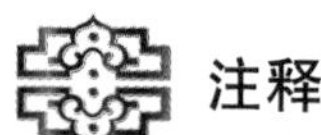

注释

[1] 彘（zhì）：猪。

① 王先慎撰，钟哲点校：《韩非子集解》，中华书局2003年版，第287页。

[2] 适：到……去。

[3] 特：只。

[4] 婴儿：小孩子。

[5] 非与戏：不可同……开玩笑。

[6] 有知：懂事。

[7] 子：你，对对方的尊称。

译文

曾子的妻子要去集市，她的儿子边跟着她边哭，他的母亲（曾子的妻子）说："你回去，等我回家后为你杀一头猪。"妻子从集市回来后，曾子想要抓一头猪把它杀了，妻子制止他说："刚才只不过是与小孩子闹着玩儿罢了。"曾子说："小孩子是不能和他闹着玩的。小孩子是不懂事的，把父母看作学习的榜样，并听从父母的教诲。如今你欺骗他，是教他学会欺骗。母亲欺骗儿子，做儿子的就不会相信他的母亲了，这不是教育孩子该用的好办法。"于是就杀了猪把它煮了。

2.晏殊诚信立朝

晏元献[1]公为童子时，张文节荐之于朝廷，召至阙下[2]，适值御试进士[3]，便令公就试，公一见试题，曰："臣十日前已作此赋，有赋[4]草尚在，乞别命题。"上极爱其不隐。及为馆职[5]时，天下无事，许臣寮择胜燕[6]饮，当时侍从文馆士大夫[7]各为燕集，以至市楼酒肆往往皆供帐为游息之地。公是时贫甚不能出，独家居与昆弟讲习。一日，选东宫官，忽自中批除[8]晏殊。执政莫谕所因，次日进复[9]，上谕之曰："近闻馆阁臣寮无不嬉游宴赏，弥日继夕[10]，惟殊杜门与兄弟读书，如此谨厚，正可为东宫官。"公既受命得对，上面谕除授之意。公语言质野，则曰："臣非不乐宴游者，直以贫，无可为之具。臣若有钱亦须往，但无钱不能出耳。"上益嘉其诚实，知事君体，眷注日

深。仁宗朝卒至大用。①（《梦溪笔谈》）

注释

[1] 晏元献：即晏殊，宋朝人，官至宰相。

[2] 阙（què）下：此指朝廷。阙，宫门处的望楼。

[3] 御试进士：由皇帝亲自主考的科举制度。

[4] 赋：此指诗词。

[5] 为馆职：在文史馆任职。

[6] "寮"：通"僚"。

[7] 燕：同"宴"。

[8] 士大夫：泛指大小官员。

[9] 除：授官。

[10] 进复：再次请示（皇上）。

[11] 弥日继夕：日以继夜。

译文

晏殊是童生时，张知白把他推荐给朝廷，召至殿下，正赶上皇帝亲自考试进士，就命晏殊做试卷。晏殊一见到试题，就说："我十天前已做过这样的题目，草稿还在，希望能另选试题。"皇帝非常喜欢他的不隐瞒的品性。在史馆任职时，当时天下无事，容许百官各择胜景之处宴饮，当时的朝臣士大夫们各自饮宴欢会，以至于市楼酒馆，都大设帷帐提供宴饮游乐的地方。晏殊当时很穷，不能出门游玩宴饮，独自居住家中，与兄弟们讲习诗书。一天皇帝给太子选讲官，忽然从宫中传出皇上授官给晏殊的御批。执政大臣不知皇上选择晏殊的原因，第二天进见回禀，皇上说："最近听说馆阁大臣们没有一个不嬉游宴饮，一天到晚沉醉

① 沈括：《梦溪笔谈》，上海古籍出版社 2015 年版，第 68 页。

其中，只有晏殊与兄弟闭门读书，这么谨慎忠厚的人，正可教习太子读书。”晏殊上任后，有了面圣的机会，皇帝当面告知任命他的原因，晏殊的语言质朴不拘，就说：“微臣我并非不喜欢宴游玩乐，只是家里贫穷没有钱出去玩。臣如果有钱，也会去宴饮，只是因为没钱出不了门罢了。”皇上因此更欣赏他的诚实，懂得侍奉君王的大体，眷宠日深。仁宗登位后，得以大用。

3.蔺相如完璧归赵

赵惠文王时，得楚和氏璧[1]。秦昭王[2]闻之，使人遗[3]赵王书，愿以十五城请易璧。赵王与大将军廉颇诸大臣谋：欲予秦，秦城恐不可得，徒见欺[4]；欲勿予，即患秦兵之来。计未定，求人可使报秦者，未得。宦者令缪曰：“臣舍人蔺相如可使。”王问：“何以知之？”对曰：“臣尝有罪，窃计欲亡走燕，臣舍人相如止臣，曰：‘君何以知燕王？’臣语曰：‘臣尝从大王与燕王会境上，燕王私握臣手，曰：‘愿结友。’以此知之，故欲往。’相如谓臣曰：‘夫赵强而燕弱，而君幸于赵王[5]，故燕王欲结于君。今君乃亡赵走燕，燕畏赵，其势必不敢留君，而束君归赵[6]矣。君不如肉袒伏斧质[7]请罪，则幸得脱矣。’臣从其计，大王亦幸赦臣。臣窃以为其人勇士，有智谋，宜可使。”于是王召见，问蔺相如曰：“秦王以十五城请易寡人之璧，可予不[8]？”相如曰：“秦强而赵弱，不可不许。”王曰：“取吾璧，不予我城，奈何？”相如曰：“秦以城求璧而赵不许，曲在赵。赵予璧而秦不予赵城，曲[9]在秦。均之二策[10]，宁许以负秦曲。”王曰：“谁可使者？”相如曰：“王必无人，臣愿奉璧往使。城入赵，而璧留秦；城不入，臣请完璧归赵。”赵王遂遣相如奉璧西入秦。

秦王坐章台[11]见相如，相如奉璧奏秦王。秦王大喜，传以示美人及左右，左右皆呼万岁。相如视秦王无意偿赵城，乃前曰：“璧有瑕，请指示王。”王授璧，相如因持璧却立[12]，倚柱，怒发上冲冠[13]，谓秦王曰：“大王欲得璧，使人发书至赵王，赵王悉召群臣议，皆曰秦贪，负其强，以空言求璧，偿城恐不可得。议不欲予秦璧。臣以为布衣之交[14]尚不相欺，况大国乎！且以一璧之故逆[15]强秦之欢，不可。于是赵王乃斋戒[16]五日使臣奉璧，拜送书于庭[17]。何者？严大国之威以修敬也。今臣至，大王见臣列观，礼节甚倨；得璧，传之美人，以戏弄臣。臣观大王无意偿赵王城邑，故臣复取璧。大王必欲急臣，臣头今与璧俱碎于柱矣！”相如持其璧睨[18]柱，欲以击柱。秦王恐其破璧，乃辞谢[19]固请，召有司[20]案图，指从此以往十五都予赵。相如度秦王特以诈详为[21]予赵城，实不可得，乃谓秦王曰：“和氏璧，天下所共传宝也，赵王恐，不敢不献。赵王送璧时，斋戒五日，今大王亦宜斋戒五日，设九宾[22]于廷，臣乃敢上璧。”秦王度之，终不可强夺，遂许斋五日，舍相如广成传。相如度秦王虽斋，决负约不偿城，乃使其从者衣褐[23]，怀其璧，从径道[24]亡，归璧于赵。

秦王斋五日后，乃设九宾礼于廷，引赵使者蔺相如。相如至，谓秦王曰：“秦自缪公[25]以来二十余君，未尝有坚明约束[26]者也。臣诚恐见欺于王而负赵，故令人持璧归，间[27]至赵矣。且秦强而赵弱，大王遣一介之使至赵，赵立奉璧来。今以秦之强而先割十五都予赵，赵岂敢留璧而得罪于大王乎？臣知欺大王之罪当诛，臣请就汤镬[28]，唯大王与群臣孰[29]计议之。”秦王与群臣相视而嘻左右。或欲引相如去，秦王因曰：“今杀相如，终不能得璧也，而绝秦赵之欢，不如因而厚遇之，使归赵，赵王岂以一璧之故欺秦邪！”卒廷见相如，毕礼而归之。

相如既归，赵王以为贤大夫，使不辱于诸侯，拜相如为上大夫。秦亦不以城予赵，赵亦终不予秦璧。

其后秦伐赵，拔石城[30]。明年，复攻赵，杀二万人。①（《史记·廉颇蔺相如列传》）

注释

[1] 和氏璧：战国时著名的玉璧，是楚人卞和发现的，故名。事见《韩非子·

① 司马迁：《史记》，中华书局 1959 年版，第 2937—2442 页。

和氏》。

[2] 秦昭王：即秦昭襄王，名则。

[3] 遗（wèi）：送。

[4] 徒见欺：白白地被欺骗。

[5] 幸于赵王：被赵王宠爱。幸，宠幸。

[6] 束君归赵：把您捆绑起来送还赵国。

[7] 肉袒伏斧质：解衣露体，伏在斧质上。袒，脱衣露体。质，同“锧”，承斧的砧板。

[8] 不：同“否”。

[9] 曲：理屈，理亏。

[10] 均之二策：衡量这两个计策。均，衡量。之，这。

[11] 章台：秦宫名，旧址在今陕西长安故城西南角。

[12] 却立：倒退几步立定。

[13] 怒发上冲冠：愤怒得头发直竖，顶起了冠。形容极其愤怒。

[14] 布衣之交：平民间的交往。古代平民只穿麻衣、葛布，故称布衣。

[15] 逆：拂逆，触犯。

[16] 斋戒：古人祭祀之前，一定要沐浴更衣，节制饮食，表示虔诚，叫作斋戒。

[17] 庭：同“廷”，朝堂。

[18] 睨：斜视。

[19] 辞谢：婉言道歉。

[20] 有司：职有专司的官吏。

[21] 详为：假装做。详，同“佯”，假装。

[22] 设九宾：一种外交上最隆重的仪式。有傧相九人依次传呼接引宾客上殿。宾，同“傧”。

[23] 衣褐：穿着粗麻布短衣，指化装成平民百姓。

[24] 径道：小路。

[25] 缪公：即秦穆公。缪，同“穆”。

[26] 坚明约束：坚决明确地遵守信约。约束，信约。

[27] 间：抄小路，与上文“从径道亡”相应。

[28] 就汤镬（huò）：指接受烹刑。汤，沸水。镬，大锅。

[29] 孰：同“熟”，仔细。

[30] 拔石城：攻取石城。石城，故址在今河南林州西南。

译文

赵惠文王在位时，得到了楚国的和氏璧。秦昭王听说了这件事，便派人送信给赵王说，愿意用十五座城池交换和氏璧。赵王与大将军廉颇等计议：想把和氏璧给秦国，害怕秦国的十五座城池得不到，只是被欺骗；若不把和氏璧给秦国，又担心秦兵来攻打。给还是不给，一时难以定下来，于是就想找一位可以出使秦国的使者，但没有找到。时任宦者令的缪贤说：“我的舍人蔺相如可以出使。”赵王问：“怎么知道他可以出使？”缪贤回答说：“我曾经犯过罪，私下谋划逃往燕国，我的舍人蔺相如制止我，说：‘您凭什么了解燕王？’我对他说：‘我曾经跟从大王和燕王在边境上相会，燕王私下握着我的手，说‘希望结为朋友’。凭这点儿我了解他，所以想到他那里去。’相如对我说：‘赵国强大而燕国弱小，而您又深受赵王的宠幸，所以燕王想结交您。如今您是从赵国逃亡到了燕国，燕国畏惧赵国，在这种形势下燕王一定不敢收留您，而是要把您捆绑起来归还给赵国。您不如袒露肩膊伏在砧板上请求赵王宽恕，或许能有幸得到赦免呢。’我听从了他的计策，大王也开恩赦免了我。我私下认为这个人是勇士，有智谋，派他出使最合适。”于是赵王就召见蔺相如问道：“秦王拿十五座城池来交换我的和氏璧，可以给他吗？”相如说：“秦国强大而赵国弱小，不可以不答应他。”赵王说：“取走了我的宝玉不给我城邑，怎么办？”相如说：“秦国拿城邑来求取和氏璧而赵国不答应，理亏在赵国。赵国给了和氏璧但秦国不给赵国城邑，理亏在秦国。衡量一下这两种对策，最好是答应秦国，让他承担违背约定的责任。”赵王说：“哪个人可以派去出使秦国？”相如说：“您若无人可派，我愿意捧着和氏璧出使秦国。秦国把城邑划给赵国，我就把和氏璧留在秦国；如果秦国没把城邑划给赵国，我会把和氏璧完好无损地带回赵国。”赵王于是就派遣蔺相如捧着和氏壁西出使秦国。

秦王坐在章台上接见相如，相如捧着和氏璧进献给秦王。秦王特别高兴，把和氏璧传递给妃嫔姬妾和身边的近侍们观看，左右的人都呼喊着万岁。相如看出秦王没有把城邑抵偿给赵国的意思，就向前说："和氏璧上有小斑点，请允许我指给您看。"秦王授给他和氏璧，相如于是手拿着和氏璧站起来，退后几步倚靠着柱子，愤怒得头发往上竖起来顶起了帽子，对秦王说："大王想得到和氏璧，送信到赵王那里，赵王把全体大臣都召在一起商议，大臣们都说秦国贪婪，仰仗它的强大，拿空话来求和氏璧，抵偿的城邑恐怕不能得到。商议着不想给秦国宝玉。我认为一般平民间的交往尚且不互相欺骗，更何况是大国呢！而且因为一块和氏璧而触犯了强大的秦国，是不应该的。于是赵王就斋戒了五天，派我捧着和氏璧，叩拜着在朝堂上送出国书。为什么呢？尊重大国的威严来表示敬意呀。如今我来到秦国，大王在台观接见我，礼节上特别傲慢；得到了和氏璧，传递给妃嫔姬妾们看，来戏弄我。我观察大王没有要把城邑抵偿给赵国的意思，所以我重新取回和氏璧。大王一定想逼迫我，我的头如今要和和氏璧一起都撞碎在这柱子上！"相如手拿和氏璧斜视柱子，想用它来击撞殿柱。秦王担心他毁坏了和氏璧，于是便道歉着一再请求，请有关的主管官员查看地图，指出把从这里到那里的十五个都邑划给赵国。相如估计秦王只不过是以欺诈手段假装给赵国城邑，实际上不可能得到，就对秦王说："和氏璧是天下共同传颂的宝物，赵王害怕，不敢不献出来。赵王送出和氏璧时，斋戒了五天，如今大王也应该斋戒五天，在朝堂上设置九宾传呼的礼仪，我才敢献上和氏璧。"秦王度量着，最终不能够强行夺取，就答应斋戒五天，把相如安排在广成驿馆住宿。相如估计秦王虽然答应斋戒，一定会违背约定不给抵偿城邑，就派他的随从穿着粗布衣服，怀藏着宝玉，从小路上逃走，把和氏璧送回了赵国。

秦王斋戒五天以后，就在朝堂上设置了九宾大礼，召见赵国使者蔺相如。相如来到，对秦王说："秦国自从缪公以来的二十多位国君，未曾有过坚决明确地遵守盟约的表现。我实在是害怕被您欺骗而辜负了赵国，所以让人带着宝玉，抄偏僻小路回赵国去了。况且秦国强大而赵国弱小，大王派遣一个小小的使臣到赵国，赵国马上会把和氏璧捧来。如今以秦国的强大而先割出十五座都邑给赵国，赵国难道敢留下和氏璧而得罪大王吗？我知道欺骗大王的罪过应当被诛杀，我请下开水锅受烹煮的刑罚，希望大王和各位大臣仔细商量这件事。”秦王和群臣面面相觑发出惊怒的声音。侍从中有人想把相如拉出去，秦王于是说：“如今杀了相如，终归不能得到和氏璧，反而断绝了秦赵两国的交情，不如借这个机会优厚地款待他，让他回赵国去，赵王难道会因为一块宝玉的缘故欺骗秦国吗？”最终秦王在朝堂上接见了相如，进行完全部礼仪后让他回去了。

相如回国以后，赵王认为他是一位贤能的大夫，出使秦国而没有使赵国蒙受耻辱，任命相如做上大夫。秦国也不把城邑划给赵国，赵国最终也没有给秦国宝玉。

这以后秦国攻伐赵国，攻下石城。第二年，秦国再次攻打赵国，杀了两万人。

第三节　小　信

▲小信不成，大信不立

一、名人名言

1.小信诚则大信立，故明主积于信。赏罚不信，则禁令不行。[①]（《韩非子·外储说左上》）

① 王先慎撰，钟哲点校：《韩非子集解》，中华书局2003年版，第265页。

译文

小的诚信树立了，大的诚信才能树立。所以，明智的君主要在遵守信用上逐步积累声望。如果赏罚不讲信用，禁令就无法推行了。

2. 人背[1]信则名不达[2]。①（《新序》）

注释

[1] 背：违背。

[2] 达：显达。

译文

一个人违背自己的信誉，那么他的声名就不会显达。

3. 以信接人，天下信之；不以信接人，妻子[1]疑之。②（《物理论》）

注释

[1] 妻子：妻子、儿女。

译文

以诚信的态度待人接物，天下人都会相信他；不以诚信的态度待人接物，即便是自己的妻子儿女也会心生疑惑。

---

①《文津阁四库全书》第696册，子部，商务印书馆2006年版。

② 杨泉：《物理论》，中华书局1985年版，第9页。

4. 儒有不宝[1]金玉，而忠信以为宝。①（《礼记·儒行》）

注释

[1] 宝：以……为宝，名词动用。

译文

儒者不把钱财金银看作人生最宝贵的东西，而把诚信、忠诚和信誉看作人生真正的财富。

5. 小信未孚[1]，神弗福[2]也。②（《左传·庄公十年》）

注释

[1] 孚：信服。

[2] 福：赐福，保佑。

译文

小小信用，不能取得神灵的信任，神灵是不会赐福（指保佑）您的。

6. 夫轻[1]诺[2]必寡[3]信，多易必多难。③（《老子·第六十三章》）

---

① 杨天宇：《礼记译注》，上海古籍出版社 2004 年版，第 793 页。

② 李梦生：《左传译注》，上海古籍出版社 1998 年版，第 120 页。

③ 陈鼓应：《老子今注今译》，商务印书馆 2003 年版，第 298 页。

注释

[1] 轻：轻易。

[2] 诺：许诺。

[3] 寡：缺少。

译文

轻易允诺的一定会失去诚信，把事情看得太容易一定会遭遇很多的困难。

7. 今日所说之话，明日勿因[1]小利害而变。①（《曾国藩文集·治兵语录》）

注释

[1] 因：因为。

译文

今天说出来的话，不要因为明天一个微小的利害就改变了。

8. 得黄金百斤，不如得季布[1]一诺。②（《史记·季布栾布列传》）

注释

[1] 季布：秦末汉初楚地的一个游侠，曾做过项羽的部将，数次围攻刘邦，所以在项羽兵败自杀后，遭到刘邦的追捕，不得不隐匿起来。后来，季布得到刘邦

① 蔡锷辑：《周读书系·曾胡治兵语录》，岳麓书社 2016 年版，第 18 页。

② 司马迁：《史记》，中华书局 1959 年版，第 2731 页。

的赦免，并受到刘邦的重用，被封为河东太守。这句话是时人对季布的称赞之词，认为季布的诺言比黄金还要珍贵，而季布又有讲诚信的美名，所以他的故事被后世人记住，广为流传。

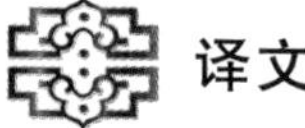

译文

得到黄金百斤，不如得到季布的一个承诺。

9. 行赏吝色者沮[1]，多许少与者怨，既迎而拒者乖[2]。①（《素书》）

注释

[1] 沮：沮丧，灰心失望。

[2] 乖：指背离常道。

译文

论功行赏时如果脸上显露出吝惜爵赏的神色，那么功臣宿将们就会灰心丧气；原来许诺的很多却给予兑现的太少，必定会造成怨恨；既然已经迎接人家前来却又拒绝入内，这是背离常道的。

10. 君子之言，信而有征[1]，故怨远于其身。小人之言，僭[2]而无征，故怨咎[3]及之。②（《左传·昭公八年》）

① 黄石公：《素书》，江西人民出版社 2016 年版，第 208 页。

② 李梦生：《左传译注》，上海古籍出版社 1998 年版，第 1002 页。

注释

[1] 征：征验，证明。

[2] 僭（jiàn）：虚假，不真实。

[3] 咎：灾祸。

译文

君子的话语，确实可靠并且有证据，所以怨恨不会落在他的身上。小人的话语，不可靠并且毫无根据，所以怨恨和灾祸就会落在他的身上。

二、点评

古人注重个人的诚信，也非常注重平时对诚信形象的树立。“小信不成，大信不立”的意思是做小事情的时候不讲信用，就难以建立起大信用。不管大小事情都要讲诚信，诚信的品德是体现在一件件小事上的。如果一个人平时不讲小信，那他在大事发生的时候，将更无信用可言。讲诚守信既是一种人生选择，又是一种人生态度。社会是一个充满诱惑的地方，人们往往会在守信与背信之间作斗争。老子在《道德经》中这样说道：“夫轻诺必寡信，多易必多难。”老子对于许下诺言和实现诺言这对矛盾体有着自己的见解。许诺往往是十分容易的，而真正将诺言变为现实，这是一个艰难的过程。个人立足于社会，信守承诺都是一个必要且唯一的选择。无论是古代社会还是现代社会，这都是毋庸置疑的。

三、故事

1.楚厉王醉击警鼓，李悝轻言戏士兵

楚厉王有警鼓[1]，与百姓为戒[2]。饮酒醉，过而击，民大惊。使人止之，曰："吾醉而与左右[3]戏而击之也。"民皆罢。居数月，有警，击鼓而民不赴[4]。乃更令明号，而民信之。李悝警其两和[5]，曰："谨警敌人，旦暮且至击汝。"如是者再三而敌不至。两和懈怠，不信李悝。居数月，秦人来袭之，至几夺其军。此不信患也。一曰，李悝与秦人战，谓左和曰："速上！右和已上矣。"又驰而至右和曰："左和已上矣。"左右和于是皆争上。其明年，与秦人战。秦人袭之，至，几夺其军。此不信之患。①（《韩非子·外储说左上》）

注释

[1] 楚厉王有警鼓：古代国君常同国家并称。楚厉王有警，也即楚国有警。

[2] 戒：约定。

[3] 左右：随从人员。

[4] 不赴：没有紧急赶去。

[5] 两和：指古代军队左右营垒中的将士。

译文

楚厉王设置了一面鼓，与百姓们约定好，遇有紧急情况，击鼓相救。一次，楚厉王喝醉了酒，路过警鼓就敲了几下，老百姓都大惊失色。楚厉王派人制止百姓们的行动，说："我喝醉了酒，与身旁的人开玩笑敲击了鼓，不是有紧急情况。"百姓这才作罢。过了几个月，真的有了紧急情况，楚厉王击鼓，可是百姓

---

① 王先慎撰，钟哲点校：《韩非子集解》，中华书局2003年版，第287—288页。

都不来。于是不得不重新申明号令，百姓这才相信他。李悝警告他左右两边的部队将士说：“小心警惕，敌人迟早会来袭击你们。”说了好多次，可是敌人并没有来。两边的部队都有点懈怠，也不再相信李悝的话。过了几个月，秦国人前来袭击，几乎全军覆没。这是不讲信用所造成的祸患。另一种说法是，李悝率兵与秦国人作战，对左边的部队说：“快冲锋！右边的部队已冲上去了。”又飞驰到右边的部队说：“左边的部队已冲上去了。”左边和右边的部队于是争先恐后地冲锋。第二年，他们又与秦国人作战，秦国人袭击他们，李悝的军队几乎全军覆没。这是不讲信用所造成的祸患。

2.魏文侯与虞人期猎

魏文侯与虞人[1]期猎。明日，会天疾风，左右止文侯，不听，曰：“不可。以风疾之故而失信，吾不为也。”遂自驱车往，犯风而罢[2]虞人。①（《韩非子·外储说左上》）

注释

[1] 虞人：管理山泽的官。

[2] 罢：停止、取消，这里是告知守山人打猎的事作罢。

译文

魏文侯和掌管山泽的官员约定去打猎。第二天，正赶上刮大风，魏文侯身边的人劝他不要去，魏文侯不听，说：“不能因为刮大风的缘故而失掉信用，这样的事我不做。”于是自己赶着车前去，亲自告知虞人因风大而取消这次打猎。

① 王先慎撰，钟哲点校：《韩非子集解》，中华书局 2003 年版，第 286—287 页。

3.得黄金百斤，不如得季布一诺

季布者，楚人也。为气[1]任侠，有名于楚。项籍使将兵，数窘汉王。及项羽灭，高祖购求布千金，敢有舍匿，罪及三族。季布匿濮阳周氏。周氏曰："汉购将军急，迹[2]且至臣[3]家，将军能听臣，臣敢献计；即不能，愿先自刭[4]。"季布许之。乃髡钳[5]季布，衣褐衣，置广柳车中，并与其家僮数十人，之鲁[6]朱家所卖之。朱家心知是季布，乃买而置之田。诫其子曰："田事听此奴[7]，必与同食[8]。"朱家乃乘轺车[9]之洛阳，见汝阴侯滕公。滕公留朱家饮数日。因谓滕公曰："季布何大罪，而上求之急也？"滕公曰："布数为项羽窘上，上怨之，故必欲得之。"朱家曰："君视季布何如人也？"曰："贤者也。"朱家曰："臣各为其主用，季布为项籍用，职耳。项氏臣可尽诛邪？今上始得天下，独以己之私怨求一人，何示天下之不广也！且以季布之贤而汉求之急如此，此不北走胡即南走越耳。夫忌[10]壮士以资敌国，此伍子胥[11]所以鞭荆平王[12]之墓也。君何不从容为上言邪？"汝阴侯滕公心知朱家大侠，意季布匿其所，乃许曰："诺。"待间[13]，果言如朱家指[14]。上乃赦季布。当是时，诸公皆多季布能摧刚为柔，朱家亦以此名闻当世。季布召见，谢[15]，上拜为郎中。

孝惠时，为中郎[16]将。单于[17]尝为书嫚吕后，不逊，吕后大怒，召诸将议之。上将军樊哙曰："臣愿得十万众，横行匈奴中。"诸将皆阿吕后意，曰"然"。季布曰："樊哙可斩也！夫高帝将兵四十余万众，困于平城，今哙奈何以十万众横行匈奴中，面欺！且秦以事于胡，陈胜等起。于今创痍未瘳，哙又面谀[18]，欲摇动天下[19]。"是时殿上皆恐，太后罢朝，遂不复议击匈奴事。

季布为河东守，孝文时，人有言其贤者，孝文召，欲以为御史大夫。复有言其勇，使酒[20]难近。至，留邸一月，见罢。季布因进曰："臣无功窃宠，待罪[21]河东。陛下无故召臣，此人必有以臣欺陛下者；今臣至，无所受事，罢去，此人必有以毁臣者。夫陛下以一人之誉而召臣，一人之毁而去臣，臣恐天下有识闻之有以窥陛下也。"上默然惭，良久曰："河东吾股肱郡，故特召君耳。"布辞之官。

楚人曹丘生[22]，辩士，数招权[23]顾金钱。事贵人赵同[24]等，与窦长君[25]善。季布闻之，寄书谏窦长君曰："吾闻曹丘生非长者，勿与通。"及曹丘生归，欲得书请季布[26]。窦长君曰："季将军不说足下，足下无往。"固请书，遂行。使人先发书[27]，季布果大怒，待曹丘。曹丘至，即揖季布曰："楚人谚曰'得黄金百（斤），不如得季布一诺'，足下何以得此声于梁楚间哉？且仆楚人，足下亦楚人也。仆游扬[28]足下之名于天下，顾[29]不重邪？何足下距仆之深也！"季布乃大说，引入，留数月，为上客，厚送之。季布名所以益闻者，曹丘扬之也。①（《史记·季布栾布列传》）

注释

[1] 为气：讲义气，讲气节。

[2] 迹：此处用如动词，即寻其踪迹。

[3] 臣：犹言"仆"，谦指自己。

[4] 自刭：自刎，意即不忍见季布之为汉所捕。

[5] 髡钳：剃去头发，披上锁链，打扮成一个被卖奴隶的样子。髡，原指给犯人剃去头发。钳，箍住脖子的刑具。

[6] 鲁：汉代诸侯国名，国都即今山东曲阜市。

[7] 田事听此奴：有关农活，干不干听其自便。听，任、由。

[8] 必与同食：你要与他同桌而食。

[9] 轺车：单马拉的轻便小车。

[10] 忌：痛恨。

[11] 伍子胥：父兄被楚平王所杀，逃到吴国，后来率吴兵攻破郢都，掘楚平王之墓以鞭其尸。

[12] 荆平王：即楚平王，楚国也称荆国。

[13] 待间：等到有了合适的机会。间，间隙，机会。

① 司马迁：《史记》，中华书局1959年版，第2729—2731页。

[14] 指：通“旨”，意思。

[15] 谢：谓季布向刘邦表示歉意。

[16] 中郎：帝王的侍从人员，秩三百石，上属中郎令。按，中郎的级别虽然不高，但相当荣宠，汉代有以“列侯”的爵位而跻身于中郎之列者。

[17] 单于：匈奴首领的称号，如同汉王朝的皇帝。

[18] 面谀：当面顺情讨好。

[19] 摇动天下：指挑起战争，使国家陷于危难。

[20] 使酒：因酒纵性。

[21] 待罪：在某个职位上等待处罚，是客气话，实际即指任某职。

[22] 曹丘生：犹言曹丘先生。

[23] 招权：谓借重权势而招摇过市。

[24] 赵同：《汉书》作“赵谈”。

[25] 窦长君：文帝窦后之兄，景帝之母舅。

[26] 欲得书请季布：言要窦长君给封介绍信，以谒见季布。

[27] 先发书：言先送去介绍信。

[28] 游扬：宣传。

[29] 顾：犹岂，难道。

译文

季布是楚地人，为人讲义气，爱打抱不平，在楚地很有名气。项羽派他率领军队，曾经屡次使汉王刘邦受到困窘。等到项羽灭亡以后，汉高祖出千金悬赏捉拿季布，并下令有胆敢窝藏季布的论罪要灭三族。季布躲藏在濮阳一个姓周的人家。周家说：“汉王朝悬赏捉拿你非常紧急，追踪搜查就要到我家来了，将军您能够听从我的话，我才敢给你献个计策；如果不能，我愿意自我了结。”季布答应了他。周家便把季布的头发剃掉，用铁箍束住他的脖子，穿上粗布衣服，把他放在运货的大车里，将他和周家的几十个奴仆一同卖给鲁地的朱家。朱家心里知道这是季布，便买了下来安置在田地里耕作，并且告诫他的儿子说：“田间耕作的事，都要听从这个佣人的吩咐，一定要和他吃同样的饭。”朱家便乘坐轻便的马车到洛阳去了，拜见了汝阴侯滕公。滕公留朱家喝了几天酒。朱家乘机对滕公说：“季布犯了什么大罪，皇上追捕他这么急迫？”滕公说：“季布多次替项羽窘迫皇上，皇上怨恨他，所以一定要抓到他才干休。”朱家说：“您看季布是怎样的一个人呢？”滕公说：“他是一个有才能的人。”朱家说：“做臣下的各承受自己的主上差遣任用，季布受项羽差遣，这完全是职分内的事。项羽的臣下难道可以全都杀死吗？现在皇上刚刚夺得天下，仅仅凭着个人的怨恨去追捕一个人，为什么要向天下人显示自己胸怀器量狭小呢！再说因为季布个人的贤能而汉王朝追捕得如此急迫，这样，他不是向北逃到匈奴去，就是向南逃到越地去了。这种忌恨勇士而去资助敌国的举动，就是伍子胥要鞭打楚平王尸体的原因了。您为什么不寻找机会向皇上说明情况呢？”汝阴侯滕公知道朱家是一位侠士，季布应该隐藏在他那里，便答应说：“好。”滕公等待机会，果真按照朱家的意思向皇上奏明。皇上于是赦免了季布。在这个时候，许多有名望的人物都称赞季布能变刚强为柔顺，朱家也因此在当时出了名。后来季布被皇上召见，表示服罪，皇上任命他做了郎中。

汉惠帝的时候，季布担任中郎将。匈奴王单于曾经写信侮辱吕后，并出言不逊，吕后十分恼火，召集众位将领来商议这件事。上将军樊哙说：“我愿带领十万人马，横扫匈奴。”各位将领都迎合吕后的心意，齐声说：“好。”季布说：“樊哙这个人真该斩首啊！当年，高皇帝率领四十万大军尚且被围困在平城，如今樊哙怎么能用十万人马就能横扫匈奴呢？这是当面撒谎啊！再说秦王朝正因为对匈奴用兵，才引起陈胜等人起义造反。直到现在国力还未恢复，而樊哙又当面阿谀奉承，这是要使天下动荡不安啊。”在这个时候，殿上的将领都感到惊恐，吕后因此退朝，终于不再议论攻打匈奴的事了。

季布做了河东郡守，汉文帝的时候，有人说他很有才能，汉文帝便召见他，打算任命他为御史大夫。又有人说他很勇敢，但好发酒疯，难以接近。季布来到京城长安，在客馆居住了一个月，皇帝召见之后就让他回原郡。季布因此对皇上说：“我没有什么功劳却受到了您的恩宠，在河东郡任职。现在陛下无缘无故地召见我，这一定是有人妄誉我来欺骗陛下；现在我来到了京城，没有接受任何任职，就此作罢，遣回原郡，这一定是有人在您面前诽谤我。陛下因为一个人赞誉我就召见我，又因为一个人的诽谤而遣我回去，我担心天下有见识的人听了这件事，就窥探出您为人处世的深浅了。”皇上默然不作声，觉得很难为情，过了很久才说道：“河东对我来说是一个最重要的郡，好比是我的大腿和臂膀，所以我特地召见你啊！”于是季布就辞别了皇上，回到了河东郡。

楚地有个叫曹丘的先生，擅长辞令，能言善辩，多次借助鼓弄权势获得钱财。他曾经侍奉过赵同等贵人，与窦长君也有交情。季布听到了这件事便寄了一封信劝窦长君说：“我听说曹丘先生不是个德高望重的人，您不要和他来往。”等到曹丘先生回乡，想要窦长君写封信介绍他去见季布，窦长君说：“季将军不喜欢您，您不要去。”曹丘坚决要求窦长君写介绍信，终于如愿，便起程去了。曹丘先派人把窦长君的介绍信送给季布，季布接了信果然大怒，等待着曹丘的到来。曹丘到了，当即向季布作揖，说道：“楚人有句谚语说：‘得到黄金百斤，比不上得到季布的一句诺言。’您怎么能在梁、楚一带获得这样的声誉呢？再说我是楚地人，您也是楚地人。由于我到处宣扬，才使得您的名字被天下人所知道，难道我对您的作用还不重要吗？您为什么这样坚决地拒绝我呢？”季布于是非常高兴，请曹丘进来，留他住了几个月，把他作为最尊贵的客人，送他丰厚的礼物。季布的名声之所以远近闻名，这都是曹丘替他宣扬的结果啊！

第四节　诚　交

▲与朋友交，诚信为上

一、名人名言

1. 子夏[1]曰："贤贤易色[2]，事父母能竭其力，事君能致[3]其身，与朋友交言而有信。虽曰未学，吾必谓之学矣。"①（《论语·学而第一》）

注释

[1] 子夏（前507—前？年）：孔子的学生，姓卜名商，字子夏，比孔子小四十四岁。

[2] 贤贤易色：第一个"贤"是动词，以……为贤，尊重。易，轻视，傲慢。根据以下三句，这四字应是就夫妻关系而言的。

[3] 致：献。

译文

子夏说："能敬爱贤者，轻于女色；侍奉父母，能尽心竭力；服事君上，不惜献出生命；同朋友交往，说话诚实守信。这样的人，虽说没有学习过，我一定会说他已经学习过了。"

2. 曾子[1]曰："吾日三省[2]吾身：为人谋而不忠乎？与朋友交而不信

① 朱熹：《四书章句集注》，中华书局1983年版，第50页。

乎？传不习乎？”① （《论语·学而第一》）

注释

[1] 曾子（前505年—前435年）：孔子学生，名参（shēn），字子舆，南武城（在今山东枣庄市附近）人，比孔子小四十六岁。

[2] 三省（xǐng）：多次地反省。“三”“九”等字，一般表示次数多，不是实数。如果这“三”字是实指以下三件事而言，依《论语》的句法便应是“吾日省者三”，和《宪问篇》的“君子道者三”一样。

译文

曾子说：“我每天多次反省自己：为别人办事是不是尽心尽力了呢？和朋友交往有没有真诚呢？老师传授的知识是不是复习了呢？”

3. 君子之言，寡而实；小人之言，多而虚。②（《说苑·谈丛》）

译文

君子的话不多，但句句真实在理；小人往往夸夸其谈，但说出的话多为虚无的废话。

4. 子曰：“君子不重则不威，学则不固。主[1]忠信。无友不如己者。过则勿惮改。”③（《论语·学而第一》）

---

① 朱熹：《四书章句集注》，中华书局1983年版，第48页。

② 刘向撰，向宗鲁校证：《说苑校证》，中华书局1987年版，第405页。

③ 朱熹：《四书章句集注》，中华书局1983年版，第50页。

注释

[1] 主：动词，以……为主。

译文

孔子说：“君子，如果不庄重，就没有威严；即使读书，知识也不能巩固。要以忠和信两种品德为主。不要跟不如自己的人交朋友。有了过错，就不要怕改正。”

5. 同言而信，则信在言前，同令而行，则诚在令外。[①]（《贞观政要》）

译文

说的话能够使人相信，是因为说话之前已经取得了他人的信任；发出的政令能够得到执行，是因为命令之中有诚意。

二、评点

不论是在古代社会还是在现代社会中，与朋友交往最重要的不外乎诚信。首先，对待朋友要以诚相待，真心诚挚地交往；其次，是要守信，讲信用不违约，言语行动都要诚实可靠。因此，曾子每天多次反省自己和朋友交往是否诚实守信。朋友之间的交往若是没有信，久而久之，就会慢慢疏远，友谊也就不复存在了；若是没有诚，那朋友之间的交往则是浮于表面，这样的友谊太过脆弱，一击即散。因而，朋友之间的交往是建立在诚信的基础上的，而且，二者缺一不可。

① 吴兢：《贞观政要》，岳麓书社 2014 年版，第 241 页。

三、故事

1.宋濂少时刻苦问学

余幼时即嗜学。家贫，无从致书以观，每假借于藏书之家，手自笔录，计日以还。天大寒，砚冰坚，手指不可屈伸，弗之怠[1]。录毕，走送之，不敢稍逾约。以是人多以书假余，余因得遍观群书。既加冠[2]，益慕圣贤之道，又患无硕师[3]、名人与游，尝趋百里外，从乡之先达执经叩问[4]。先达德隆望尊，门人弟子填其室，未尝稍降辞色[5]。余立侍左右，援疑质理[6]，俯身倾耳以请；或遇其叱咄[7]，色愈恭，礼愈至，不敢出一言以复；俟其欣悦，则又请焉。故余虽愚，卒获有所闻。①（《送东阳马生序》）

注释

[1] 怠：松懈。

[2] 加冠：古代男子二十岁时行冠礼，表示成人。

[3] 硕师：名师。

[4] 叩问：请教。

[5] 稍降辞色：神情、言辞稍温和一些。

[6] 援疑质理：提出疑问，询问道理。

[7] 叱（chì）咄（duō)：大声呵斥。

译文

我年幼时就非常爱好读书。家里贫穷，无法得到书来看，常常向藏书的人家借书，用笔亲手抄录，计算着日子按时送还。冬天非常寒冷，砚台里的墨汁都结

① 宋濂撰，黄灵庚校点：《宋濂全集》卷三十一，人民文学出版社 2014 年版，第 662 页。

了冰，手指冻得不能弯曲和伸直，也不敢放松抄录。抄写完毕后，便马上跑去还书，不敢有稍稍超过约定的期限。因此有很多人都愿意把书借给我，我于是能够读很多的书籍。成年以后，我更加仰慕古代圣贤的学说，又苦于不能与学识渊博的老师和名人交往，曾经去数百里以外，拿着经书向乡里有道德有学问的前辈请教。前辈德高望重，门人弟子挤满了他的屋子，他的言辞和神色从未稍有不悦。我站着在他左右陪侍，提出疑难，询问道理，俯下身子，侧着耳朵恭敬地向他请教；有时遇到他大声斥责，我的表情更加恭顺，礼节更加周到，不敢说一个字反驳；等到他心情好些了，则又去向他请教。所以我虽然愚笨，但最终获得不少教益。

2.季札解剑送徐君

季札[1]之初使，北过徐君[2]。徐君好季札剑，口弗敢言。季札心知之，为使上国[3]，未献。还至徐，徐君已死，于是乃解其宝剑，系之徐君冢树而去。从者曰："徐君已死，尚谁予乎？"季子曰："不然。始吾心已许之，岂以死倍吾心哉！"①（《史记·吴太伯世家》）

注释

[1] 季札：吴国公子。

[2] 徐君：徐国君主。徐城故址在今安徽省泗县。

[3] 为使上国：因为要出使上国，所以没把剑送给徐君。上国，古指中原发达国家。古时带剑出使，是一种礼仪。

译文

季札第一次出使，路过北方的徐国。徐君十分喜欢季札（身上所佩）的剑，

① 司马迁：《史记》，中华书局 1959 年版，第 1459 页。

但是却没有说出来。季札心里知道（徐君喜欢自己的剑），但是他还要出使到别的国，所以没有送给他。（后来他出使完后）再回到徐国，徐君已经死了，于是解下宝剑，挂在徐君墓前的树上然后离开。他的随从说："徐君已经死了，这是要送给谁呢？"季札说："不是这样的。我当初心里已经决定要把这把剑送给他了，怎么能因为他死了而违背自己的心意呢！"

3.范式张劭为死友

范式字巨卿，山阳金乡人也，一名汜。少游太学，为诸生，与汝南张劭为友。劭字元伯。二人并告归乡里。式谓元伯曰："后二年当还，将过拜尊亲，见孺子焉。"乃共克期日。后期方至，元伯具以白母，请设馔以候之。母曰："二年之别，千里结言，尔何相信之审[1]耶？"曰："巨卿信士，必不乖违。"母曰："若然，当为尔酝酒。"至其日，巨卿果到，升堂拜饮，尽欢而别。式仕为郡功曹。后元伯寝疾甚笃，同郡郅君章、殷子征晨夜省视之。元伯临终，叹曰："恨不见我死友。"子征曰："吾与君章尽心于子，是非死友，复欲谁求？"元伯曰："若二子者，吾生友耳。山阳范巨卿，所谓死友也。"寻而卒。式忽梦见元伯玄冕垂缨屣履而呼曰："巨卿！吾以某日死，当以尔时葬，永归黄泉。子未忘我，岂[2]能相及？"式怳然觉寤，悲叹泣下，具告太守，请往奔丧。太守虽心不信而重违其情，许之。式便服朋友之服，投其葬日，驰往赴之。式未及到，而丧已发引。既至圹[3]，将窆[4]，而柩[5]不肯进。其母抚之曰："元伯，岂有望耶？"遂停柩移时，乃见有素车白马，号哭而来。其母望之曰："是必范巨卿也。"巨卿既至，叩丧言曰："行矣元伯！死生异路，永从此辞。"会葬者千人，咸为挥涕。式因执绋而引，柩于是乃前。式遂留止冢次，为修坟树，然后乃去。①（《后汉书·范式列传》）

① 范晔：《后汉书》，中华书局1965年版，第2676—2677页。

注释

[1] 审：确实。

[2] 岂：大概，或许。

[3] 圹（kuàng）：墓穴。

[4] 窆（biǎn）：落葬下棺。

[5] 柩：棺材。

译文

汉代的范式，字巨卿，是山阳郡金乡人，另有一个名字叫汜。年轻时在太学读书，他与汝南郡的张劭是朋友，张劭字元伯，后来，二人同时辞官，回到乡下去了，范式对他说："两年以后我也要还京，要到你家里拜见令堂大人，看看你的孩子。"于是共同约定了日期。眼看日期将要到了，张元伯把这件事告诉了母亲，请她准备好酒食等候范式。母亲说："分别了两年，千里之外说好的话，你怎么相信得这么认真？"张元伯说："范巨卿是个坚守信用的人，一定不会失约。"母亲说："如果是这样，我该为你酿酒了。"到约好的日子，范巨卿果然来了。登堂拜见以后，一起宴饮，大家都喝得很高心才离开。范式出仕做了郡功曹。后来，张元伯病得很重，同乡郅君章、殷子征早晚去探望他。他临终的时候，叹息着说："遗憾的是，我未曾见到我的死友。"殷子征说："我与君章对你尽了心了，我们不是死友吗？你还想再找谁呢？"张元伯说："你们二位，是我的生友；山阳郡的范巨卿，才是我的死友。"不久他就死了。范式在家里，忽然梦见张元伯戴着玄色的冕，垂着缨带，拖着鞋子叫道："巨卿，我在某天死了，要在某天下葬，永远回到地下去了。你不要忘记我，能来得及看我吗？"范式恍恍惚惚醒过来，悲叹着流下了眼泪。范式把事情告诉了太守，请求准假前往奔丧。太守虽然对范式的话将信将疑，但还是答应了他的请求。范式便穿上了朋友规格的丧服，按照梦中张元伯所说的下葬日期，骑着快马奔向汝南。范巨卿还没来得及到达，张家已经发丧了。可是灵柩到了墓穴处，将要落葬时，棺木却拉不动了。张母抚摸着棺木说："元伯，你难道还有什么想见的人吗？"就把棺木停了下来。过了一会儿，只见一辆没有装饰的车由白马拉着，车上人号啕大哭而来。张母远远望见，说："这一定是范巨卿了。"马车到了以后，范式叩头吊丧说："走吧，元伯！死生是两条道，我与你从此永别了。"参加葬礼的有上千人，全都为之挥泪。范式拉着引柩入穴的绳索，棺木这才向前移动了。葬礼完毕以后，范式留在墓侧，修好了坟头，种好了树，然后才离开。

第五节　开　诚

▲诚以待人，开诚布公

一、名人名言

1. 开诚[1]心，布[2]公道[3]。①（《三国志·诸葛亮传》）

注释

[1] 开诚：敞开胸怀，表示诚意。

[2] 布：宣布，宣告。

[3] 公道：公正的道理。

① 陈寿：《三国志》，中华书局1964年版，第934页。

译文

敞开胸怀，表示诚意，公正无私地发表自己的见解。

2. 推之以诚，则不言而信；镇之以静，则不行而谨。①（《文中子•周公》）

译文

推心置腹，以诚相待，不用说话也会相互信任；镇定沉稳，虚静安然，不必行动，也会显得谨慎。

3. 诚以待物，物必应[1]以诚。②（《宋史•何郯传》）

注释

[1] 应：回应。

译文

真心诚意对待别人，别人也一定会以真心诚意来回应你。

4. 我无[1]尔诈，尔无我虞[2]。③（《左传•宣公十五年》）

注释

[1] 无：毋，不要。

① 王通著，阮逸注，秦跃宇点校：《文中子中说》，江苏古籍出版社 1994 年版，第 38 页。
② 脱脱：《宋史》，中华书局 1977 年版，第 10440 页。
③ 李梦生：《左传译注》，上海古籍出版社 1998 年版，第 494 页。

[2] 虞：欺骗。

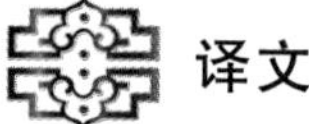

译文

我不欺诈你，你也不要欺骗我。

5. 不诚则有累，诚则无累。①（《二程粹言·论学》）

译文

待人不诚挚，内心就会感到疲惫；待人诚挚，内心就不会有疲惫感。

6. 诚者，天之道也；思诚者，人之道也。至诚而不动者，未之有也；不诚，未有能动者也。②（《孟子·离娄上》）

译文

诚信是自然的规律；追求诚信是做人的规律。到达极高的诚实境界而不能感动人，这是没有的；如果不真诚却想感动他人，也是不可能的。

7. 所谓诚[1]其意者：毋自欺也，如恶[2]恶[3]臭，如好[4]好[5]色，此之谓自谦[6]，故君子必慎其独也！③（《大学》）

---

① 杨时编辑：《二程粹言》，商务印书馆 1936 年版，第 20 页。
② 朱熹：《四书章句集注》，中华书局 1983 年版，第 282 页。
③ 朱熹：《四书章句集注》，中华书局 1983 年版，第 7 页。

注释

[1] 诚：不虚妄、不欺、不诈。

[2] 恶：动词，厌恶的意思。

[3] 恶：形容词，难闻的。

[4] 好：动词，喜欢的意思。

[5] 好：形容词，美丽的。

[6] 自谦：谦，同“慊”，内心所发出的一种快乐。

译文

所谓使自己的意念诚实，就是说不要自己欺骗自己。就如同厌恶污秽的气味那样，就如同喜爱美丽的女子那样，这就是所谓从内心发出的快乐。所以，君子一定要在独处的时候保持谨慎的态度。

8. 君子养心莫善于诚，致诚则无它事矣，唯仁之为守，唯义之为行。① （《荀子·不苟》）

译文

君子修养身心，没有比诚实更好的了，做到诚实，就再没有其他的事了，只有以仁德作为立身的根本，以道义作为行动的准则。

9. 孟子曰：“万物皆备于我矣。反身而诚，乐莫大焉。强恕而行，求仁莫近焉。”②（《孟子·尽心上》）

---

① 王先谦撰，沈啸寰、王星贤点校：《荀子集解》，中华书局 1988 年版，第 46 页。

② 朱熹：《四书章句集注》，中华书局 1983 年版，第 350 页。

译文

孟子说："一切我都具备了。反躬自问，自己是忠诚踏实的，这便是最大的快乐。实事求是地去做，达到仁德的道路没有比这更便捷的了。"

10. 诚者自成也，而道自道也。诚者物之终始，不诚无物。是故君子诚之为贵。①（《中庸》）

译文

真诚是自我完善的过程，道是对自我的引导。真诚是事物的发端和终点，没有真诚就没有万事万物的存在。所以，君子将真诚看作是珍贵的东西。

二、评点

诚信待人是人与人交往时保持良好关系的保障。只有对人诚信才能得到别人的信任，别人才会对你诚信。诚信待人侧重于诚，意为对人真诚，没有隐瞒，要"开心见诚，无所隐伏"。真诚待人可以打动别人，孟子认为"至诚而不动者，未之有也；不诚，未有能动者也"，因此待人真诚能够使别人也对自己以诚相待。"推之以诚，则不言而信"，你的真诚打动了别人，你不必说什么别人也会义无反顾地相信你，可见以诚待人的作用之大。诚信是每个人的道德准则，而内诚是诚信的第一步，是最基础的，也是最重要的一步。诚信待人，诚信处事的前提是内诚，即对自己诚信，不自欺才能不欺人。而要做到这一点，就要学会以诚养心，用真诚修养自己，使自己拥有诚信的品格，对自己诚实，即使在没有人的地方依旧坚守诚实的品格。首先用诚实来充实和完善自己，然后再去完善外在的人和事物。

① 朱熹：《四书章句集注》，中华书局1983年版，第33—34页。

三、故事

1.吴起以信服三军

昔吴起[1]出，遇故人，而止[2]之食。故人曰："诺，期返而食。"起曰："待公而食。"故人至暮不来，起不食待之。明日早，令人求故人，故人来，方与之食。起之不食以俟[3]者，恐其自食其言也。其为信若此，宜其能服[4]三军欤？欲服三军，非信不可也！①（《龙门子凝道记》）

注释

[1] 吴起：战国初期著名军事家、政治家，卫国左氏（今山东定陶）人，在魏国时，屡次破秦，尽得秦国河西之地，成就了魏文侯的霸业；后在楚国主持改革，史称"吴起变法"。后世把他和孙武并称为"孙吴"。

[2] 止：留住。

[3] 俟（sì）：等待。

[4] 服：使……信服。

译文

从前吴起外出遇到了老朋友，就留他吃饭。老朋友说："好啊，等我回来就（到你家）吃饭。"吴起说："我（在家里）等待您一起进餐。"（可是）老朋友到了傍晚还没有来，吴起不吃饭等候着他。第二天早晨，（吴起）派人去找老朋友，老朋友来了，才同他一起进餐。吴起不吃饭而等候老朋友的原因是害怕自己说了话不算数。他坚守信用到如此程度，这也是能使军队信服的缘由吧！要想使军队信服，（作为将领）不守信用是不可以的！

① 宋濂撰，黄灵庚校点：《宋濂全集》卷九十四，人民文学出版社 2014 年版，第 2212 页。

2.皇甫绩克躬励己

绩三岁而孤，为外祖韦孝宽所鞠养[1]。尝与诸外兄博弈，孝宽以其惰业，督以严训，愍绩孤幼，特舍之。绩叹曰：“我无庭训[2]，养于外氏，不能克躬励己，何以成立？”深自感激，命左右自杖三十。孝宽闻而对之流涕。于是精心好学，略涉经史。①（《隋书·皇甫绩传》）

注释

[1] 鞠养：抚养成人。

[2] 庭训：泛指家庭教育。

译文

皇甫绩三岁就失去父母成了孤儿，是他外祖父韦孝宽抚养他成人的。他时常和表兄们一起下棋博弈。韦孝宽因为他们懈惰学业，用严厉的语言训斥了自己的孙子，但因怜悯皇甫绩父母俱丧而又年幼，特地放过了他。皇甫绩感叹说：“我没有父母的家庭教诲，被外祖父抚养，我不能克制自身勉励自己，怎么能够成长自立？”他深切地激励自己，命令左右的人打了自己三十棍棒。韦孝宽闻知此事，对着皇甫绩心痛地流下了眼泪。皇甫绩从此精心好学，几乎浏览了全部经史典籍。

3.杨震暮夜却金

（杨震）四迁荆州刺史[1]、东莱太守[2]。当之[3]郡，道经[4]昌邑，故所举荆州茂才[5]王密为昌邑令，谒见，至夜怀金十斤以遗[6]震。震曰：“故人知君，君不知故人，何也？”密曰：“暮夜无知者。”震曰：“天知，神知，我

① 魏徵：《隋书》，中华书局1973年版，第1139页。

知，子[7]知。何谓无知？”密愧而出。①（《后汉书·杨震传》）

注释

[1] 刺史：州里负责监察的长官，官阶低于郡守。

[2] 太守：郡的最高行政长官。

[3] 之：到，往。

[4] 道经：路过。

[5] 茂才：即“秀才”。东汉时，为避光武帝刘秀名讳，改“秀才”为“茂才”，当时用察举制度选拔人才。

[6] 遗 (wèi)：给予，赠送。

[7] 子：您。古代对男子的美称或敬称。

译文

杨震多次升迁，官至荆州刺史、东莱太守。在他赴任东莱郡太守的途中，经过昌邑县，昌邑县令王密是他过去推荐的秀才。王密深夜带十斤黄金要私赠给杨震。杨震说：“老朋友了解你，你却不了解老朋友，这是为什么呢？”王密说：“现在是深夜，没有人知道。”杨震回答说：“天知，神知，我知，你知，怎么说没有人知道呢？”王密听了这番话，很羞愧地走了。

① 范晔：《后汉书》，中华书局1965年版，第1760页。

第六节　信　民

▲言行端庄，取信于民

一、名人名言

1. 圣人为知矣，不诚则不能化[1]万民。①（《荀子·不苟》）

注释

[1] 化：感化，感动。

译文

圣人是睿智的，不诚实就不能感化万民。

2. 自古皆有死，民无信不立。②（《论语·颜渊第十二》）

译文

自古以来人都是要死的，如果没有人民的信任，国家就保不住了。

3. 臣闻上古尧舜之时，不贵爵赏而民劝善，不重刑罚而民不犯，躬率以正而遇民信也；末世贵爵厚赏而民不劝，深刑重罚而奸不止，其上不正，遇

① 王先谦撰，沈啸寰，王星贤点校：《荀子集解》，中华书局 1988 年版，第 48 页。
② 朱熹：《四书章句集注》，中华书局 1983 年版，第 135 页。

民不信也。①（《汉书·公孙弘传》）

译文

我听说上古尧、舜那个时期，没有尊贵的官爵和丰厚的奖赏，但百姓却相互勉励行善，不重刑罚，但百姓却不犯法，这是因为君主为臣民做出了正直的表率，而且对待百姓很讲信用；到了末世，有尊贵的官爵和丰厚的奖赏，但百姓却得不到劝勉，设立了严酷的刑罚却不能禁止违法犯罪，这是因为当时的君主本身不正，对待百姓又不讲信用。

4. 先王贵诚信。诚信者，天下之结[1]也。②（《管子·枢言》）

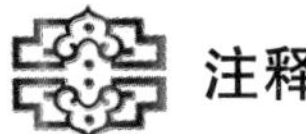

注释

[1] 结：关键、根本。

译文

先代的圣王看重诚实和信用。诚实和信用是用来治理天下的关键。

5. 上好信，则民莫敢不用情。③（《论语·子路第十三》）

译文

统治者讲诚信，那么老百姓就没有人敢不说真话而弄虚作假了。

---

① 班固：《汉书》，中华书局1962年版，第2615页。

② 房玄龄注，刘绩补注，刘晓艺校点：《管子》，上海古籍出版社2015年版，第77页。

③ 朱熹：《四书章句集注》，中华书局1983年版，第142页。

6. 凡人主必信。信而又信，谁人不亲？故《周书》曰："允[1]哉允哉！"以言非信则百事不满也，故信之为功大矣。信立，则虚言可以赏[2]矣。虚言可以赏，则六合[3]之内皆为己府矣。信之所及，尽制之矣。制之而不用，人之有也；制之而用之，己之有也。己有之，则天地之物毕为用矣。人主有见此论者，其王不久矣；人臣有知此论者，可以为王者佐矣。①（《吕氏春秋·贵信》）

注释

[1] 允：诚信。

[2] 赏：鉴赏，鉴别。

[3] 六合：天地四方。

译文

但凡国君是一定要坚守信用的。一贯坚守信用，谁不来亲近你呢？所以《周书》上说："诚信啊诚信啊！"说的是如果不守信，那么做再多的事情都不能成功，所以守信用产生的功效是很大的。信用一旦树立，那么虚假的话就可以鉴别了。虚假的话可以鉴别，那么，天地宇宙之内就都能成为自己藏财物的府库了。信用所达到的地方，就都能控制了。但控制住了不加以利用，那仍然为他人所有；控制住了又加以利用，那才为自己所有。为自己所有，那么天地万物都尽为自己所用。国君中有知道这种道理的，那他称王天下的愿望不久就可以实现了；臣子中有知道这种道理的，就可以成为帝王的辅佐了。

7. 子夏曰："君子信而后劳[1]其民，未信则以为厉[2]己也；信而后谏，未信则以为谤[3]己也。"②（《论语·子张第十九》）

① 吕不韦等撰，高诱注，毕沅校正，余翔标点：《吕氏春秋》，上海古籍出版社 1996 年版，第 354 页。

② 朱熹：《四书章句集注》，中华书局 1983 年版，第 189 页。

注释

[1] 劳：役使。

[2] 厉：虐待。

[3] 谤：诽谤。

译文

子夏说："君子必须取得信任之后才去役使百姓；没有诚信，百姓就会以为是在虐待他们。要先取得信任，然后才去进谏；没有诚信，君主会以为你在诽谤他。"

8. 君能制命为义，臣能承命为信，信载义而行之为利。谋不失利，以卫社稷，民之主也。[①]（《左传·宣公十五年》）

译文

国君能制定正确的命令就叫义，臣子能奉行国君的命令就叫信，信承载着义而推行就叫利。谋划不丢掉利益，以此捍卫国家，这才是百姓的主人。

二、评点

《荀子》有言："传曰：'君者，舟也；庶人者，水也。水则载舟，水则覆舟。'"由此可见，民于君的重要性。但统治者要获得百姓的信任，应当首先做到诚信。君王只有做到诚信对待百姓，诚信施政执政，才能得民心，成功地治理天下。另外，"上好信，则民莫敢不用情"，君王的诚信对于百姓还能够起到一个引领的作用，使百姓们都变得诚信。《管子》中说"诚信者，天下

① 李梦生：《左传译注》，上海古籍出版社 1998 年版，第 493 页。

之结也”，这里的诚信，既是对君王的要求，也是对百姓的要求，只有君王和百姓都诚信了，社会才能安定有序。

三、故事

1.子张问行

子张问行[1]。子曰：“言忠信，行笃敬，虽蛮貊[2]之邦行矣；言不忠信，行不笃敬，虽州里[3]行乎哉？立，则见其参[4]于前也；在舆，则见其倚于衡[5]也。夫然后行。”子张书诸绅[6]。①（《论语·卫灵公第十五》）

注释

[1] 行：通达的意思。

[2] 蛮貊（mò）：古人对少数民族的贬称，蛮在南，貊在北方。

[3] 州里：五家为邻，五邻为里，五党为州，一州二千五百家，州里指近处。

[4] 参：列，显现。

[5] 衡：车辕前面的横木。

[6] 绅：贵族系在腰间的大带。

译文

子张问如何才能使自己到处都行得通。孔子说：“说话忠诚有信用，行为忠厚严肃，即使到偏远未开化的地方去，也能行得通。言语欺诈无信，行为刻薄轻浮，即使在本乡本土，能行得通吗？‘忠信笃敬’这四个字，站立的时候，就如同看见它直立在眼前；坐车的时候，就如同看见它刻在车辕前的横木上。（时时

① 朱熹：《四书章句集注》，中华书局1983年版，第162页。

刻刻记着它，）这才能使自己到处行得通。”子张把这些话写在了绅带上。

2.子贡问政

子贡问政。子曰：“足食。足兵[1]。民信之矣。”子贡曰：“必不得已而去，于斯三者何先？”曰：“去兵。”子贡曰：“必不得已而去，于斯二者何先？”曰：“去食。自古皆有死，民无信不立。”①（《论语·颜渊第十二》）

注释

[1] 兵：武器，指军备。

译文

子贡问怎样去治理政事。孔子说：“充足粮食，充足军备，百姓对政府就有信心了。”子贡问：“如果迫不得已，在粮食、军备和百姓的信心三者之中一定要去掉一项，先去掉哪一项？”孔子回答：“去掉军备。”子贡问：“如果迫不得已，在粮食和人民的信心两者之中一定要去掉一项，去掉哪一项？”孔子回答：“去掉粮食。没有粮食，人不过死亡，但自古以来谁都免不了死亡。如果百姓对政府缺乏信心，国家是站不起来的。”

3.商鞅立木取信

令[1]既具，未布，恐民之不信，已乃立三丈之木于国都市南门，募民有能徙[2]置北门者予十金[3]。民怪之，莫敢徙。复曰：“能徙者予五十金！”有一人徙之，辄予五十金，以明不欺。卒下令。

令行于民期年，秦民之国都言初令之不便者以千数。于是太子犯法。卫

① 朱熹：《四书章句集注》，中华书局1983年版，第134—135页。

鞅[4]曰："法之不行，自上犯之。"将法太子。太子，君嗣也，不可施刑，刑其傅[5]公子虔，黥[6]其师公孙贾。明日，秦人皆趋令[7]。行之十年，秦民大说，道不拾遗[8]，山无盗贼，家给人足。民勇于公战，怯于私斗，乡邑大治。秦民初言令不便者有来言令便者，卫鞅曰"此皆乱化之民也"，尽迁之于边城。其后民莫敢议令。①（《史记·商君列传》）

注释

[1] 令：指商鞅为秦孝公变更法度定制的命令。

[2] 徙：搬。

[3] 十金：二十两银子为一金，十金即为二百两银子。

[4] 卫鞅：卫国人，姓公孙，名鞅。后因得封商地十五邑，所以又名商鞅。他实行变法，使秦国富强，是著名的政治家。

[5] 傅：师傅，指负辅佐责任的官或负责教导的人。这里是指傅父，古代保育、辅导贵族子女的老年男子。

[6] 黥：墨刑，在面额上刺字，以墨涅之。

[7] 趋令：归附、服从命令。

[8] 遗：东西。

译文

法令已详细制订但尚未公布，公孙鞅怕百姓不信任，于是在国都的集市南门立下一根长三丈的木杆，下令说如果有百姓能把木头搬移到北门去就赏赐十两金子。百姓们对此事感到很奇怪，没人敢动手去搬移（木头）。公孙鞅又说："能把木头搬过去的就赏五十两金子。"这时有一个人半信半疑地搬着木杆到了北门，立刻获得了五十两金子的重赏。公孙鞅才下令颁布变法法令。

① 司马迁：《史记》，中华书局 1959 年版，第 2231 页。

变法令颁布了有一年，数以千计的秦国百姓前往国都控诉新法使民不便。这时太子也触犯了法律，公孙鞅说：“新法不能顺利施行，就在于上层统治阶级带头违反。”将要惩罚太子。太子是国君的继承人，不能施以刑罚，便将他的老师公子虔处刑，将另一个老师公孙贾脸上刺字，以示惩戒。第二天，秦国人听说此事，都遵从了法令。新法施行十年，秦国出现路不拾遗、山无盗贼的太平景象，百姓们勇敢地为国作战，不敢再行徇私，乡野城镇都治理得很好。这时，那些当初说新法行不通的百姓，有些又来说新法好，公孙鞅说：“这些人都是乱法的刁民！”便将他们全部驱逐到边疆去住。从此以后老百姓不敢再议论法令的是非了。

第四章　崇正义

第一节　身　正

▲政者正也，身正令行

一、名人名言

1. 子曰："苟正其身矣，于从政乎何有[1]？不能正其身，如正人何？"①(《论语·子路第十三》)

注释

[1] 何有：有什么。

译文

孔子说："如果端正了自身的行为，治国理政还有什么困难呢？连自身都不能端正，又怎么去端正别人呢？"

① 朱熹：《四书章句集注》，中华书局1983年版，第144页。

2. 季康子问政于孔子。孔子对曰："政者，正也。子帅[1]以正，孰敢不正？"①（《论语·颜渊第十二》）

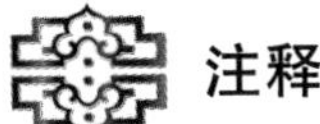

注释

[1] 帅：通"率"，率领。

译文

季康子向孔子问政。孔子回答道："政字的意思是端正。您以端正自身作为表率，有谁敢不端正呢？"

3. 子曰："其身正，不令[1]而行；其身不正，虽令不从。"②（《论语·子路第十三》）

注释

[1] 令：动词，下命令。

译文

孔子说："统治者自身行为端正，不下命令，事情也行得通。他自身行为不端正，即使下了命令，百姓也不会服从。"

4. 福由己发，祸由己生，圣人不求誉，不辟[1]诽[2]，正身直行，众邪自

① 朱熹：《四书章句集注》，中华书局1983年版，第137页。
② 朱熹：《四书章句集注》，中华书局1983年版，第143页。

息。① (《淮南子·缪称训》)

注释

[1] 辟：同“避”，躲避。

[2] 诽：诽谤。

译文

福运和灾祸的发生是取决于个人的行为的，品德高尚的人不求别人的赞美，也不躲避别人的诽谤，站得正，走得直，所有歪风邪气自会消失。

5. 子曰：“人之生也直，罔[1]之生也幸而免。”② (《论语·雍也第六》)

注释

[1] 罔：诬罔不直之人。

译文

孔子说：“人之所以生存是由于正直，诬罔不直的人也可以生存，那是他侥幸地免于祸害。”

6. 正直者，顺道而行，顺理而言，公平无私，不为[1]安肆[2]志，不为危易行。③ (《韩诗外传》)

---

① 刘安撰，许慎注，陈广忠校点：《淮南子》，上海古籍出版社 2016 年版，第 254 页。

② 朱熹：《四书章句集注》，中华书局 1983 年版，第 89 页。

③ 福欣主编：《人生心语 名人名言》，内蒙古人民出版社 1998 年版，第 115 页。

注释

[1] 为：因为。

[2] 肆：放纵。

译文

正直的人会顺从于正道行事，依照道理讲话，追求公正、平等，没有私心，不因为安逸就放纵自己的意志，不因为危难就改变自己的品行。

7. 衣冠不正，则宾客不肃[1]。①（《管子·形势解》）

注释

[1] 不肃：不恭敬。

译文

主人衣冠不整，那么宾客的态度就会不恭敬。

二、评点

孔子认为，执政者应当身正令行，上感下化，才能施不言之教，对百姓产生潜移默化的影响。孔子十分注重为政者的模范带头作用。在上位的为政者能够做到正己，就可以不令而行，上行下效，使天下人都归于正道。这种为政以德、讲究修身的思想成为封建社会中人治的基础，产生了深远的影响。

① 房玄龄注，刘绩补注，刘晓艺校点：《管子》，上海古籍出版社 2015 年版，第 398 页。

三、故事

1.太宗论为君之道

贞观初，太宗谓侍臣曰：“为君之道，必须先存百姓。若损百姓以奉其身，犹割股以啖[1]腹，腹饱而身毙。若安天下，必须先正其身，未有身正而影曲，上治而下乱者。朕每思伤其身者不在外物，皆由嗜欲以成其祸。若耽嗜滋味，玩悦[2]声色，所欲既多，所损亦大，既妨政事，又扰生民。且复出一非理之言，万姓为之解体[3]，怨讟既作，离叛亦兴。朕每思此，不敢纵逸[4]。”谏议大夫魏徵对曰：“古者圣哲之主，皆亦近取诸身，故能远体诸物。昔楚聘詹何，问其治国之要，詹何对以修身之术。楚王又问治国何如，詹何曰：‘未闻身治而国乱者。’陛下所明，实同古义。”①（《贞观政要·君道》）

注释

[1] 啖（dàn）：吃。

[2] 玩悦：沉溺。

[3] 解体：人心涣散。

[4] 纵逸：贪图安逸。

译文

贞观初年，唐太宗对侍从的大臣们说：“做君主的法则，必须首先心存百姓。如果损害百姓来奉养自身，就好比是割大腿上的肉来填饱肚子，肚子填饱了，人却死了。如果要想安定天下，必须先端正自身，绝没有身子端正而影子却是弯曲的，上面治理好了而下面发生动乱的事。我常想伤害身体的并不是身外的东西，

① 吴兢：《贞观政要》，岳麓书社 2014 年版，第 2 页。

而都是由于自身追求耳目口鼻的快乐才酿成灾祸。如一味讲究吃喝，沉溺于音乐女色，欲望越多，损害也就越大，既妨碍政事，又扰害百姓。如果再说出一些不合事理的话来，就更会弄得人心涣散，怨言四起，众叛亲离。每当我想到这些，就不敢放纵取乐贪图安逸。”谏议大夫魏徵对答说：“古代圣明的君主，也都是先就近从自身入手，才能远而推及一切事物。过去楚庄王聘用詹何，问他治理好国家的要领，詹何却用加强自身修养的方法来回答。楚庄王再问他治理国家该怎么办，詹何说：‘没有听到过自身治理好了而国家会发生动乱的。’陛下所明白的，实是符合古人的道理。”

2.马谡违命失街亭，诸葛亮引咎自贬

六年春，扬声由斜谷道取眉，使赵云、邓芝为疑军，据箕谷，魏大将军曹真举众拒之。亮身率诸军攻祁山，戎阵整齐，赏罚肃而号令明，南安、天水、安定三郡叛魏应亮，关中响震。魏明帝西镇长安，命张郃拒亮，亮使马谡督诸军在前，与郃战于街亭。谡违亮节度，举动失宜，大为郃所破。亮拔西县千余家，还于汉中，戮谡以谢众。上疏曰：“臣以弱才，叨窃非据，亲秉旄钺[1]以厉[2]三军，不能训章明法，临事而惧，至有街亭违命之阙，箕谷不戒之失，咎[3]皆在臣授任无方。臣明不知人，恤事多暗，《春秋》责帅，臣职是当。请自贬三等，以督厥咎[4]。”于是以亮为右将军，行丞相事。①（《三国志·诸葛亮传》）

注释

[1] 旄（máo）钺（yuè）：白旄和黄钺。借指军权。

[2] 厉：同“励”，鼓励。

[3] 咎：过错。

[4] 督厥咎：监督不再犯类似的过错。

① 陈寿：《三国志》，中华书局 1964 年版，第 922 页。

译文

建兴六年（228年）春天，诸葛亮发出消息说要从斜谷道去攻打眉县。派赵云、邓芝故作疑兵，占据箕谷。魏国大将军曹真率所有的兵力来对抗他们。诸葛亮亲自率领各路军队攻打祁山，军队阵容整齐，赏罚严肃而号令明白。南安、天水、安定三个郡都背叛魏国而响应诸葛亮，关中大为震惊。魏明帝西迁坐镇长安，命令张郃抵抗诸葛亮。诸葛亮派马谡率领各军前进，和张郃在街亭大战。马谡违背诸葛亮的约束规定，举动失当，被张郃打得大败。诸葛亮攻陷西县千余家，率领军队回到汉中。诸葛亮斩杀马谡向三军谢罪。上奏疏说："臣下凭借浅薄的才能，占据着不能胜任的高位，亲自接受皇帝授予的兵权，激励三军北伐，但是因为我不能严格军纪，修明法度，临事的时候过于谨慎，酿成马谡在街亭违背命令作战失败的过错，以及在箕谷警戒不严的失误。所有的错误，都是我个人用人不当造成的。我的见识不明，不了解人才的好坏；决策大事不够聪明。《春秋》记载，军队战败该负责任的是全军主帅，我的职位正应该承担这个责任。因此，我自请贬职三级，来惩罚我的过失。"于是，皇帝把诸葛亮降为右将军，代理丞相的职权。

3.唐太宗论学问

贞观二年，太宗谓房玄龄曰："为人大须学问。朕往为群凶[1]未定，东西征讨，躬亲戎事[2]，不暇读书。比来四海安静，身处殿堂[3]，不能自执书卷，使人读而听之。君臣父子，政教之道[4]，共在书内。古人云：'不学，墙面，莅事惟烦[5]。'非徒言也。却[6]思少小时行事，大觉非也。"①（《贞观政要·悔过第二十四》）

注释

[1] 群凶：谓各路与李氏争夺天下的势力。

① 吴兢：《贞观政要》，岳麓书社2014年版，第282页。

[2] 躬亲戎事：亲自主持军务。戎事，军事。

[3] 身处殿堂：指身为国君。殿堂，殿宇，谓宫殿。

[4] 政教之道：政治教化的道理。

[5] 不学，墙面，莅事惟烦：语出《尚书·周官》，意即不学习犹如面对墙而无所睹见，临事情就会困扰。

[6] 却：还，再。

译文

贞观二年，唐太宗对房玄龄说："为人非常须要学问。我以往因为各处顽敌没有平定，到处征伐，亲自主持军务，没有空闲时间读书。近来国家安宁，我身为国君，不能亲自手执书卷阅读，派人朗读给自己听。君臣父子的伦常，政治教化的道理，都在书中。古人说：'不学习犹如面对墙而立，临事就会碰到烦恼。'这不是说空话。再想想少小时候做的事，很觉得不对。"

第二节　正　心

▲光明磊落，问心无愧

一、名人名言

1. 孟子曰："君子有三乐，而王天下不与存焉。父母俱存，兄弟无故[1]，一乐也；仰不愧于天，俯不怍[2]于人，二乐也；得天下英才而教育之，三乐

也。”①（《孟子·尽心上》）

注释

[1] 故：事故，指灾患丧病。

[2] 怍（zuò）：惭愧。

译文

孟子说：“君子有三种乐趣，但是称王天下并不在其中。父母都健在，兄弟没有事故，这是第一种乐趣；上不愧对于天，下不愧对于人，这是第二种乐趣；得到天下优秀的人才并对他们进行教育，这是第三种乐趣。”

2. 欲修其身者，先正其心；欲正其心者，先诚[1]其意。②（《大学》）

注释

[1] 诚：心怀诚意。

译文

想要进行自我修身，首先要端正自己的思想；想要端正自己的思想，先要让自己心怀诚意。

3. 心正[1]而后[2]身修[3]，身修而后家齐[4]，家齐而后国治[5]，国治而后

① 朱熹：《四书章句集注》，中华书局1983年版，第354页。
② 朱熹：《四书章句集注》，中华书局1983年版，第3页。

天下平。①（《大学》）

注释

[1] 心正：思想端正了。

[2] 而后：然后。

[3] 修：自我修炼自身的言行品德。

[4] 家齐：指家人都知礼法，懂长幼之序。

[5] 国治：国家安宁繁荣。

译文

思想端正了，然后才能认真地进行自我修养；自我修养完善了，然后才能使家人都知礼法，懂长幼之序；家庭治理好了，然后国家才会治理好；国家治理好了，然后天下才能太平安宁。

4. 得之而勿舍，耳目不淫[1]，心无他图。正心在中[2]，万物得度[3]。②（《管子·内业》）

注释

[1] 不淫：不迷惑。

[2] 在中：在身体中。

[3] 得度：在合理的范围内。

---

① 朱熹：《四书章句集注》，中华书局 1983 年版，第 4 页。

② 房玄龄注，刘绩补注，刘晓艺校点：《管子》，上海古籍出版社 2015 年版，第 329 页。

译文

得到后而不舍弃，耳目等器官就不会迷惑了，心也就别无所图。在身体中端正自己的内心，对待万物就能保持在合理的范围之内。

5. 所谓修身在正其心者，身有所忿懥[1]，则不得其正；有所恐惧，则不得其正；有所好乐，则不得其正；有所忧患，则不得其正。心不在焉，视而不见，听而不闻，食而不知其味。此谓修身在正[2]其心。①（《大学》）

注释

[1] 懥（zhì）：愤怒。

[2] 正：端正。

译文

所说的修身养性在于端正自己的内心，心有愤怒，就不能端正；心有恐惧，就不能端正；心有喜好，就不能端正；心有忧虑，就不能端正。如果一个人的心不专注，看到东西如同没有看见，听到声音也如同没有听见，吃东西也不知道滋味。这就是所说的修身养性必须先端正自己的心念。

6. 守身必谨严，凡足以戕[1]吾身者宜戒之；养心须淡泊，凡足以累吾心者勿为也。②（清・王永彬《围炉夜话》）

① 朱熹：《四书章句集注》，中华书局 1983 年版，第 8 页。
② 王永彬：《围炉夜话》，黑龙江人民出版社 2004 年版，第 92 页。

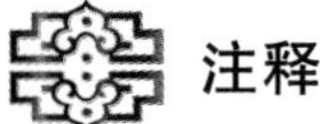

注释

[1] 戕：伤害，残害。

译文

持守节操必须谨慎严格，那些足以损害个人操守的行为都应该戒除；修养心性必须淡泊明志，那些足以劳累个人心灵的事都不要去做。

7. 在上不骄，在下不谄，此进退之中道也。[①]（北宋·王安石《上龚舍人书》）

译文

身居高位而不骄傲专横，身处下位而不谄媚奉承，这是进退的正确方式。

二、评点

仰起头来看看觉得自己无愧于天，低下头去想想觉得自己无愧于人。做人要光明磊落，问心无愧，君子坦荡荡。王阳明说的“此心光明，亦复何言”指的是用尽一生，去做一个光明磊落的人，心地澄明，自然无愧于天，无愧于人，无愧于心。王阳明又言：“为善去恶是格物。”他教导世人要去行善，不要去作恶。格物指的是认清这个世界的本源，也就是儒家所讲的，通过“格物”，达到“致知”。我们要看清事物的本源，了解这个世界，从而积极地做一个善良、正直、光明磊落的人。

① 曲德来主编：《唐宋八大家散文》（广选·新注·集评 王安石卷），辽宁人民出版社 1999 年版，第 211 页。

三、故事

1.孔子见南子

子见南子[1]，子路不说[2]。夫子矢[3]之曰："予所否者[4]，天厌之！天厌之！"①（《论语·雍也》）

注释

[1] 南子：卫灵公夫人。当时把持着卫国的朝政，行为不端。

[2] 说（yuè）：通"悦"。

[3] 矢：通"誓"，发誓。

[4] 所……者：相当于"假如……的话"，用于誓词中。

译文

孔子去见了卫灵公的夫人南子，子路很不高兴，孔子发誓说："如果我做了什么不正当的事，天厌弃我吧！天厌弃我吧！"

2.柳公权笔谏穆宗

穆宗[1]政僻。尝问公权[2]："笔何尽善？"对曰："用笔在心，心正则笔正。"上[3]改容，知其笔谏也。②（《旧唐书·柳公权传》）

① 朱熹：《四书章句集注》，中华书局1983年版，第91页。

② 仓阳卿、张企荣：《二十四史人物故事》，浙江教育出版社1990年版，第708—709页。

注释

[1] 穆宗：唐穆宗李恒，公元821—824年在位。

[2] 公权：柳公权，字诚悬，京兆华原（今陕西耀县）人。官至太子少师。书法与颜真卿齐名，结构严谨，笔力遒劲，神致清朗，代表作有《玄秘塔碑》《神策军碑》等。

[3] 上：指穆宗。

译文

唐穆宗政治上明显有失误。有一次他问柳公权："你写字的笔法怎会如此完美？"柳公权回答说："用笔受到心的支配，心端正笔法也就正了。"穆宗神色严肃起来，知道这是柳公权在借论笔法规劝自己。

3.唐太宗虚怀纳谏

贞观中，太子承乾多不修[1]法度，魏王泰尤以才能为太宗所重，特诏泰移居武德殿。魏徵上疏谏曰："魏王既是陛下爱子，须使知定分，常保安全，每事抑其骄奢，不处嫌疑之地也。今移居此殿，使在东宫之西，海陵[2]昔居，时人以为不可。虽时移事异，犹恐人之多言。又王之本心[3]，亦不宁息。既能以宠为惧，伏愿成人之美[4]。"太宗曰："我几不思量，甚大错误。"遂遣泰归于本第。①（《贞观政要·悔过第二十四》）

注释

[1] 修：遵循。

[2] 海陵：唐高祖第四子齐王李元吉，死后追封为海陵郡王。

① 吴兢：《贞观政要》，岳麓书社2014年版，第282页。

[3] 王之本心：指魏王李泰的内心。

[4] 美：美意。

译文

贞观年间，太子李承乾常常不遵循法令制度，而魏王李泰因为出众的才华深得唐太宗的器重，特意诏令李泰移居武德殿。魏徵上书劝谏说："魏王既然是陛下的爱子，陛下应当让他懂得自己特定的名分，常常保持安全，凡事抑制自己骄傲奢侈的习气，不要处在嫌疑的位置上。现在移居到这个宫殿，让他居住在太子东宫的西边；当年海陵王曾在这里居住，那时就有人认为不妥当。虽然时过境迁，但是恐怕还会引来风言风语。再说魏王本人心里也不会平静。李泰既然因为受到宠爱而感到害怕，诚望您能成全他的美意。"太宗说："我几乎没有考虑到这些，这个错误太大了。"随后让李泰归返原先的住宅。

第三节　名　正

▲名正言顺，万事可成

一、名人名言

1. 刑罚不颇[1]，则下无怨心。名正分明[2]，则民不惑于道[3]。道也者，上之所以道民也。是故道德出于君，制令传于相，事业程于官，百姓之力[4]也，胥[5]令而动者也。①（《管子·君臣上第三十》）

① 房玄龄注，刘绩补注，刘晓艺校点：《管子》，上海古籍出版社 2015 年版，第 200 页。

注释

[1] 颇：偏颇，不公正。

[2] 名正分明：名副其实。

[3] 道：此指治国的道理及措施。

[4] 百姓之力：谓百姓出力。

[5] 胥：里胥，乡里最小的主事官。

译文

刑罚不出偏差，下面就不会抱怨。职位名副其实，人民对于治国之道就不会有疑惑了。所谓“道”，就是君主用来引导人民的。所以，道与德出自君主，法制和命令由辅相传布，各种事业由官吏裁定，百姓的力量是等待命令而行动的。

2. 用一之道，以名为首。名正物定，名倚物徙。故圣人执[1]一[2]以静，使名自命[3]，令事自定。不见其采，下故素正。因而任之，使自事之。因而予之，彼将自举之。正与处之，使皆自定之，上[4]以名举之。不知其名，复修其形。形名参同，用其所生。二者诚信，下乃贡[5]情。①（《韩非子·扬权篇》）

注释

[1] 执：按照。

[2] 一：统一的。

[3] 自命：自然形成。

[4] 上：君主。

[5] 贡：献上。

① 王先慎集解，姜俊俊校点：《韩非子》，上海古籍出版社2015年版，第53页。

译文

运用道的方法，要把确定名分放在首位。名分恰当，事情就能确定；名分偏颇，事情就会走样。所以圣人按照统一规律而采取虚静态度，使名分自然形成，让事情自然确定。既然不事雕琢，下面也就纯正了。根据这一点加以任用，使他们自行办事。根据这一点给予任务，他们将会自行完成。恰当地安排他们，使他们都能主动地尽职尽责。君主根据臣下的主张用人，如果不清楚臣下的主张是否恰当，那就再考察臣下的行动，言行既经综合审定，然后酌情给予赏罚。赏罚诚实可信，臣下就会献上真心。

3. 有名而无实[1]，则其名不行[2]；有实而无名，则其实不长。①（《策别安万民》）

注释

[1] 无实：没有实权。

[2] 不行：行不通。

译文

有名分却没有实权，那么这个名分就行不通；有实权却没有名分，那么这个实权也不能长久。

4. 名正理顺，垂之无穷。②（《请复七圣谥号状》）

① 顾张思撰，曾昭聪、刘玉红校点：《土风录 历代笔记小说大观》，上海古籍出版社2016年版，第175页。

② 郭锐等编选：《历代名句精选9999》，山东人民出版社1999年版，第328页。

译文

名义正当，道理通顺，这样的事物会永垂不朽。

5. 异形离心交喻[1]，异物名实互纽[2]，贵贱不明，同异不别。如是，则志必有不喻之患，而事必有困废[3]之祸。故知者为之分别制名以指实，上以明贵贱，下以辨同异。贵贱明，同异别，如是则志无不喻之患，事无困废之祸，此所为有名也。①（《荀子·正名》）

注释

[1] 交喻：相互告诉。

[2] 互纽：互相交结。

[3] 困废：困顿废弃。

译文

不同的人如果用不同的意念相互告诉，不同的事物如果名称与实际互相交结，那么就会使贵贱分辨不清，同异不能区别。如果这样，那意志必然会有不能晓喻的忧患，而事情必然会有陷入困顿而被废弃的灾祸。因此，明智的人给各种事物分别制定名称以指明实际事物，向上用以彰明贵与贱，向下用以分辨同与异。贵贱分明，同异分清，如果这样，那意志就没有不能晓喻的忧患，事情就没有陷入困顿而被废弃的灾祸。这就是所以要有名的原因。

二、评点

“名不正，则言不顺；言不顺，则事不成。”（《论语·子路》）中国人讲

① 王先谦撰，沈啸寰、王星贤点校：《荀子集解》，中华书局 1988 年版，第 415 页。

究和追求名正言顺，名实相称。在中国古代，战场上有战场的规则，要按礼制行事，发动战争讲究“师出有名”，“师直为壮，曲为老”（《左传·僖公二十八年》），只有“师出有名”，发动战争才能所向无敌，否则就是非正义之战。统治者的言行对老百姓的影响很大。“其身正，不令而行；其身不正，虽令不从”（《论语·子路》），统治者只有率先垂范，在道德品质和治理政事上做好表率，百姓才会乐于信从。如果统治者本身道德败坏，荒淫失政，又怎能要求百姓信从呢？

三、故事

1.孔子论正名

子路曰：“卫君[1]待子而为政，子将奚[2]先？”子曰：“必也正名[3]乎！”子路曰：“有是哉，子之迂[4]也！奚其正？”子曰：“野哉，由也！君子于其所不知，盖阙[5]如也。名不正，则言不顺；言不顺，则事不成；事不成，则礼乐不兴；礼乐不兴，则刑罚不中[6]；刑罚不中，则民无所错[7]手足。故君子名之必可言也，言之必可行也。君子于其言，无所苟[8]而已矣。”①（《论语·子路篇》）

注释

[1] 卫君：卫出公，名辄，卫灵公之孙。其父蒯聩被卫灵公驱逐出国，卫灵公死后，蒯辄继位。蒯聩要回国争夺君位，遭到蒯辄拒绝。这里，孔子对此事提出了自己的看法。

[2] 奚（xī）：什么。

[3] 正名：即正名分。

① 朱熹：《四书章句集注》，中华书局1983年版，第141—142页。

[4] 迂：迂腐。

[5] 阙：同“缺”，存疑的意思。

[6] 中（zhòng）：得当。

[7] 错：同“措”，安置。

[8] 苟：苟且，马马虎虎。

译文

子路（对孔子）说：“卫国国君等着您去治国理政，您打算先从哪些事情做起呢？”孔子说：“首先必须正名分。”子路说：“有这样做的吗？您的迂腐竟到如此地步了！这又何必纠正？”孔子说：“仲由，真粗野啊。君子对于他所不知道的事情，总是采取存疑的态度。名分不正，说起话来就不顺当合理；说话不顺当合理，事情就办不成；事情办不成，礼乐也就不能兴盛；礼乐不能兴盛，刑罚的执行就不会得当；刑罚不得当，百姓就不知怎么办才好。所以，君子一定要定下一个名分，这样能够说得明白，说得明白才能够行得通。君子对于自己的言行，是从不马虎对待的。”

2.齐景公问政于孔子

齐景公[1]问政于孔子。孔子对曰：“君君[2]，臣臣，父父，子子。”公曰：“善哉！信如君不君，臣不臣，父不父，子不子，虽有粟[3]，吾得而食诸[4]？”①（《论语·颜渊第十二》）

注释

[1] 齐景公：名杵臼，谥号为景。

[2] 君君：第一个字是名称，第二个字是其实质。指有君主的名称就必须有君

① 朱熹：《四书章句集注》，中华书局 1983 年版，第 136 页。

主的实质。

[3] 粟：俸禄，粮饷。

[4] 食诸：等于“食之乎”，“吃得下去吗”的意思。

译文

齐景公向孔子问政治。孔子答道：“国君要像个国君，臣子要像个臣子，父亲要像父亲，儿子要像儿子。”景公道：“对呀！若是国君不像国君，臣子不像臣子，父亲不像父亲，儿子不像儿子，即使粮食有很多，我能吃得下去吗？”

3.鲁哀公致悼孔丘

夏四月己丑，孔丘卒。公诔[1]之曰：“旻天不吊[2]，不慭[3]遗一老，俾[4]屏[5]余一人在位，茕茕[6]余在疚[7]。呜呼哀哉！尼父，无自律[8]。”子赣曰：“君其不没于鲁乎！夫子之言曰：‘礼失则昏，名失则愆。’失志为昏，失所为愆。生不能用，死而诔之，非礼也。称一人，非名也。君两失之。”①（《左传·哀公十六年》）

注释

[1] 诔（lěi）：追悼。

[2] 吊：怜恤。

[3] 慭（yìn）：愿。

[4] 俾：使。

[5] 屏：屏蔽。

[6] 茕茕：孤独的样子。

[7] 疚：忧苦。

① 李梦生：《春秋左传译注》，上海古籍出版社 1998 年版，第 1364—1365 页。

[8] 律：法则，此用为动词，诫敕之义。

译文

夏季四月十一日，孔丘过世，哀公致悼词说：“上天不体恤，不愿留下这一位国老，使我一人居于君位，使我孤零零地忧愁成病。呜呼哀哉！尼父，我失去了律己的榜样。”子赣说：“国君恐怕不能在鲁国善终吧！他老人家的话说：‘礼仪丧失就要昏暗，名分丧失就有过错。’失去意志就是昏暗，失去身份是过错。活着不能任用，死了又致悼词，这不合于礼仪，自称‘一人’，这不合于名分。国君的礼与名两样都丧失了。”

第四节　正　直

▲以德报德，以直报怨

一、名人名言

1. 或曰：“以德[1]报[2]怨，何如？”子曰：“何以报德？以直[3]报怨，以德报德。”①（《论语·宪问第十四》）

注释

[1] 德：恩惠。

① 朱熹：《四书章句集注》，中华书局1983年版，第157页。

[2] 报：回报。

[3] 直：公正无私。

译文

有人对孔子说："拿恩惠来回答怨恨，怎么样？"孔子说："拿什么来回报恩惠呢？用公平正直回答怨恨，用恩惠回报恩惠。"

2. 子曰："邦有道[1]，危[2]言危行；邦无道[3]，危行言孙[4]。"①（《论语·宪问第十四》）

注释

[1] 有道：政治清明。

[2] 危：《广雅》云："危，正也。"

[3] 无道：政治黑暗。

[4] 孙：同"逊"。

译文

孔子说："国家政治清明的时候，言语正直，行为正直；国家政治黑暗的时候，行为也要正直，但言语应谦逊。"

3. 聪察强毅之谓才，正直中和之谓德。才者，德之资也；德者，才之帅也。②（《资治通鉴·周纪一》）

---

① 朱熹：《四书章句集注》，中华书局 1983 年版，第 149 页。

② 司马光：《资治通鉴》，中华书局 1956 年版，第 14 页。

译文

聪慧、明察、坚强、刚毅可称为“才”，公正公平、不偏不倚、温柔正直、中庸平和可称为“德”。才是德的辅助，德是才的统帅。

4. 君子上交不谄[1]，下交不渎[2]。①（《周易·系辞下》）

注释

[1] 谄：谄媚讨好。

[2] 渎（dú）：轻侮。

译文

君子结交地位高的人，不谄媚讨好；结交地位低的人，不轻慢鄙视。

5. 圣人之道，仁义中正而已矣。守之贵，行之利，廓之配天地。岂不易简？岂为难知？不守，不行，不廓耳！②（《通书·道第六》）

译文

圣人之道的内涵无非是仁义中正而已。仁义中正之道贵在坚守，在生活实践中去践行，把它的影响扩大，这样的人的品行就可以和天地相媲美了。这难道不也很简单容易吗？怎么会难以知晓呢？只是没有去坚持，没有去实行，没有去扩展影响力罢了。

---

① 朱熹：《周易本义》，北京大学出版社 1992 年版，第 157 页。

② 李敖主编：《周子通书 张载集 二程集》，天津古籍出版社 2016 年版，第 6 页。

二、评点

孔子不同意“以德报怨”的做法，认为应当是“以直报怨”。这是说，不因为有旧恶旧怨而改变自己的公平正直，也就是坚持了正直。“以直报怨”对于个人道德修养极为重要。孔子不赞成以怨报怨，不赞成以一种恶意，一种怨恨，一种报复的心态去面对别人的不道德，否则这个社会将是恶性循环，无休无止，那样我们失去的将不仅是自己的和谐、当今的和谐，还有子孙后代的和谐。孟子说：“富贵不能淫，贫贱不能移，威武不能屈，此之谓大丈夫。”（《孟子·滕文公下》）儒家思想告诫世人，不要因升官发财，或因具有年长、学识方面的优势，就自高自大，得意忘形。一个人不管处于逆境还是顺境，居于高位还是处于下位，都应保持本色，不以物喜，不以己悲，不偏不倚，不卑不亢，持中守正，这才是人修养的最高境界。但在孔子看来，这还是有欠缺，“贫而乐，富而好礼者”（《论语·学而第一》）才是他所向往追求的人生境界。

三、故事

1.廉颇负荆请罪

既罢归国，以相如功大，拜为上卿，位在廉颇之右[1]。廉颇曰：“我为赵将，有攻城野战之大功，而蔺相如徒以口舌为劳，而位居我上，且相如素贱人[2]，吾羞，不忍为之下。”宣言曰：“我见相如，必辱之。”相如闻，不肯与会。相如每朝时，常称病，不欲与廉颇争列。已而相如出，望见廉颇，相如引车避匿[3]。于是舍人[4]相与[5]谏曰：“臣所以去亲戚而事君者，徒慕君之高义也。今君与廉颇同列，廉君宣恶言而君畏匿之，恐惧殊甚，且庸人尚羞之，况于将相乎！臣等不肖，请辞去。”蔺相如固止之，曰：“公之视廉将军孰与秦王[6]？”曰：“不若也。”相如曰：“夫以秦王之威，而相如廷叱之，辱其群臣，相如虽驽[7]，独畏廉将军哉？顾吾念之，强秦之所以不敢加兵于赵者，徒以吾两人在也。今两虎共斗，其势不俱生。吾所以为此者，以先国家之急而后私仇也。”廉颇闻之，肉袒负荆[8]，因[9]宾客至蔺相如门谢罪。曰：“鄙贱之人，不知将军[10]宽之至此也。”卒相与欢，为刎颈之交[11]。①（《史记·廉颇蔺相如列传》）

注释

[1] 右：上。古人以右为尊。

[2] 相如素贱人：指蔺相如这个人做过太监的家臣，向来微贱。素，素来，向来。

[3] 引车避匿：将车子调转躲避。

[4] 舍人：指蔺相如的门客。

[5] 相与：一起，共同。

[6] 孰与秦王：与秦王相比怎么样？孰与，与……相比。孰，谁，哪一个。

[7] 驽：愚笨，拙劣。

[8] 负荆：背着荆条，表示愿受鞭打。

[9] 因：通过。

[10] 将军：当时的上卿兼职将相，所以廉颇这样称呼蔺相如。

[11] 刎颈之交：指能够共患难、同生死的朋友。刎颈，杀头。刎，割。

译文

渑池会结束以后回到赵国，由于蔺相如功劳大，被封为上卿，官位在廉颇之上。廉颇说：“作为赵国的将军，我有攻城略地的大功劳，而蔺相如只不过靠能说会道立了点功，可是他的地位却在我之上，况且蔺相如本来就出身卑贱，我感

① 司马迁：《史记》，中华书局1959年版，第2443页。

到羞耻，无法容忍自己的职位在他的下面。”并且扬言说：“我遇见蔺相如，一定要羞辱他一番。”蔺相如听到这话后，不愿意和廉颇相会。每到上朝时，蔺相如常常声称有病，不愿和廉颇去争位次的先后。没过多久，蔺相如外出，远远看到廉颇，蔺相如就掉转车子回避。于是蔺相如的门客就一起来向蔺相如谏议说：“我们之所以离开亲人来侍奉您，是仰慕您高尚的节义呀。如今您与廉颇官位相同，廉颇传出坏话，而您却害怕躲避着他，胆怯得也太过分了，一般人尚且感到羞耻，更何况是身为将相的人呢！我们这些人没有出息，请让我们辞去吧！”蔺相如坚决地挽留他们，说：“诸位认为廉将军和秦王相比谁更厉害？”众人都说：“廉将军比不上秦王。”蔺相如说：“以秦王的威势，而我尚敢在朝廷上呵斥他，羞辱他的群臣，我蔺相如虽然无能，难道会害怕廉将军吗！但是我想到，强大的秦国之所以不敢对赵国用兵，就是因为有我们两人在呀。如今我们俩相斗，就如同两猛虎争斗一般，势必不能同时生存。我之所以这样忍让，就是将国家的危难放在前面，而将个人的私怨搁在后面罢了！”廉颇听说了这些话，就脱去上衣，露出上身，背着荆条，由宾客引领，来到蔺相如的门前请罪，他说：“我这个粗野卑贱的人，想不到将军的胸怀如此宽大啊！”二人终于相互交欢和好，成了生死与共的好友。

2.孔子论“不耻”

子曰：“衣敝缊袍[1]，与衣狐貉[2]者立，而不耻者，其由[3]也与？‘不忮不求，何用不臧？[4]’”子路终身诵之。子曰：“是道也，何足以臧？”①（《论语·子罕第九》）

注释

[1] 衣敝缊袍：衣（yì），穿，去声，动词。敝，破旧。缊（yùn）袍（páo），用乱麻衬在里面的袍子。

---

① 朱熹：《四书章句集注》，中华书局1983年版，第146页。

[2] 狐貉：用狐和貉的皮做的裘皮衣服。

[3] 由：即仲由（前 542—前 480 年），字子路，又字季路，鲁国卞里仲村人（今山东省泗水县泉林镇卞桥村），孔子弟子。

[4] 不忮不求，何用不臧：见《诗·邶风·雄雉》。忮(zhì)，嫉妒。臧（zāng），善，美好。

译文

孔子说："穿着破烂的旧丝绵袍子与穿着狐貉裘皮衣服的人站在一起，而不觉得羞耻的，大概只有仲由吧！《诗》上说：'不嫉妒，不贪求，为什么不好呢？'"子路听了，从此常常念着这两句诗。孔子又说："仅仅做到这个样子，又怎么算得上好呢？"

3.惠子恐庄子代相

惠子[1]相梁[2]，庄子往见之。或谓惠子曰："庄子来，欲代子相。"于是惠子恐，搜于国中三日三夜。庄子往见之，曰："南方有鸟，其名为鹓鸰[3]，子知之乎？夫鹓鸰，发于南海而飞于北海，非梧桐不止，非练实[4]不食，非醴泉[5]不饮。于是鸱[6]得腐鼠，鹓鸰过之，仰而视之曰：'吓[7]！'今子欲以子之梁国而吓我邪？"①（《庄子·秋水》）

注释

[1] 惠子：即惠施，战国时宋国人，哲学家，庄子好友。

[2] 相梁：在梁国当宰相。梁，魏国的都城，战国时期魏国迁都大梁（今河南开封）后的别称。根据史实，魏国都城叫大梁，所以魏也叫梁。相，辅佐君主的人，相当于后代的宰相。这里用作动词，做宰相的意思。

① 陈鼓应：《庄子今注今译》，商务印书馆 2007 年版，第 512 页。

[3] 鹓（yuān）鸰（chú）：古代传说中像凤凰一类的鸟，习性高洁。鸰，古同“雏”。

[4] 练实：竹实，即竹子所结的子，因为色白如洁白的绢，故称。

[5] 醴（lǐ）泉：甘泉，甜美的泉水。醴，甘甜。

[6] 鸱（chī）：猫头鹰。

[7] 吓（hè）：模仿鸱鹰发怒的声音。下文的“吓”用作动词。

译文

惠施在梁国做国相，庄子去看望他。有人告诉惠施说：“庄子到梁国来，是想取代你的相位。”于是惠施非常害怕，在国都搜捕了三天三夜。庄子前去见他，说：“南方有一种鸟，它的名字叫鹓鸰，你知道它吗？那鹓鸰是从南海起飞，要飞到北海去；不是梧桐树就不栖息，不是竹子所结的子就不吃，不是甘甜的泉水就不喝。在此时猫头鹰拾到一只腐臭的老鼠，鹓鸰从它上面飞过，猫头鹰看到仰头发出‘吓！’的怒斥声。难道现在你也想用你的梁国相位来威吓我吗？”

第五节　正　己

▲以仁安人，以义正我

一、名人名言

1. 孟子曰：“有事君人者，事是君则为容悦者也；有安社稷臣者，以安社稷为悦者也；有天[1]民者，达可行于天下而后行之者也；有大人者，正己而

物正者也。”①（《孟子·尽心上》）

注释

[1] 天：顺应天理。

译文

孟子说：“有侍奉君王的人，以用自己的容貌来取悦君王为乐事；有安邦定国的臣子，以安定国家社稷为乐事；有顺应天理的人，当自己的主张能通行于天下时才去推行；有伟大的人，端正了自己，使得天下万物也随之端正。”

2. 正己而不求[1]于人，则无怨。②（《中庸》）

注释

[1] 求：苛求。

译文

端正自己而不苛求他人，这样就没有人会有怨恨了。

3.《春秋》之所治，人与我也。所以治人与我者，仁与义也。以仁安[1]人，以义正[2]我。③（《春秋繁露·仁义法》）

---

① 朱熹：《四书章句集注》，中华书局 1983 年版，第 354 页。

② 朱熹：《四书章句集注》，中华书局 1983 年版，第 24 页。

③ 董仲舒：《春秋繁露》，中华书局 1975 年版，第 206 页。

注释

[1] 安：安定，使……安定。

[2] 正：端正，使……端正。

译文

《春秋》所研究的，是别人和自己（的关系）。用来研究别人和自己（之间关系）的，是仁和义。用仁安定别人，用义端正自己。

4.季康子患盗，问于孔子。孔子对曰："苟[1]子之不欲[2]，虽赏之不窃。"①（《论语·颜渊第十二》）

注释

[1] 苟：如果。

[2] 欲：贪欲。在上者贪欲，自求多财，下民化之，共相竞取。

译文

季康子苦于盗贼太多，向孔子求教。孔子回答说："假如您自己不贪图财利（就没人敢偷窃），即使奖励偷窃，他们也不会干偷窃之事。"

5. 子曰："不在其位[1]，不谋其政。"②（《论语·泰伯第八）

① 朱熹：《四书章句集注》，中华书局 1983 年版，第 137 页。
② 朱熹：《四书章句集注》，中华书局 1983 年版，第 106 页。

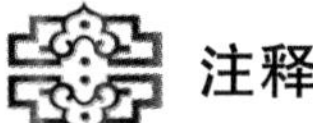

注释

[1] 位：职位。

译文

孔子说：“不居于那个职位，便不考虑它的政务。”

6. 建大功于天下者，必先修于闺门之内[1]；垂大名于万世者，必先行之于纤微之事。①（《新语·慎微》）

注释

[1] 闺门之内：闺门，古代称内室的门，也指家门，城门。此指小范围之内。

译文

对国家建立大功的人，一定是首先要在小范围内修养自己；名声流传千古的人，一定先从一些细微的事情做起。

7. 夸逞[1]功业炫耀文章，皆是靠外物做人。不知心体莹然[2]，本来不失，即无寸功只字，亦自有堂堂正正做人处。②（《菜根谭·概论》）

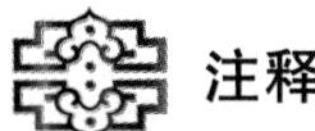

注释

[1] 夸逞：夸耀。

① 王利器：《新语校注》，中华书局 1986 年版，第 89 页。
② 洪应明：《菜根谭》，中华书局 2008 年版，第 218 页。

[2] 莹然：光明的样子。

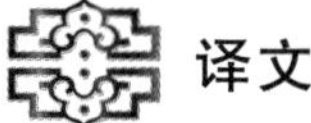

译文

夸耀自己的功业，炫耀自己的文章，这些都是依靠外物来做人。殊不知只要保持本心的光明，不失自然的本性，即使没有半点功业，没有片纸文章，也自然可以堂堂正正地做人。

8. 子贡曰：“君子之过也，如日月之食焉：过也，人皆见之；更也，人皆仰之。”①（《论语·子张第十九》）

译文

子贡说：“君子的过失，就好像日食和月食一样：错误的时候，每个人都看得见；更改的时候，每个人都仰望着。”

9. 圣贤犹不能无过，况人非圣贤，安得[1]每事尽善！人有过失，非其父兄，孰肯诲责[2]；非其契爱[3]，孰肯谏谕[4]。泛然[5]相识，不过背后窃讥之耳。君子唯恐有过，密访[6]人之有言[7]，求谢[8]而思改。小人闻人之有言，则好为强辩，至绝往来，或起争讼者有矣。②（《袁氏世范》）

注释

[1] 安得：哪能。

[2] 诲责：教诲督责。

[3] 契爱：投合相爱。

---

① 朱熹：《四书章句集注》，中华书局 1983 年版，第 192 页。

② 夏家善：《袁氏世范》，天津古籍出版社 2016 年版，第 83 页。

[4] 谏谕：劝谏晓谕。

[5] 泛然：一般地，泛泛地。

[6] 密访：暗中访察。

[7] 有言：有话。指有意见的话。

[8] 求谢：对给自己提意见的人表示感谢。

译文

圣贤尚且不能没有犯过过错，何况一般人不是圣贤，怎么能够每件事都做得尽善尽美呢？一个人犯了过错，不是他的父母兄长，谁肯教诲督责他呢？不是他情意相投的朋友，谁肯规谏劝告他呢？关系一般的人，不过是背地里议论讥讽他罢了。君子唯恐自己犯错，暗暗察访别人对自己的议论，对给自己提意见的人表示感谢，并且考虑改正过错。小人听到别人对自己的议论，就爱强行替自己辩解，以至于断绝了朋友的来往，还有人为此而对簿公堂。

10. 从静中观物动，向闲处看人忙，才得超尘脱俗的趣味；遇忙处会偷闲，处闹中能取静，便是安身立命的工夫[1]。①（《菜根谭·应酬》）

注释

[1] 工夫：本领。

译文

从静中观看万物的变动，从闲处看别人的忙碌，才能有超然物外的趣味；遇到繁忙之处能够忙里偷闲，处于喧闹之中能够闹中取静，便是安身立命的本领。

① 洪应明：《菜根谭》，中华书局 2008 年版，第 38—39 页。

11. 惟以改过为能，不以无过为贵。[①]（《资治通鉴·唐纪》）

译文

只有以改正自己的过错为能事的，没有以自己没有过错为可贵的。

二、评点

“以仁安人，以义正我”，汉代大儒董仲舒说，用仁德来安抚他人，用义理来约束自我。仁，是针对他人而言的；义，是针对自我而言的。推行仁德的关键在于爱他人，而不是爱自身；维护义理的关键在于端正自身，而不是端正他人。不明白这个道理，反其道而行之，混淆了二者关系，违背了自然天理，怎么能不引起混乱呢！要以仁对待天下百姓，百姓才会心悦诚服；要以义端正自身，才会获得他人的尊重。董仲舒认为，如果一个国家没有“义”，“不由其道而胜，不如由其道而败”。如果一个人不讲“义”，那么与其“生以辱，不如死以荣”。因此“德治”的第一要义是统治者必须要讲“义”，即“以义正我”，这是董仲舒的一大发明，正如家张岱年先生所说：“仁是爱人，这是孔子所说；义是正我，这是董氏的创见。”

三、故事

1.季康子问政于孔子

季康子[1]问政于孔子曰：“如杀无道[2]，以就[3]有道[4]，何如？”孔子对曰：“子为政，焉用杀？子欲善而民善矣。君子之德风，小人之德草。草上之

① 司马光：《资治通鉴》，中华书局1956年版，第7382页。

风[5]，必偃[6]。”①（《论语·颜渊第十二》）

注释

[1] 季康子：根据《春秋》以及《左传》，季孙斯（桓子）死于哀公三年秋七月，季孙肥（康子）随即袭位。

[2] 无道：暴虐而无才德的人。

[3] 就：亲近。

[4] 有道：指遵守道义的人。

[5] 草上之风：指风加在草上。上，一作“尚”，加。

[6] 偃：仆，倒。风加草上，草必为之仆倒。世风败坏，其责任在君子，不在小人。

译文

季康子向孔子请教政事，说：“如果杀掉坏人来亲近好人，怎么样？”孔子答道：“您治理政事，为什么要用杀戮的手段呢？您要想行善，老百姓也会跟着行善。在位者的作风好比风，老百姓的作风好比草。风向哪边吹，草向哪边倒。”

2.子路问政

子路问政。子曰：“先之劳之[1]。”请益[2]。曰：“无倦[3]。”②（《论语·子路第十三》）

---

① 朱熹：《四书章句集注》，中华书局1983年版，第138页。
② 朱熹：《四书章句集注》，中华书局1983年版，第141页。

注释

[1] 先之劳之：先，先于，前于。之，指老百姓。做在老百姓之前，使老百姓勤劳。《国语·鲁语》：公父文伯之母敬姜说："民劳则思，思则善心生；逸则淫，淫则忘善，忘善则恶心生。"故为政者贵能劳其民。先之者，尤贵能以身先其民而劳，故民劳而不怨。

[2] 益：增加。

[3] 无倦：不厌倦，不松懈。

译文

子路问怎样管理政事。孔子说："在老百姓之前做事，使老百姓勤劳。"子路请求多讲一点。孔子说："永远不要懈怠。"

3.周处改过自新

周处年少时，凶强侠气[1]，为乡里所[2]患。又义兴水中有蛟，山中有白额虎，并皆暴犯百姓，义兴人谓为三横[3]，而处尤剧。或说处杀虎斩蛟，实冀[4]三横唯余其一。处即刺杀虎，又入水击蛟。蛟或浮或没，行数十里，处与之俱。经三日三夜，乡里皆谓已死，更相庆。竟杀蛟而出。闻里人相庆，始知为人情所患，有自改意。乃自吴寻二陆，平原[5]不在，正见清河[6]，具以情告，并云："欲自修改[7]，而年已蹉跎[8]，终无所成。"清河曰："古人贵[9]朝闻夕死，况君前途尚可。且人患志之不立，亦何忧令名不彰邪？"处遂改励，终为忠臣孝子。①（《世说新语·自新》）

① 余嘉锡：《世说新语笺疏》，中华书局1983年版，第627页。

注释

[1] 凶强侠气：凶暴强悍、任性使气。

[2] 为……所：被……认为。

[3] 三横（hèng）：三害。横，祸害。

[4] 冀：希望

[5] 平原：指陆机，字士衡，世称陆平原。

[6] 清河：指陆云，字士龙，世称陆清河。

[7] 修改：修，提高修养。改，改正错误。

[8] 蹉跎 (cuō tuó)：虚度光阴。

[9] 贵：意动用法，以……为贵，认为……是宝贵的。

译文

周处年轻时，凶暴强悍，任性使气，被乡亲们认为是一大祸害。义兴的河中有条蛟龙，山上有只白额虎，一起侵犯百姓。义兴的百姓称他们是三害，三害当中周处最为厉害。有人劝说周处去杀死猛虎和蛟龙，实际上是希望三个祸害只剩下一个。周处立即杀死了老虎，又下河斩杀蛟龙。蛟龙在水里有时浮起、有时沉没，周处与蛟龙一起浮沉了几十里远。经过了三天三夜，当地的百姓们都认为周处已经死了，互相庆祝。周处最终杀死了蛟龙上了岸。他听说乡里人以为自己已死，而对此庆贺的事情，才知道大家实际上也把自己当作一大祸害，因此，自己有了悔改的心意。于是到吴郡去找陆机和陆云。当时陆机不在，只见到了陆云，他就把全部情况告诉了陆云，并说自己想要改正错误，提高修养。可又担心自己年岁太大，最终不会有什么成就。陆云说：“古人珍视道义，‘哪怕是早晨明白了圣贤之道，晚上就死去也甘心’，况且你的前途还是很有希望的。并且人就害怕立不下志向，只要能立志，又何必担忧好名声不能显露呢？”周处听后就改过自新，最终成为一名忠臣孝子。

第六节　重　义

▲见利思义，重义轻利

一、名人名言

1. 子路问成人[1]。子曰："若臧武仲[2]之知，公绰之不欲，卞庄子[3]之勇，冉求之艺，文之以礼乐，亦可以为成人矣。"曰："今之成人者何必然？见利思义，见危授命，久要[4]不忘平生之言，亦可以为成人矣。"①（《论语·宪问第十四》）

注释

[1] 成人：人格完备的完人。

[2] 臧武仲：鲁国大夫臧孙纥。他很聪明，逃到齐国之后，能预见齐庄公的被杀而设法辞去庄公给他的田。

[3] 卞庄子：鲁国的勇士。

[4] 久要：长久处于穷困中。"要"为"约"的借字，"约"，穷困之意。

译文

子路问孔子怎样做才算是一个完美的人。孔子说："如果具有臧武仲的智慧，孟公绰的清心寡欲，卞庄子的勇敢，冉求那样多才多艺，再用礼乐加以修饰，也就可以算是一个完美的人了。"孔子又说："现在的完美的人何必一定要这样的

① 朱熹：《四书章句集注》，中华书局 1983 年版，第 151 页。

呢？见到财利能想到义，遇到危险能献出生命，长久处于穷困还不忘记平日的诺言，也可以说是完美的人了。”

2. 子曰：“君子喻[1]于义，小人喻于利。”①（《论语·里仁第四》）

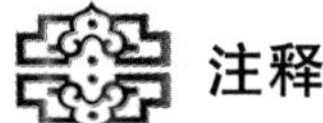

注释

[1] 喻：通晓，明白。

译文

孔子说：“君子懂得的是义，小人懂得的是利。”

3. 身劳而心安，为之；利少而义多，为之；事乱君而通，不如事穷君而顺[1]焉。②（《荀子·修身》）

注释

[1] 顺：顺从道义。

译文

可能会让身体疲劳却可使心灵得以安适的事，要去做；可能获利很少却遵循道义的事，要去做；与其侍奉乱政的君王而官运亨通，不如侍奉穷困的君王而能顺从道义。

---

① 朱熹：《四书章句集注》，中华书局 1983 年版，第 73 页。

② 王先谦撰，沈啸寰、王星贤点校：《荀子集解》，中华书局 1988 年版，第 27 页。

4. 君子重义轻利，小人嗜[1]利远信，利御小人而莫御[2]君子矣。①（《止学》）

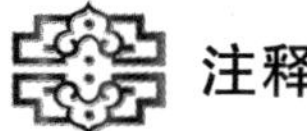

注释

[1] 嗜：贪恋。

[2] 御：驱使。

译文

君子重视道义而轻视利益，小人贪恋利益而违背信用，因此利益可以驱使小人而不能驱使君子。

5. 义动君子，利动贪人。②（董仲舒《论御匈奴》）

译文

正义能够感动有道德的君子，利益能够动摇贪财的小人。

6. 闻命而奔走者，好利者也；直己而行道者，好义[1]者也。③（唐·韩愈《上张仆射书》）

注释

[1] 义：实施正义。

---

① 文中子著，宋柯译注：《止学诠解》，天津古籍出版社 2018 年版，第 66 页。

② 董仲舒撰，陈蒲清校注：《春秋繁露 天人三策》，岳麓书社 1997 年版，第 327 页。

③ 金圣叹批，张国光点校：《金圣叹批才子古文》，湖北人民出版社 1986 年版，第 368 页。

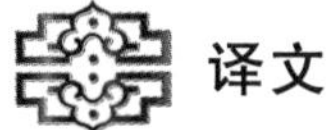 译文

听从别人的喝令而到处奔波的人，是喜好名利的人；守正不阿、笃行道义的人，是喜好施行正义的人。

二、评点

孔子所谓的义是指一种社会道德规范，利是指人们对物质利益的谋求。在义、利两者的关系上，孔子把义摆在首要地位。他说："见利思义。"要求人们在物质利益的面前，首先应该考虑怎样符合义。他认为"义然后取"，即只有符合义，然后才能获取。这就是孔子在《论语·里仁》中说的"君子喻于义，小人喻于利"。此后，重义轻利成为我国的一个优良传统。

三、故事

1.孟子论重义轻利

孟子见梁惠王[1]。王曰："叟[2]！不远千里而来，亦将有以利吾国乎？"孟子对曰："王！何必曰利？亦[3]有仁义而已矣。王曰：'何以利吾国？'大夫曰：'何以利吾家？'士庶人曰：'何以利吾身？'上下交征[4]利而国危矣。万乘[5]之国，弑[6]其君者，必千乘之家；千乘之国，弑其君者，必百乘之家[7]。万取千焉，千取百焉，不为不多矣。苟为后义而先利，不夺不厌[8]。未有仁而遗[9]其亲者也，未有义而后其君者也。王亦曰仁义而已矣，何必曰利？"①（《孟子·梁惠王上》）

① 朱熹：《四书章句集注》，中华书局1983年版，第201—202页。

注释

[1] 梁惠王：就是魏惠王（前400—前319年），惠是他的谥号。公元前370年继他父亲魏武侯即位，即位后九年（前362年）由旧都安邑（今山西夏县北）迁都大梁（今河南开封），所以又叫梁惠王。他在即位最初二十多年之内，在战国诸雄中最为强大，因之第一个自封为王。（楚国自封为王在春秋时，又当别论。）

[2] 叟：老丈。

[3] 亦：只。

[4] 交征：互相争夺。征，取。

[5] 乘：古代用四匹马拉的一辆兵车叫一乘，诸侯国的大小以兵车的多少来衡量。刘向《战国策序》说战国晚世“万乘之国七，千乘之国五”。韩、赵、魏（梁）、燕、齐、楚、秦七国为万乘，宋、卫、中山以及东周、西周则为千乘。

[6] 弑：下杀上，卑杀尊，臣杀君叫弑。

[7] 千乘之家，百乘之家：《周礼·大司马》郑注云：“家谓食采地者之臣也。”古代的执政大夫有一定的封邑，这封邑又叫采地，拥有这种封邑的大夫叫家。有封邑当然也有兵车。公卿的封邑大，可以出兵车千乘，大夫的封邑小，可以出兵车百乘。

[8] 厌：满足。

[9] 遗：遗弃，抛弃。

译文

孟子谒见梁惠王。梁惠王说：“老先生，你不远千里而来，能够给我的国家带来很大利益吧？”孟子回答说：“王！您为什么一开口定要说到利益？只要说仁义就行了。王假若说：‘怎样才对我的国家有利呢？’大夫说：‘怎样才对我的封地有利呢？’一般士子以至老百姓说：‘怎样才对我自己有利呢？’这样，上上下下互相追逐私利，国家就危险了啊！在拥有万辆兵车的国家，杀掉国君的，必定是拥有千辆兵车的大夫；在拥有千辆兵车的国家，杀掉国君的，必定是拥有百辆兵车的大夫。在拥有万辆兵车的国家里，这些大夫拥有千辆兵车；在拥有千辆兵车的国家里，这些大夫拥有百辆兵车，不算是不多了。如果轻公义而重私利，他们不夺取（国君的地位和利益）是绝对不会满足的。从没有讲‘仁’的人会遗弃自己父母的，也没有行‘义’的人会怠慢自己君主的。王只要讲仁义就行了，为什么定要讲利益呢？”

2.左伯桃死别羊角哀

六国时，羊角哀与左伯桃为友，闻楚王贤，俱往仕，至梁山，逢雪，粮尽，度不两全，遂并粮与角哀。角哀至楚，楚用为上卿，后来收葬伯桃。[①]（《列士传》）

译文

六国的时候，羊角哀和左伯桃两人是好朋友，他们听闻楚王是贤明的君主，就相约一起出仕做官辅佐他。两人到达梁山，正赶上下大雪，山被封了，粮食也尽了，左伯桃估计他和羊角哀两人如果一起走两人都到不了楚国就死了，于是将自己的粮食给了羊角哀。羊角哀到了楚国，楚王任用他为上卿，之后羊角哀回到左伯桃死去的地方将他安葬好。

① 范之麟、吴庚舜主编：《全唐诗典故辞典》，湖北辞书出版社 1989 年版，第 821 页。

第七节 取 义

▲见义勇为，舍生取义

一、名人名言

1. 孟子曰："鱼，我所欲也；熊掌，亦[1]我所欲[2]也。二者不可得兼[3]，舍[4]鱼而取[5]熊掌者也。生亦我所欲也；义亦我所欲也。二者不可得兼，舍生而取义者也。"①（《孟子·告子上》）

注释

[1] 亦：也。

[2] 欲：喜爱。

[3] 得兼：两种东西都得到。

[4] 舍：舍弃。

[5] 取：选取。

译文

鱼，是我所想要的；熊掌，也是我所想要的。如果二者不能同时拥有，我只好放弃鱼而要熊掌。生命是我所想要的，义也是我所想要的，如果二者不能同时拥有，我只好牺牲生命而选取义了。

① 朱熹：《四书章句集注》，中华书局 1983 年版，第 332 页。

2. 子曰：“志士仁人，无求生以害仁，有杀身[1]以成仁。”①（《论语·卫灵公第十五》）

注释

[1] 杀身：牺牲生命。

译文

孔子说：“有高尚志向和道德的人，不会为了求生损害仁，却能牺牲生命去成就仁。”

3. 志士不忘[1]在沟壑[2]，勇士不忘丧其元[3]。②（《孟子·滕文公章句下》）

注释

[1] 不忘：不怕。

[2] 沟壑：坑谷，此指死在山沟里。

[3] 元：首，脑袋。

译文

有志向的人不怕弃尸山沟，勇敢的人不怕丢掉脑袋。

4. 人固[1]有一死，或重于泰山，或轻于鸿[2]毛。③（《报任少卿书》）

---

① 朱熹：《四书章句集注》，中华书局 1983 年版，第 163 页。

② 朱熹：《四书章句集注》，中华书局 1983 年版，第 264 页。

③ 余诚编，吕莺校注：《古文释义》上册，北京出版社 2018 年版，第 482 页。

注释

[1] 固：本来。

[2] 鸿：大雁。

译文

人总有一死，有的人死得很有价值，比泰山还重；有的人死得毫无价值，比鸿毛还轻。

5. 曲生何乐，直[1]死何悲！①（《祭穆员外文》）

注释

[1] 直：正直不屈。

译文

委曲求全而活着，有什么快乐呢；正直不屈而牺牲，有什么悲伤呢！

6. 人生自古谁无死？留取丹心[1]照汗青[2]。②（《过零丁洋》）

注释

[1] 丹心：忠心，赤诚之心。

[2] 汗青：指史册。古时记事用青竹简烤出水汽后书写，这样既易书写，又可

① 姚鼐纂集，胡士明、李祚唐标校：《古文辞类纂》，上海古籍出版社2016年版，第802页。

② 王袒：《诗词曲名句赏析》，商务印书馆2015年版，第440页。

防虫。因水汽似汗，故称“汗青”。

译文

自古以来，没有人能够不死，但求在死的时候，让自己的赤诚之心在史书上留下光辉，照耀后人。

二、评点

孟子说：“生亦我所欲，所欲有甚于生者，故不为苟得也；死亦我所恶，所恶有甚于死者，故患有所不辟也。”孟子说的是，生命是我所珍爱的，但还有比生命更为我所珍爱的（指义），所以不能做苟且偷生的事；死亡是我所厌恶的，但还有比死亡更为我所厌恶的（指不义），所以有时对祸害（死亡）不愿躲避。这是从正反两面论证义的重要性，在二者不可兼得的时候，应该舍生取义。古往今来，中华民族涌现了无数的仁人志士，如坚守孤城、抵御安史叛军的张巡、许远；“壮志饥餐胡虏肉，笑谈渴饮匈奴血”、精忠报国的岳飞；“人生自古谁无死，留取丹心照汗青”的抗元英雄文天祥；“我自横刀向天笑，去留肝胆两昆仑”的谭嗣同等，他们为了国家民族而英勇就义。因此，舍生取义是最宝贵的民族精神，激励了一代又一代的中华儿女，每当国家面临生死存亡的时刻，总有无数的志士仁人挺身而出，捐躯赴国难，视死忽如归。

三、故事

1.豫让刺赵襄子

豫让者，晋人也，故尝事范氏及中行氏，而无所知名。去而事智伯，智伯甚尊宠之。及智伯伐赵襄子，赵襄子与韩、魏合谋灭智伯，灭智伯之后而三分其地。赵襄子最怨智伯，漆其头以为饮器。豫让遁逃山中，曰："嗟乎！士为知己者死，女为说己者容[1]。今智伯知我，我必为报仇而死，以报智伯，则吾魂魄不愧矣。"乃变名姓为刑人[2]，入宫涂厕[3]，中挟匕首，欲以刺襄子。襄子如厕，心动，执问涂厕之刑人，则豫让，内持刀兵，曰："欲为智伯报仇！"左右欲诛之。襄子曰："彼义人也，吾谨避之耳。且智伯亡无后，而其臣欲为报仇，此天下之贤人也。"卒释去之[4]。

居顷之，豫让又漆身为厉[5]，吞炭为哑[6]，使形状不可知，行乞于市。其妻不识也。行见其友，其友识之，曰："汝非豫让邪？"曰："我是也。"其友为泣曰："以子之才，委质[7]而臣事襄子，襄子必近幸子。近幸子，乃为所欲，顾不易邪[8]？何乃残身苦形[9]，欲以求报襄子，不亦难乎！"豫让曰："既已委质臣事人，而求杀之，是怀二心以事其君也。且吾所为者极难耳！然所以为此者，将以愧天下后世之为人臣怀二心以事其君者也。"

既去，顷之，襄子当出，豫让伏于所当过之桥下。襄子至桥，马惊，襄子曰："此必是豫让也。"使人问之，果豫让也。于是襄子乃数[10]豫让曰："子不尝事范、中行氏乎？智伯尽灭之，而子不为报仇，而反委质臣于智伯。智伯亦已死矣，而子独何以为之报仇之深也？"豫让曰："臣事范、中行氏，范、中行氏皆众人遇我[11]，我故众人报之[12]。至于智伯，国士[13]遇我，我故国士报之。"襄子喟然叹息而泣曰："嗟乎豫子！子之为智伯，名既成矣，而寡人赦子，亦已足矣。子其自为计，寡人不复释子！"使兵围之。豫让曰："臣闻明主不掩人之美，而忠臣有死名之义。前君已宽赦臣，天下莫不称君之贤。今日之事，臣固伏诛[14]，然愿请君之衣而击之，焉以致报仇之意，则虽死不恨。非所敢望也，敢布腹心[15]！"于是襄子大义之，乃使使持衣与豫让。豫让拔剑三跃而击之，曰："吾可以下报智伯矣！"遂伏剑自杀。死之日，赵国志士闻之，皆为涕泣。①（《史记·刺客列传》）

① 司马迁：《史记》，中华书局1959年版，第2519—2521页。

注释

[1] 容：化妆打扮。

[2] 刑人：受刑的人。这里犹“刑余之人”，即宦者。

[3] 涂厕：修整厕所。涂，以泥抹墙。

[4] 卒释去之：最终还是把豫让放走了。

[5] 漆身为厉（lài）：以漆涂身，使肌肤肿烂，像患癞疮。厉，同“癞”，癞疮。

[6] 吞炭为哑：吞炭使声音变得嘶哑。

[7] 委质：初次拜见尊长时致送礼物。这里有托身的意思。

[8] 顾不易邪：难道还不容易吗？

[9] 残身苦形：摧残身体，丑化形骸。

[10] 数：列举罪过而责之。

[11] 众人遇我：把我当成一般人对待。

[12] 众人报之：像对一般人那样报答。

[13] 国士：国中杰出的人物。

[14] 伏诛：受到应得的惩罚，指犯罪者被法律惩罚，处以死刑。

[15] 敢布腹心：敢于披露心里话。

译文

豫让，是晋国人，以前曾经侍奉范氏和中行氏两家大臣，没什么名声。他离开那里去侍奉智伯，智伯特别地尊重宠幸他。等到智伯攻打赵襄子时，赵襄子和韩、魏合谋灭了智伯；消灭智伯以后，三家分割了他的国土。赵襄子最恨智伯，就把他的头盖骨漆成饮具。豫让潜逃到山中，说：“哎呀！好男儿可以为知己而死，好女子应该为爱慕自己的人梳妆打扮。现在智伯是我的知己，我一定替他报仇而献出生命，用以报答智伯，那么，我就是死了，魂魄也没有什么可惭愧的了。”于是更名改姓，伪装成受过刑的人，进入赵襄子宫中修整厕所，身上藏着匕首，想要用它刺杀赵襄子。赵襄子到厕所去，心一阵悸动，拘问修整厕所的刑人，才知道是豫让，衣服里面还别着利刃，豫让说："我要替智伯报仇！"侍卫要杀掉他。襄子说："他是义士，我谨慎小心地回避他就是了。况且智伯死后没有继承人，而他的家臣想替他报仇，这是天下的贤人啊。"最后还是把他放走了。

过了不久，豫让又把漆涂在身上，使肌肤肿烂，像得了癞疮，吞炭使声音变得嘶哑，使自己的形体相貌不可辨认，沿街乞讨。就连他的妻子也不认识他了。路上遇见他的朋友，辨认出来，说："你不是豫让吗？"回答说："是我。"朋友为他流着眼泪说："凭着您的才能，委身侍奉赵襄子，襄子一定会亲近宠爱您。亲近宠爱您，您再干您所想干的事，难道不是很容易的吗？何苦自己摧残身体，丑化形貌，想要用这样的办法达到向赵襄子报仇的目的，不是更困难吗？"豫让说："托身侍奉人家以后，又要杀掉他，这是怀着异心侍奉他的君主啊。我知道选择这样的做法是非常困难的，可是我之所以选择这样的做法，就是要使天下后世的那些怀着异心侍奉国君的臣子感到惭愧！"

豫让说完就走了，不久，襄子正赶上外出，豫让潜藏在他必定经过的桥下。襄子来到桥上，马受惊，襄子说："这一定是豫让。"派人去查问，果然是豫让。于是襄子就列举罪过指责他说："您不是曾经侍奉过范氏、中行氏吗？智伯把他们都消灭了，而您不替他们报仇，反而托身为智伯的家臣。智伯已经死了，您为什么单单如此执着地为他报仇呢？"豫让说："我侍奉范氏、中行氏，他们都把我当作一般人看待，所以我像一般人那样报答他们。至于智伯，他把我当作国士看待，所以我就像国士那样报答他。"襄子喟然长叹，流着泪说："唉呀，豫让先生！您为智伯报仇，已算成名了；而我宽恕你，也足够了。您该自己做个打算，我不能再放过您了！"命令士兵团团围住他。豫让说："我听说贤明的君主不埋没别人的美名，而忠臣有为美名去死的道义。以前您宽恕了我，普天下没有谁不称道您的贤明。今天的事，我本当受死罪，但我希望能得到您的衣服刺它几下，这样也就达到我报仇的意愿了，那么，即使死了也没有遗恨了。我不敢指望您答应我的要求，我还是冒昧地说出我的心里话！"于是襄子感于他的大义，就派人拿着自己的衣裳给豫让。豫让拔出宝剑多次跳起来击刺它，说："我可以用这种方式来报答智伯于九泉之下了！"于是伏剑自杀。自杀那天，赵国志士听到这个消息，都为他哭泣。

2.荀巨伯远看友人疾

荀巨伯[1]远[2]看友人疾，值[3]胡[4]贼攻郡，友人语巨伯曰："吾今死矣，子可去[5]！"巨伯曰："远来相视，子令吾去，败义以求生[6]，岂荀巨伯所行邪[7]？"贼既至，谓巨伯曰："大军至，一郡[8]尽空。汝何男子，而敢独止？"巨伯曰："友人有疾，不忍委之，宁以我身代友人命。"贼谓曰："我辈无义之人[9]，而入有义之国！"遂班师而还，一郡并获全[10]。①（《世说新语·德行》）

注释

[1] 荀巨伯：东汉颍州（今属河南）人，生平不详，汉桓帝时的义士。

[2] 远：从远方。

[3] 值：恰逢，赶上。

[4] 胡：中国古代泛指居住在北部和西北部的少数民族，秦汉时一般指匈奴。

[5] 子可去：您可以离开这里。子，第二人称代词"您"的尊称。去，离开。

[6] 败义以求生：败坏道义而苟且偷生。

[7] 邪：句末语气词，表疑问，相当于吗、呢。

[8] 郡：古代的行政区划，这里指城。

[9] 无义之人：不懂道义的人。

[10] 获全：得到保全。

译文

荀巨伯到远方看望生病的朋友，正好遇上胡人来攻城。朋友对荀巨伯说："我如今是快死的人了，你赶快离开吧！"荀巨伯说："我远道而来看望你，你却要我离开，败坏道义来求生，这难道是我荀巨伯做的事吗？"胡人军队已经来到，问荀巨伯说："大军一到，整个城都空了，你是什么人，竟敢独自停留在这

① 余嘉锡：《世说新语笺疏》，中华书局1983年版，第11页。

里？”荀巨伯回答说：“我的朋友身患重病，我不忍心舍弃他而离开，宁愿用我的性命来换取朋友的生命。”胡兵听后相互议论说：“我们这些不懂道义的人，却要攻入这个讲究道义的国家！”于是胡兵班师而回，整个城池都因此得以保全。

3.罗企生尽忠就义

罗企生字宗伯，豫章人也。多才艺。初拜佐著作郎。殷仲堪之镇江陵，引为功曹。累迁[1]武陵太守。未之郡而桓玄攻仲堪，仲堪更以企生为咨议参军。仲堪多疑少决，企生深忧之，谓弟遵生曰：“殷侯仁而无断，事必无成。成败，天也，吾当死生以之。”仲堪果走，文武无送者，唯企生从焉。路经家门，遵生曰：“作如此分离，何可不执手[2]！”企生回马授手，遵生有勇力[3]，便牵下之，谓曰：“家有老母，将欲何之？”企生挥泪曰：“今日之事，我必死之。汝等奉养不失子道，一门之中有忠与孝，亦复何恨！”遵生抱之愈急。仲堪于路待之企生遥呼曰：“生死是同，愿少见待仲堪见。”企生无脱理策马而去。

玄至荆州，人士无不诣者，企生独不往，而管理仲堪家。或谓之曰：“玄猜忍之性，未能取卿诚节，若遂不诣，祸必至矣。”企生正色曰：“我是殷侯吏，见遇以国士，为弟以力见制，遂不我从。不能共殄丑逆，致此奔败，亦何面目复就桓求生乎！”玄闻之大怒，然素待企生厚，先遣人谓曰：“若谢我，当释汝。”企生曰：“为殷侯吏，殷侯奔亡，存亡未判，何颜复谢！”玄即收企生，遣人问欲何言，答曰：“文杀嵇康，嵇绍为晋忠臣，从公乞一弟，以养老母。”玄许之。又引企生于前，谓曰：“吾相遇甚厚，何以见负？今者死矣！”企生对曰：“使君既兴晋阳之甲，军次寻阳，并奉王命，各还所镇，升坛盟誓；口血未干，而生奸计。自伤力劣，不能翦灭凶逆[4]，恨死晚也。”玄遂害之，时年三十七，众咸悼焉。先是，玄以羔裘遗企生母胡氏，及企生遇害，即日焚裘。①（《晋书·罗企生传》）

---

① 房玄龄：《晋书》，中华书局1974年版，第2322—2323页。

注释

[1] 累迁：多次升官。

[2] 执手：拉手。

[3] 有勇力：有力气。

[4] 翦灭凶逆：铲除凶逆。

译文

罗企生，字宗伯，是豫章人。多才多艺。最初任佐著作郎，殷仲堪镇守江陵时，被推举做了功曹。企生多次升官，直至担任武陵太守。企生还没到武陵就职时，桓玄就攻打殷仲堪，仲堪又让企生担任咨议参军。仲堪多疑而少决断，企生很担心他，对弟弟遵生说："殷侯仁义但没有决断的能力，所做的事情一定不会成功。（但是）事情的成功与失败，是天意，我应当与他同生死。"仲堪果然败走，文武官员中没有人送他，只有企生跟随着他。路过企生家门口，遵生说："这样的分离，怎么可以不拉拉手？"企生调转马头伸出手，遵生有力气，就把企生从马上拉下来，对他说："家中还有老母亲，你想要到哪里？"企生擦着眼泪说："今天的事情，我一定会为它而死。你们奉养母亲不失为子之道，一家中有忠有孝，又有什么遗憾！"遵生把企生抱得更紧。仲堪在路边等待企生，企生远远地喊着："我与你同生死，请等我一会儿。"仲堪看到企生没办法挣脱，就鞭打着马离开。

桓玄到了荆州，各方士人没有不去拜见的，唯独企生不去，却帮忙经营管理着仲堪的家。有人对他说："桓玄性情猜疑残忍，没有抓你确实对你有义，假如你竟不去，祸害一定会降临。"企生严正地说："我是殷侯的属官，殷侯把我当作国士对待，因为我的弟弟凭借着强力控制我，最终没能让我追随他。不能一起消灭凶恶的逆贼，招致如此逃亡和失败（的局面），我还有什么颜面向桓玄求生呢！"桓玄听到这些话很生气，然而他一向对待企生优厚，（于是）先派人对企生说："假如向我道歉，我就会放了你。"企生说："我作为殷侯的属官，殷侯逃亡，生死未定，我又有什么颜面道歉！”桓玄立即把企生收入监牢，派人问他想说什么话，企生回答说：“晋文帝杀了嵇康，嵇绍成为晋朝忠臣，我向你请求留下一个弟弟，来奉养老母亲。”桓玄答应了他。桓玄又让人把企生带到面前，对他说：“我对待你很宽厚，你为什么背离我？你现在就要死了！”企生回答说：“你从晋阳起兵后，让军队驻扎在寻阳，各路人马一起奉王命，各自回到自己所镇守的地方，大家设坛盟誓；但你（盟誓时喝了血酒）嘴边的血迹未干，就生出奸计来。我感伤自己力量薄弱，不能铲除凶逆，现在遗憾自己死得太晚。”于是桓玄就杀害了他，当时企生三十七岁，大家都哀悼他。在这之前，桓玄把一件羊羔皮衣送给企生的母亲胡氏，等到企生遇害，当天胡氏就烧掉了这件皮衣。

第八节　守　义

▲多行不义，必将自毙

一、名人名言

1. 多行不义[1]必自毙[2]，子姑[3]待之。①（《左传·隐公元年》）

注释

[1] 义：仁义。

[2] 毙：灭亡。

[3] 姑：暂且。

① 李梦生：《春秋左传译注》，上海古籍出版社 1998 年版，第 3 页。

译文

干多了不仁义的事情，必定会自取灭亡，您暂且等着看吧。

2. 守义者，谓守以人义[1]，探心在内以合也[2]，探心深得其主也。从外制内，事有系由而随之[3]。故小人比人，则左道[4]而用之，至能败家夺国[5]。非贤智，不能守家以义，不能守国以道。圣人所贵道微妙者，诚以其可以转危为安，救亡使存也。①（《鬼谷子·中经》）

注释

[1] 守以人义：坚守仁义。

[2] 探心在内以合也：用仁义来打动对方的内心，使其心意相通。

[3] 从外制内，事有系由而随之：（通过仁义之道），从外在到内里控制他的内心，由此就能无往而不胜，使其跟随。

[4] 左道：歪门邪道，不正之道。

[5] 夺国：丢掉国家。夺，使失去。《荀子·富国》："罕兴力役，无夺农时，如是则国富矣。"

译文

守义的方法是，与人交往要坚守仁义，并且用仁义来打动对方的内心，使其心意相通。既然是探知对方内心，就应该明白对方的心意所在。通过仁义之道，从外在到内里控制他的内心，由此就能无往而不胜，使其跟随。所以，小人和对方勾结，用旁门左道就会败坏国家，夺取政权。不是贤明智慧的人，不可能用道义来保家卫国。圣人崇尚道义的精微玄妙，确实是因为"道"可以转危为安，救亡图存。

① 石向焘译注：《鬼谷子》，黄山书社 2002 年版，第 159—160 页。

3 子曰："饭[1]疏食[2]饮水[3]，曲肱[4]而枕之，乐亦在其中矣。不义而富且贵，于我如浮云。"①（《论语·述而第七》）

注释

[1] 饭：吃。名词用作动词。

[2] 疏食：糙米饭。

[3] 水：古代常以"汤"和"水"对言，"汤"是热水，"水"是冷水。

[4] 肱（gōng）：胳膊。

译文

孔子说："吃粗粮，喝冷水，弯起胳膊当枕头，其中也有着乐趣。干不正当的事得来的富贵，对于我来说就像浮云一般。"

4. 古之知者之为天下度也，必顺虑其义，而后为之行，是以动则不疑，速通成得其所欲，而顺天、鬼、百姓之利，则知[1]者之道也。②（《墨子·非攻下》）

注释

[1] 知：通"智"，有智慧的人。

译文

古时的智者为天下谋划，必先考虑此事是否合乎义，然后去做它。行为依义而动，则号令不疑而速通于天下。确乎得到了自己的愿望而又顺乎上天、鬼神、

① 朱熹：《四书章句集注》，中华书局 1983 年版，第 97 页。

② 毕沅校注，吴旭民标点：《墨子》，上海古籍出版社 2014 年版，第 80 页。

百姓的利益，这就是智者之道。

5.行一不义[1]，杀一不辜，而得天下，皆不为也。①（《孟子·公孙丑上》）

注释

[1] 不义：不合道义的事。

译文

（即使）做一件不合道义的事，杀一个没有犯罪的人，因而得到天下，都不会去做。

二、评点

人们常用“亲如兄弟”来形容亲情的深厚，也用“亲兄弟，明算账”来说明亲情和利益冲突之间的关系。我们凭自己的生活体验深知，亲情在很多时候是脆弱的，在利益的驱使之下，亲情远远不足以化解由利益导致的矛盾冲突。当然，兄弟相争，并非完全没有是非曲直，并非完全没有正义、真理的存在。比如，郑庄公与共叔段的权位之争，按传统观念，长子是王位天然的继承者，是“天理”，不容有违背。这样，郑庄公就代表了合理的、正当的一方，而共叔段夺取王位的图谋，便是不合理的、不正当的。代表合理的、正义的一方，往往充满“正气”，可以慷慨陈词，居高临下，所以郑庄公才可以自豪地以先知的口吻说：“多行不义，必自毙。”这是一条普遍真理，正如“得道多助，失道寡助”一样。几乎可以说，古往今来，凡是作恶的人，搞阴谋诡计的人，违法乱纪的人，都没有好下场，最终会搬起石头砸自己的脚。

① 朱熹：《四书章句集注》，中华书局1983年版，第234页。

三、故事

1.太史公评蒙恬

太史公曰：吾适北边，自直道[1]归，行观蒙恬[2]所为秦筑长城亭障[3]，堑山堙谷，通直道，固轻百姓力矣。夫秦之初灭诸侯，天下之心未定，痍伤者未瘳[4]，而恬为名将，不以此时强谏[5]，振百姓之急，养老存孤，务修[6]众庶[7]之和，而阿意兴功[8]，此其兄弟遇诛，不亦宜乎！何乃罪地脉[9]哉？①（《史记·蒙恬列传》）

注释

[1] 直道：秦始皇修筑的从甘泉直通九原的大道。

[2] 蒙恬：秦大将蒙骜之孙，蒙武之子。由于蒙氏世世为秦将，所以蒙恬及其弟蒙毅深得秦始皇信任。蒙恬率三十万兵屯河套，御匈奴，筑长城，蒙毅居内为谋臣，官廷尉。沙丘之变，二世即位，蒙氏兄弟均被赵高杀害。

[3] 亭障：边防哨所。

[4] 痍伤者未瘳：指秦统一中国后，经历长期战乱的人民还没有喘过气来。痍，肌肤受创。瘳（chōu），病愈。

[5] 强谏：尽力劝谏。

[6] 修：治。

[7] 众庶：老百姓。

[8] 阿意兴功：迎合秦始皇的心意，筑长城，修驰道。

[9] 何乃罪地脉：蒙恬临死说："我修万里长城，凿断了地脉，真是该死。"司马迁斥其为非。

---

① 司马迁：《史记》，中华书局1959年版，第2570页。

译文

太史公说：我到北方边境，从直道返回，沿途实地察看了蒙恬为秦国修筑的长城和边塞堡垒，挖掘山脉，填塞深谷，贯通直道，本来就是不重视百姓的人力物力。秦国刚刚灭掉其他诸侯的时候，天下人心尚未安定，创伤累累尚未痊愈，而蒙恬身为名将，不在这时候尽力谏诤，赈救百姓的急难，恤养老弱，抚育孤儿，致力于从事百姓安定生活的工作，反而迎合始皇心意，大规模地修筑长城，他们兄弟遭到杀身之祸，不也是顺理成章的事吗？哪里是什么挖断地脉的罪过呢？

2.郑伯克段于鄢

初[1]，郑武公[2]娶于申[3]，曰武姜[4]。生庄公及共叔段[5]。庄公寤生，惊姜氏[6]，故名曰“寤生”，遂恶之。爱共叔段，欲立之，亟请于武公[7]，公弗许。及庄公即位，为之请制。公曰：“制，岩邑[8]也，虢叔死焉[9]，佗邑唯命[10]。”请京，使居之，谓之京城大叔[11]。祭仲[12]曰：“都城过百雉[13]，国之害也。先王之制：大都，不过参国之一；中，五之一；小，九之一。今京不度，非制也[14]，君将不堪。”公曰：“姜氏欲之，焉辟害[15]？”对曰：“姜氏何厌之有[16]？不如早为之所，无使滋蔓[17]。蔓，难图也。蔓草犹不可除，况君之宠弟乎？”公曰：“多行不义，必自毙[18]，子姑待之。”既而大叔命西鄙、北鄙贰[19]于己。公子吕曰：“国不堪贰，君将若之何？欲与大叔，臣请事之；若弗与，则请除之，无生民心[20]。”公曰：“无庸，将自及。”大叔又收贰以为己邑，至于廪延。子封曰：“可矣。厚将得众[21]。”公曰：“不义不昵[22]，厚将崩。”大叔完聚[23]，缮甲兵[24]，具卒乘[25]，将袭郑。夫人将启之[26]。公闻其期，曰：“可矣！”命子封帅车二百乘[27]以伐京。京叛大叔段。段入于鄢，公伐诸鄢。五月辛丑[28]，大叔出奔共。①（《左传·隐公元年》）

① 李梦生：《春秋左传译注》，上海古籍出版社1998年版，第2—5页。

注释

[1] 初：当初，这是回述往事时的说法。

[2] 郑武公：名掘突，郑桓公的儿子，郑国第二代君主。

[3] 娶于申：从申国娶妻。申，春秋时国名。

[4] 曰武姜：叫武姜。武姜，郑武公之妻，“姜”是她娘家的姓，“武”是她丈夫武公的谥号。

[5] 共 (gōng) 叔段：郑庄公的弟弟，名段。他在兄弟之中年岁小，因此称“叔段”。

[6] 庄公寤生，惊姜氏：寤（wù）生，难产的一种，胎儿的脚先生出来。寤，通“牾”，逆，倒着。惊姜氏，使动用法，使姜氏惊。

[7] 亟 (qì) 请于武公：屡次向武公请求。亟，屡次。于，介词，向。

[8] 岩邑：险要的城镇。岩，险要。邑，人所聚居的地方。

[9] 虢 (guó) 叔死焉：东虢国的国君死在那里。虢，指东虢，古国名，为郑国所灭。

[10] 佗邑 (yì) 唯命：别的地方，听从您的吩咐。佗，同“他”，指示代词，别的，另外的。唯命，听从您的命令。

[11] 谓之京城大 (tài) 叔：京地百姓称共叔段为京城太叔。大，同“太”。王力、朱骏声作古今字。《说文》段注：“太从大声，后世凡言大，而以为形容未尽则作太，如大宰，俗作太宰，大子，俗作太子，周大王俗作太王是也。”

[12] 祭仲：郑国的大夫。

[13] 都城过百雉 (zhì)：都邑的城墙超过了三百丈。都：《左传·庄公二十八年》“凡邑有宗庙先君之主曰都”。指次于国都而高于一般邑等级的城市。雉，古代城墙长一丈，宽一丈，高一丈为一堵，三堵为一雉，即长三丈。

[14] 大都，不过参国之一：大城市的城墙不超过国都城墙的三分之一，参，同“三”。中，五之一：中等城市的城墙不超过国都城墙的五分之一。“五分国之一”的省略。小，九之一：小城市的城墙不超过国都城墙的九分之一。“九分国之一”的省略。不度：不合法度。非制也：不是先王定下的制度。

[15] 焉辟害：哪里能逃避祸害。辟，古“避”字。

[16] 何厌之有：有何厌，有什么满足。

[17] 无使滋蔓 (màn)：不要让他滋长蔓延。“无”通“毋”。

[18] 多行不义，必自毙：多做不义的事，必定自己垮台。毙，本义倒下去、垮台。汉以后才有“死”义。

[19] 贰：两属。

[20] 生民心：使动用法，使民生二心。

[21] 厚将得众：势力雄厚，将能得到更多的民心。众，指百姓。

[22] 昵 (nì)：同“暱”，亲近，亲附。

[23] 完聚：修筑（城郭），聚集（粮草）。完，修缮。

[24] 缮甲兵：修整作战用的铠甲和兵器。缮，修理。甲，铠甲。兵，兵器。

[25] 具卒乘（shèng）：准备步兵和兵车。具，准备。卒，步兵。乘，兵车。

[26] 夫人将启之：武姜将要为共叔段做内应。夫人，指武姜。启之，给段开城门，即做内应。启，开。

[27] 帅车二百乘 ：率领二百辆战车。帅，率领。古代每辆战车配备甲士三人，步卒七十二人。二百乘，共甲士六百人，步卒一万四千四百人。

[28] 辛丑：干支纪日。天干，甲乙丙丁戊己庚辛壬癸。地支，子丑寅卯辰巳午未申酉戌亥。二者相配，用以纪日，汉以后亦用以纪年。即二十三日。

译文

起初，郑武公在申国娶了一妻子，叫武姜，她生下庄公和共叔段。庄公出生时脚先出来，使武姜受到惊吓，因此给他取名叫“寤生”，并且很厌恶他。武姜偏爱共叔段，想立共叔段为太子，多次向武公请求，武公都不答应。到庄公即位的时候，武姜就替共叔段请求分封到制邑去。庄公说：“制邑是个险要的地方，从前虢叔就死在那里，若是封给其他城邑，我都可以照办。”武姜便请求封给京邑，庄公答应了，让他住在那里，称他为京城太叔。大夫祭仲说：“分封的都城如果城墙超过三百方丈长，那就会成为国家的祸害。先王的制度规定，国内最大的城邑不能超过国都的三分之一，中等的城邑不得超过国都的五分之一，小的城邑不能超过国都的九分之一。京邑的城墙不合法度，非制度所许，恐怕对您有所不利。”庄公说：“姜氏想要这样，我怎能躲开这种祸害呢？”祭仲回答说：“姜氏哪有满足的时候！还不如早些给他找个地方安置，别让祸根滋长蔓延，一滋长蔓延就难办了。蔓延开来的野草还不能铲除干净，何况是您那尊贵的弟弟呢？”庄公说：“多做不义的事情，必定会自己垮台，你姑且等着瞧吧。”过了不久，共叔段使原来属于郑国西边和北边的边邑贰属。公子吕说：“国家不能忍受有两属的情况，现在您打算怎么办？您如果打算把郑国交给共叔，那么我就去服侍他；如果不给，那么就请除掉他，不要使民生二心。”庄公说：“不用除掉他，他自己将会赶上灾祸。”共叔又把两属的边邑改为自己统辖的地方，一直扩展到廪延。公子吕说：“可以行动了！土地扩大了，他将得到更多百姓的拥护。”庄公说：“共叔段不义，百姓不会亲附他，势力再雄厚，将要崩溃。”共叔修治城郭，聚集粮草，修整盔甲武器，准备好步兵战车，将要偷袭郑国。武姜打算开城门做内应。庄公打听到公叔段将要起事的时间，说：“可以出击了！”命令子封率领二百乘兵车，去讨伐京邑。京邑的人民背叛共叔段，共叔段于是逃到鄢城。庄公又追到鄢城讨伐他。五月二十三日，共叔段逃到共国。

3.左儒谏宣王

左儒友于杜伯，皆臣周宣王，宣王将杀杜伯而非其罪也，左儒争之于王，九复[1]之而王弗许也，王曰：“别[2]君而异[3]友，斯[4]汝也。”左儒对曰：“臣闻之，君道友逆，则顺君以诛[5]友；友道君逆，则率[6]友以违君。”王怒曰：“易[7]而言则生，不易而言则死。”左儒对曰：“臣闻古之士不枉义以从死[8]，不易言以求生，故臣能明君之过，以死杜伯之无罪。”王杀杜伯，左儒死之。①（《说苑》）

① 程翔评注：《说苑》，商务印书馆2018年版，第168页。

注释

[1] 复：上奏申辩。

[2] 别：背离。

[3] 异：疑为“党”字之误。

[4] 斯：助词，无义。

[5] 诛：责备。

[6] 率：率领。

[7] 易：改变。

[8] 从死：顺从邪恶。

译文

左儒和杜伯是朋友，都是周宣王的臣子，宣王将要杀杜伯但并不是因为他有罪，于是左儒就向宣王进谏反对杀掉杜伯，多次进谏宣王仍不同意。宣王说：“你为了朋友而违背我的命令，是重朋友而轻君王。”左儒回答道：“如果君王是正确的而我朋友是错的，那么我就会反对我的朋友而听从君王你的命令；如果朋友对但是君王错了，那么我就应该不听从君王的命令而顺从朋友的意思。”宣王怒道：“如果你改变你的看法就不用死，不改的话就处死你。”左儒说：“臣听说古时候的君子不会弯曲正义所以求死来证明，不会轻易改变自己的说法来求生，所以臣子才能知道君王的过错，即使死了我也说杜伯是无罪的。”宣王把杜伯杀掉后，左儒就自刎而死。

第五章　尚和合

第一节　宽　和

▲和以处众，宽以待下

一、名人名言

1. 以责人之心责己，则寡过；以恕己之心恕人，则全交[1]。①（《省心录》）

注释

[1] 全交：保全、维护交谊或友情。交，结交，往来。

译文

用责求他人的心责求自己，就会很少有过失；用宽恕自己的心去宽恕别人，就能保全友谊。

① 林逋：《省心录》，中华书局1985年版，第10页。

2. 能和其心以待人，则不和者自化[1]尔。①（《圣谕广训》）

注释

[1] 化：感化。

译文

能用宽和的心对待别人，那么与自己不和睦的人也会自然被感化。

3. 人之谤[1]我也，与其能辩，不如能容[2]。人之侮我也，与其能防[3]，不如能化。②（《格言联璧》）

注释

[1] 谤：诽谤。

[2] 容：容纳，宽容。

[3] 防：防备。

译文

别人诽谤我，与其与他辩解，不如宽容他。别人欺侮我，与其加以提防，不如化解仇怨。

① 缪晋：《圣谕广训》，《摛藻堂四库全书荟要·史部》，第24页。

② 金缨：《格言联璧》，民国苏州报国寺弘化社善本，第84页。

二、评点

宽厚平和，是为人处世的重要原则。它要求我们自身有宽厚的心胸、平和的姿态。这既有利于自身的身心健康，也有利于待人接物。古往今来，宽厚平和都是有价值、有意义的处世之道。如今，社会上的各项竞争越来越激烈，互相接触的机会和时间也越来越多了。在频繁的接触过程中，更需要宽厚平和的态度，否则一定会拒人于千里之外，那么，机会也就会在不知不觉中悄悄地流失。所以，当一个人能够保持和蔼可亲的姿态，他就可以结交五湖四海的朋友，赢得广泛的支持。依此类推，如果全社会人人都微笑待人、温柔亲切地与人相处，那么，我们的社会必然是一个非常和谐温馨的社会。在这样的社会，我们的生活就会更加舒心和快乐，我们的事业也可以得到迅猛的发展。这也意味着，我们都能够实现自己的个人价值，而且共同构建一个美好的社会。

三、故事

1.曹操恕众烧信

操获全胜，将所得金宝缎匹，给赏将士。于图书中检出书信一束，皆许都及军中诸人与绍暗通之书。左右曰："可逐一点对姓名，收而杀之。"操曰："当绍之强，孤亦不能自保，况他人乎？"遂命尽焚之，更不再问。[①]（《三国演义·第三十回》）

译文

曹操大获全胜，将自己所获得的黄金珠宝和绸缎都赏赐给军官与士兵。他在

① 罗贯中:《三国演义》，上海古籍出版社 1991 年版，第 175 页。

图书中搜出一叠书信，都是许都和军队中的将士与袁绍私下往来的书信。曹操的亲信说："我们可以逐一核查名字，收押后杀掉这些人。"曹操说："以袁绍当时的强大，我也不能保全自身，更何况其他人呢？"就命令把这些书信全部焚烧，此后不再过问此事。

2.王夷甫宽以待人

王夷甫尝属族人事，经时未行，遇于一处饮燕，因语之曰："近属尊事，那得不行？"族人大怒，便举樏[1]掷其面。夷甫都无言，盥洗毕，牵王丞相臂，与共载去。在车中照镜语丞相曰："汝看我眼光，乃出牛背[2]上。"①（《世说新语·雅量》）

注释

[1] 樏（lěi）：古代一种盛食物的器具，像盘，中间有隔挡。

[2] 牛背：被鞭打的地方。这句话意指自己不计较挨打受辱之类的小事。

译文

王夷甫曾经嘱托一位族人办事情，但过了很长时间对方也没有实行。有一次王夷甫在宴会上碰到了那个人，于是就对他说："之前我嘱托你办的那件事情，你怎么到现在还没有办呢？"族人听完后非常生气，就举起手中的餐盘摔向王夷甫的脸。王夷甫一句话也没有说，洗完脸，拉着王丞相的胳膊，和他一起乘车离去。在车上，王夷甫照了照镜子，对王丞相说："你看我的眼光，简直高过牛背。"

① 余嘉锡：《世说新语笺注》，中华书局1983年版，第352页。

3.于令仪宽恕盗贼

曹州于令仪者，市井人[1]也，长厚[2]不忤物[3]，晚年家颇丰富。一夕[4]，盗[5]入其家，诸子擒之，乃邻子也。令仪曰："汝素寡悔[6]，何苦而为盗邪？"曰："迫于贫耳。"问其所欲，曰："得十千[7]足以衣食。"如其欲与之。既去，复呼之，盗大恐。谓曰："汝贫甚，夜负十千以归，恐为人所诘[8]。"留之，至明使去。盗大感[9]愧，卒为良民。①（《于令仪诲人》）

注释

[1] 市井人：做生意的人，市井，经商。

[2] 长（zhǎng）厚：年长而厚道。厚，宽厚。

[3] 忤（wǔ）物：做事情违背天理和人情。忤，违反、抵触的意思。

[4] 夕：晚上。

[5] 盗：小偷。

[6] 寡悔：很少有懊悔，意为很少做错事。即为人谨慎小心。

[7] 十千：指十贯铜钱。

[8] 诘：追问。

[9] 感：感动。

译文

北宋时期，曹州有一个叫于令仪的商人。他为人厚道，从不做为富不仁、欺压乡邻的事情，到晚年成了当地有名的富户。一天晚上，有人潜入他家里偷东西，被他的几个儿子抓住了，才发现是邻居家的儿子。于令仪不禁大吃一惊："你向来本分，为什么现在干这种事呢？"邻居的儿子回答道："因为家里穷困，

① 王辟之、陈鹄撰，韩谷、郑世刚校点：《渑水燕谈录·西塘集耆旧续闻》，上海古籍出版社2012年版，第24页。

不得已走了这条路。”于令仪听后，很是同情，于是问他想要什么。邻居的儿子说：“能得到十千钱足够穿衣吃饭就行了。”十千钱对令仪来说也不是个小数目，但还是如数给了他。邻居的儿子拿了钱刚要走，于令仪又喊住他，这使得他大为恐惧。于令仪说：“你家中贫困，现在又是深更半夜，你匆匆忙忙地带这么多钱回家，恐怕会被他人追问。”于是留他在家里过夜，第二天才让他回家。

事后，邻居的儿子非常感动、惭愧，从此改过自新，成为一个有道德的人。

4.宽和的北宋名相韩琦

韩琦是北宋时期三朝名相，字稚圭，自号赣叟，历经北宋仁宗、英宗、神宗三朝，深受三位皇帝的信任和重用。俗话说“宰相肚里能撑船”，韩琦身为宰相，为人非常大度，有容人之量。他一生德行昭著，无论是对待皇帝、同僚还是下属，都始终践行“宽和”的理念。

在处理英宗和太后的关系上，韩琦劝说英宗宽和待人，妥善化解了英宗与太后之间的矛盾。英宗继位之初便身患疾病，由曹太后垂帘听政。因英宗并非曹太后亲生，即位后又想有所作为，而曹太后思想较为保守，再加上一些太监从中挑拨，致使两宫生隙。韩琦便一面劝说太后，一面安慰英宗。英宗认为太后对自己无恩，韩琦对他说：“自古以来圣明的帝王不在少数，但唯有舜被称为大孝子，难道是其他的人全都不孝顺吗？父母慈爱而儿子孝顺，这是正常之事，不值得称道。只有父母不慈爱但儿子仍很孝顺的，才是值得称道的。太后对您的担心，只是怕陛下主张的事情不能实现罢了，父母怎么会有不慈爱的呢！”英宗深受启发，自此不再怨恨太后，两宫的关系也渐趋和好。不久，宋英宗病愈，曹太后撤帘还政，将朝堂上的最高权力交还给了宋英宗。

韩琦也能努力维持与同僚的和睦关系，保持宽和的性格，不与他们争口舌之利。有一年，韩琦与王拱辰、叶定基共同在开封府主持科举考试。王拱辰和叶定基经常因评卷争论不休，谁也不服谁，韩琦却能气定神闲地阅卷，从不搭言，就像根本没有听到一样。王拱辰自认为有理，对韩琦的态度很不满，生气地对他说：“难道你来这里是来修身养性的吗？”韩琦听到了，马上起身，和颜悦色地向他认错。王拱辰的责问像是一拳打在棉花上，对韩琦再也发不起火来了。

对于下属，韩琦更是宽和大度，他身处高位，却仍能对部下的过失多次宽恕，让人十分佩服，部下也因此对他感恩不尽，真心尊重。古时候，人们很注重自己的“须眉”，曾有一个士兵在为韩琦送灯烛的时候，不小心烧了韩琦的胡须，韩琦只是用袖子拂灭了烧着的胡须，并未动怒，也没有停下手中的工作。后来，他发现为自己送灯烛的士兵被换成了一个新面孔，担心那个士兵的上司会责打他，就急忙让人把那个士兵找来，并对管事的人说：“不必要换人了，他现在懂得怎么拿蜡烛了。”

尽管韩琦宽和待人，但也不是不顾原则和底线的。宋仁宗景祐五年，全国灾情频发，百姓流离失所，苦不堪言，宰相王随、陈尧佐与参知政事韩亿、石中立等人却依然通宵达旦地纵情享乐，在赈灾问题上毫无作为。眼见这种状况，心忧如焚的韩琦便连连上疏宋仁宗，遍数四人庸碌无能、尸位素餐的表现，迫使宋仁宗罢免了这四个大臣的职位，换上了更为得力、更有作为的臣子，推出措施赈济灾民。

韩琦一生功勋卓著，行善无数，让当时连自己的老师都不佩服的欧阳修，对韩琦宽和待人的胸怀深深折服，感叹说：“累百欧阳修，何敢望韩公。”①

① 张绍元：《文化自信：中华优秀传统文化核心思想理念读本》，中国言实出版社 2018 年版，第 246 页。

第二节　和　气

▲和气致祥，乖气致戾

一、名人名言

1. 和气致祥，乖气[1]致戾[2]，处家固然也，即涉世亦何莫非然？狃于[3]争气，往往以微末之事，或致亡身破家者，盖有之矣。①（《壶天录》）

注释

[1] 乖气：不和气、执拗。

[2] 戾（lì）：凶暴，祸殃。

[3] 狃（niǔ）于：贪于，习惯于。

译文

和气能给人带来祥瑞，不和之气会给人带来灾祸。处理家事是这样，在社会上做事又何尝不是这样呢？习惯于斗气，往往因很微小的事情，有的甚至导致家败身亡，大概是有吧。

2. 与人言，宜和气从容，气忿[1]则不平，色厉则取怨。②（《读书录》）

① 百一居士：《壶天录·中》，进步书局，第 14 页。

② 薛瑄：《薛文清公读书录 2·白沙语要·枫山章先生语录》，商务印书馆 1939 年版，第 112 页。

注释

[1] 忿（fèn）：愤怒，怨恨。

译文

与人说话，要心平气和。生气会导致自己内心不平，脸色严厉会招致怨恨。

3. 天地之气，暖则生，寒则杀。故性气清冷[1]者，受享亦凉薄[2]。唯和气热心之人，其福亦厚，其泽亦长。①（《菜根谭》）

注释

[1] 性气清冷：脾气性格清高而冷漠。

[2] 凉薄：冷淡，稀少。

译文

天地间的气候，温暖时万物就繁衍生息，寒冷时万物就萧条沉寂。做人的道理也和大自然一样，一个性情清高冷漠的人，所能得到的福分也比较淡薄。只有待人和气且心地热忱的人，他能得到的福分才会比较丰厚，福泽才会绵长久远。

二、评点

和气，是我们每个人应当具有的品质。人们常说："长得颜如玉，不如有个好脾气。"有了好脾气，才能赢得别人的好感和青睐。否则，别人也会敬而远之的。在如今经济发展迅猛的时代，人与人的接触交往比以往任何时代都

① 洪应明：《菜根谭》，中华书局 2008 年版，第 167—168 页。

要频繁密切，这也就对我们的性格脾气提出了更高的要求。众所周知，“和气生财”是一个放之四海而皆准的颠扑不破的真理。所以，我们在人际交往过程中，一定要心平气和、语气柔和，真诚地待人接物，从而建立起良好的人际关系。试想，如果态度粗暴，不仅让自身伤肝伤肺，而且也容易引起争端。如果待人冷漠、言语粗俗，甚至是恶言恶语，那必然会产生许多矛盾。这样，不仅不利于和谐相处，而且还会严重阻碍自身的发展。

三、故事

1.狗猛酒酸

宋人有酤酒[1]者，升概[2]甚平，遇客[3]甚谨，为酒甚美，县[4]帜甚高，著然不售，酒酸。怪其故，问其所知，问长者杨倩，倩曰：“汝狗猛耶？”曰：“狗猛则酒何故而不售？”曰：“人畏焉。或令孺子[5]怀钱挈[6]壶瓮[7]而往酤，而狗迓[8]而龁[9]之，此酒所以酸而不售也。”①（《韩非子·外储说右上》）

注释

[1] 酤酒：这里指卖酒，文中“往酤”的“酤”则指买酒。酤，通“沽”。

[2] 升概：升，量酒器。概，刮平斗斛的木棍。

[3] 遇客：招待顾客。

[4] 县：通“悬”。

[5] 孺子：小孩。

[6] 挈 (qiè)：提携。

[7] 瓮：储酒器。

[8] 迓 (yà)：迎接，这里是迎面扑上来的意思。

① 王先慎撰，钟哲点校：《韩非子集解》，中华书局 1998 年版，第 322 页。

[9] 龁 (hé)：咬。

译文

宋国有个卖酒人，每次卖酒都很公平，招待客人也殷勤周到，酿的酒又香又醇，店外酒旗也挂得高高的，却没有人来买酒，时间一长酒都变酸了。卖酒人迷惑不解，于是请教同住在一条巷子里的长者杨倩。杨倩问："你养的狗很凶吧？"卖酒人说："狗凶是卖不出去酒的原因吗？"杨倩回答："人们怕恶狗啊。大人让孩子揣着钱提着壶来买酒，你的狗却扑上去咬人，这就是酒变酸了都卖不出去的原因啊。"

2.和气待人的自保之道

和气待人，不仅是一条尊重他人的重要准则，也是一条重要的自保之法。

南朝时齐朝的陆晓慧，是晋太尉陆玩的玄孙。他才华横溢，清正廉洁，为人更是恭谨亲切，待人和气。虽身居高位，但从不把自己看得很高，对前来拜见的官员，无论官职是大是小，都能以礼相待，一点儿架子也不摆。客人离开时，他会亲自将客人送到门外。

对于百姓，陆晓慧也时刻保持彬彬有礼的样子，即便幕僚认为这样做有失他的身份，他也始终坚持和气待人的处世之道，因此赢得了别人的尊重和支持。

清朝权臣索额图则是一个鲜明的反例。索额图是满族贵族，是康熙年间的权臣，同时也是孝诚仁皇后的叔父，世袭一等公。索额图生性乖张，常常凭借着自己是皇后的叔父，世代尊贵，对待士大夫们一向无礼，甚至把康熙皇帝的宠臣高士奇也不放在眼里。

高士奇家道贫困，但长于诗文书法，曾被推荐给索额图，被索额图留在自己府中做事。因为高士奇在地位上相当于自己家中的奴才，所以索额图对他态度傲慢，随意支使。

后来，高士奇获得了康熙皇帝的破格提拔，官位日渐攀高，但索额图仍然以对待门下布衣的态度对待高士奇。据说，高士奇每次拜见索额图时，索额图依然直呼其名，不让他坐下来，甚至仍然会让高士奇像奴才在主子面前奏事那样，跪在地上向自己禀告事情。碰上不顺心的事情，索额图还会咬牙切齿地痛骂高士奇，言谈间甚至会侮辱高士奇的父母和妻儿。高士奇怀恨在心，就背叛了索额图，投靠到索额图的死对头纳兰明珠手下，与其一起搜罗索额图的罪证，最终致使索额图被康熙皇帝圈禁至死。如若索额图能对高士奇多一些和气，可能就不至于落到个如此悲惨的结局了。①

3.李老的和气生财之道

宋朝的时候，苏州城有个做当铺生意的人，大家都习惯称呼他李老。有一年的年底，李老在当铺的里间算账，突然听到外面柜台一个老头正在和自己的伙计吵架。李老一向信奉和气生财，于是赶忙劝阻，并让伙计向老头道歉。哪里知道这老头并不想就此罢休。

伙计怀疑老头是故意找事的，小声对李老说了自己的想法和事情的起因：前段时间老头典当了些旧衣服，如今想赎回又不肯归还赎金。李老让伙计去做别的事情，自己来处理这件事情。他劝老头坐下，又语气诚恳地说道：“您的意思我明白了。您先消消气，这件事情我来处理。”话一说完，就亲自去取了几件冬衣递给老头，对他说：“除了您自己的衣服，我还多准备了几件，您就拿回去给家人穿吧！”老头似乎并不领情，拿起衣服就走，连一个谢字都没有说。

第二天街上传来消息：那个老头竟然死在了另外一家当铺里，老头的家人和当铺的老板打起了官司。最后，当铺老板赔了一大笔钱，才算是解决了这桩祸事。这件事情背后的真相并不简单：那个老头因为身上背负着巨额债务，无奈之下，想出了这个恶毒的计策，先喝下毒药，然后寻一家当铺闹事，一直闹到毒药发作，让当铺赔偿巨款。让他没想到的是，李老的处处忍让，做到了仁至义尽，也让老头良心发现，不好意思害了这样的好人。于是在毒

① 张绍元：《文化自信：中华优秀传统文化核心思想理念读本》，中国言实出版社 2018 年版，第 251—252 页。

药发作前，老头又换了另外一家当铺。

事后，李老在别人问起此事时略带侥幸地说："我也完全没有想到那个老头会做出这样极端的事情，我只是按照自己一贯奉行的原则做生意罢了，这条原则就是和气生财。我觉得不管是对顾客，还是对合作伙伴，或者是对其他人，都是要能忍则忍，不要太较真。"

第三节　同　心

▲和衷共济，上下同欲

一、名人名言

1. 二人同心，其利断金；同心之言，其臭[1]如兰。①（《易经·系辞上》）

注释

[1] 臭（xiù）：气味的总称。

译文

两个人齐心协力，锋利的程度能斩断金属；同心同德的言语，散发的气味会像兰花一样清香。

① 朱熹：《周易本义》，北京大学出版社 1992 年版，第 143 页。

2. 上下同欲者胜。①（《孙子兵法·谋攻》）

译文

国内上下、军中上下有共同欲望的可以夺取战争的胜利。

3. 孟子曰："天时[1]不如地利，地利[2]不如人和[3]。[4]"②（《孟子·公孙丑下》）

注释

[1] 天时：古代行军作战都要以阴阳时日占卜。赵岐注："天时，谓时日支干、孤虚、王相之属也。"《汉书·艺文志》之"兵书略"中有兵阴阳家类，班固序云："阴阳者，顺时而发，推刑德，随斗击，因五胜，假鬼神而为助者也。"孟子此处的"天时"即指此而言。

[2] 地利：地理上的有利形势。赵岐注："地利，险阻、城池之固也。"

[3] 人和：人民的欢心。赵岐注："人和，得民心之和也。"

[4]"天时"二句：此处所说的两个"不如"，在《荀子》《尉缭子》及近年出土的《孙膑兵法》中均有引述，有的地方且称之为"古之圣人"之言。这些人或著作大多与孟子同时代，可见这两句话当是孟子引述前人的成语，并非孟子的自创。

译文

拥有有利的时机和气候不如拥有有利的地势，拥有有利的地势不如人心同向、上下团结。

---

① 孙武：《孙子兵法》，上海古籍出版社 2012 年版，第 36 页。
② 朱熹：《四书章句集注》，中华书局 1983 年版，第 241 页。

二、评点

同心协力，是成功的法则。20 世纪有一首妇孺皆知的歌曲，名叫《众人划桨开大船》。歌曲中唱出了我们的共同心声："一支竹篙耶，难渡汪洋海。众人划桨哟，开动大帆船。一棵小树耶，弱不禁风雨。百里森林哟，并肩耐岁寒、耐岁寒。一加十，十加百，百加千千万。你加我，我加你，大家心相连。同舟嘛共济，海让路；号子嘛一喊，浪靠边；百舸嘛争流，千帆竞。波涛在后，岸在前。"这首优美的歌曲，说明了团结就是力量的道理。正因为团结具有重要的价值和意义，我们在日常生活之中，可以听到许许多多这方面的俗语。例如，"人心齐，泰山移""一个好汉三个帮""众人拾柴火焰高"等等。这些俗语反复告诫我们，无论何时何地，都要保持团结协作的精神。因为，个体的力量实在太微弱。只有群策群力，拧成一股绳，才能汇集成一股强大的力量，才能拥有长久的发展动力，从而在共同的奋斗中实现我们的远大目标。

三、故事

1.齐心共建，勠力相辅

上[1]谓侍臣曰："吾闻西域贾胡[2]得美珠，剖身以藏之，有诸？"侍臣曰："有之。"上曰："人皆知彼之爱珠而不爱其身也。吏受赇[3]抵[4]法，与帝王徇[5]奢欲而亡国者，何以异于彼胡之可笑邪！"魏徵曰："昔鲁哀公谓孔子曰：'人有好忘者，徙宅而忘其妻。'孔子曰：'又有甚者，桀、纣乃忘其身。'亦犹是也。"上曰："然。朕与公辈宜勠力相辅，庶免为人所笑也。"①（《资治通鉴·唐纪·太宗贞观元年》）

① 司马光：《资治通鉴》，中华书局 1956 年版，第 6041—6042 页。

注释

[1] 上：指唐太宗。

[2] 贾（gǔ）胡：胡商。

[3] 赇（qiú）：贿赂。

[4] 抵：触犯。

[5] 徇：顺从。

译文

唐太宗对身边的大臣说："我听说西域有个商人得到了一颗宝珠，就剖开自己的肚子，把宝珠藏在里面，有这么一回事吗？"大臣回答说："是有这么回事。"太宗说："人们都知道他喜爱珍珠却不爱惜自己的身体。但有的官员因贪赃受贿而受到法律制裁（丧命），有的皇帝因追求无限制的欲望而亡国，这与那个胡商的可笑行为有什么差别呢？"魏徵说："从前鲁哀公对孔子说：'有的人健忘，搬家时竟然遗忘了自己的妻子。'孔子说：'还有健忘得更严重的：像夏桀、商纣，荒淫无度，连自身都完全忘记了。'这些也如同胡商一样可笑啊。"太宗说："是啊，我和你们应该同心协力，共同治理国家，以避免被后人所耻笑啊！"

2.同心取胜，异心致亡

"同心"是一个团队拿不走、拆不开的核心竞争优势。从古至今，无数辉煌的取得都源于团队成员的齐心协力。

公元 208 年的赤壁之战，是一场对三国鼎立局面的确立有决定性意义的战争。在这场战争中，处于劣势地位的孙、刘联军，面对总兵力达 24 万之众的曹军，正确分析形势，密切协同，扬水战之长，巧施火攻，大破曹军，使曹操一统天下的野心彻底破灭。此战之后，孙、刘各自占据荆州的一部分，逐步发展壮大自己的势力，最终形成了三国鼎立的稳定格局。

相对于"同心"让团队力量倍增的效果，"异心"则会使看起来很强大的团体变成一盘散沙，这一点也被历史上无数次惨痛的事例所证明。

战国末期，秦国的势力日益强大，严重威胁着山东六国的生存。为求自保，六国诸侯实行联合的政策，即所谓的“合纵”政策，团结起来一致对抗强秦。但是，反秦联盟仍走向了失败，东方六国也被秦国逐个击破、不断蚕食，最终被秦国统一为一个幅员辽阔的统一帝国。举六国之力而不能胜秦，并不是六国联盟的综合实力不如秦国，而是因为六国只结成了形式上的同盟关系，但不能同心勠力地共同抗秦，他们不能完全搁置彼此之间的矛盾，而是相互猜忌，各怀鬼胎，企图利用局势侵夺盟友，而不是特别在意联盟的共同利益。比如韩、赵、魏三国之间，开始时还有些积极的合作，后来不断发生摩擦，由此引发的战争次数和规模，甚至超过了与秦国的战争。长平之战后，秦国已经明显成为六国的主要威胁，但赵国与燕国之间仍然不能完全搁置彼此间的一些小矛盾，做不到团结一致，反而是在几场较大规模的战争中损耗了彼此的国力，让秦国得“渔翁之利”。

矛盾不仅仅存在于六国之间，甚至各国君臣之间也有很多矛盾。如公元前 298 年发起的第二次反秦联盟，只维持了三年时间，虽然取得了一些军事上的胜利，但作为此次行动总指挥的齐国相国孟尝君，却因为齐湣王害怕自己的威望被超过，结果遭到罢免，不得不出逃到魏国避难。像这样的事例还有很多。这些无法消解的矛盾和小算盘，无疑都严重削弱了六国联盟的凝聚力，六国最终被秦国吞并成为历史的必然。①

3.君臣同心，共筑大业

夏朝最后一个君主叫桀，是个十分凶狠残暴的国君。他大兴土木，建造了许多宫殿，过着荒淫奢侈的生活。百姓恨透了夏桀这个暴君。夏朝东面有个国家叫商，商的君主汤是一位贤明的君主，他见夏桀残酷地压迫人民，百姓怨声载道，就暗暗联络各地诸侯，积聚力量，准备推翻夏朝的统治。为了实现灭夏的宏愿，汤还派人到处去寻找能治理国家的贤士。

① 张绍元：《文化自信：中华优秀传统文化核心思想理念读本》，中国言实出版社 2018 年版，第 256—257 页。

一天，有人报告商汤说，贤士伊尹正在莘国的郊外隐居。商汤听了，如获至宝，立刻派使者带上重金厚礼去请伊尹前来。可是，尽管商汤派使臣去了两次，伊尹还是没有答应。于是商汤便亲自去请。商汤见到伊尹后，与他越聊越投机，对他的谈吐和见识非常赏识，就力邀他任右相。商汤的一片诚意感动了伊尹，使他最终决定辅佐商汤推翻夏朝统治。后来，伊尹帮助商汤制定了不少富国强兵、笼络人心的政策。就在这一时期，一向服从夏朝的九夷中的一些部落忍受不了夏朝的压榨勒索，也都逐渐叛离了夏桀。

在伊尹的辅佐下，商的国力日益强盛，灭夏的时机已经成熟，于是商汤决定兴师伐夏。在大军出发之前，商汤在军中发布了誓师文告。文告中写道："夏朝君主桀罪恶滔天，老天也决意要消灭他。上天让贤士伊尹来辅佐我，要我同他齐心合力，治理天下。你们要奋勇战斗，帮我完成上天交予的任务。"两军交战时，商军英勇善战，而夏军却士气全无，最终被打得溃不成军，四下逃散。

由于商汤和伊尹君臣同心合力，终于推翻了夏桀的残暴统治。商汤将夏桀流放到了南巢，夏王朝从此灭亡，诸侯拥戴贤德的商汤为"天子"，建立了商朝。①

第四节　和　顺

▲政通人和，安居乐业

一、名人名言

1. 政之所兴[1]，在顺民心；政之所废，在逆民心。民恶忧劳，我佚[2]乐之；民恶贫贱，我富贵之；民恶危坠[3]，我存安[4]之；民恶灭绝，我生育

① 林岩：《中国古代廉政文化集粹》，中国方正出版社 2014 年版，第 327—328 页。

之。①（《管子·牧民》）

注释

[1] 兴：实行。孙星衍云：“《群书治要》三十二、《艺文类聚》五十二、《太平御览》六百二十四引‘兴’作‘行’。”

[2] 佚：安乐。通“逸”。

[3] 危坠：犹危亡。

[4] 存安：使之保全、平安。

译文

政令之所以能通行，是因为顺应了民心；政令之所以被废弛，是因为悖逆了民心。百姓不喜欢忧患劳苦，我就想办法使他们安逸快乐；百姓不喜欢贫困卑贱，我就想办法使他们富裕尊贵；百姓不喜欢危险灾祸，我就想办法使他们生存安定；百姓不喜欢灭种绝后，我就想办法促进他们生养繁衍。

2. 政令时[1]则百姓一[2]，贤良服[3]。②（《荀子·王制》）

注释

[1] 时：有常，适时。

[2] 一：一心。

[3] 服：为之任使。

① 房玄龄注，刘绩补注，刘晓艺校点：《管子》，上海古籍出版社 2015 年版，第 2 页。
② 王先谦撰，沈啸寰、王星贤点校：《荀子集解》，中华书局 1988 年版，第 165 页。

译文

政令颁布能符合时宜，百姓就能统一为一体，有德才的人就能被使用。

3. 故为治之本[1]，务在宁民[2]；宁民之本，在于足用[3]；足用之本，在于勿夺时[4]；勿夺时之本，在于省事；省事之本，在于节用[5]；节用之本，在于反性。①（《淮南子·泰族训》）

注释

[1] 本：事物根基或主体。

[2] 宁民：使民安宁。

[3] 足用：使用度丰足。

[4] 夺时：夺占农时，意谓当政者大兴土木劳役，耽误了农业生产的季节。

[5] 节用：王念孙认为应是“节欲”。《诠言训》中有“省事之本，在于节欲，节欲之本，在于反性”。

译文

所以治国的根本，务必在于使百姓安居乐业；使百姓安居乐业的根本，在于使百姓衣物用度充足；使百姓衣物用度充足的根本，在于不侵夺农时；不侵夺农时的根本，在于减少徭役兴建之类的事；减少徭役兴建之类的事，在于人的节欲观念；节欲观念的根本，在于人对清淡恬静天性的返归。

4. 夫弊政[1]之大，莫若[2]贿赂行[3]而征赋[4]乱[5]。②（唐·柳宗元《答元饶州论政理书》）

① 刘安撰，许慎注，陈广忠校点：《淮南子》，上海古籍出版社 2016 年版，第 518 页。

② 柳宗元：《柳河东集（下）》，上海古籍出版社 2008 年版，第 513 页。

注释

[1] 弊政：不良的政令，腐败的政治。

[2] 莫若：没有，像。

[3] 征赋：赋税。

[4] 行：盛行。

[5] 乱：繁多。

译文

最大的弊政，无过于贿赂盛行和赋税繁多。

二、评点

和顺，是人生幸福的基础。从个体家庭来说，和顺生百福。从整个社会来说，“政通人和”，才能促进政治经济的繁荣发展。政通，就是政治清明、法令畅通。人和，就是人民安居乐业、和顺安康。“政通”与“人和”两者构成了辩证的关系，可谓是相辅相成、相得益彰的。“政通”是前提条件，“人和”是重要体现。“政通”可以保障“人和”，而“人和”又可以促进“政通”。因为“政通”说明了政府处处把人民的利益放在第一位，想人民之所想，急人民之所急，为民解烦忧，为民谋福利，建立起了有良知的政治生态，促进了社会的和谐发展。而“人和”，则表明人民对于自己的生活非常满意，处处为集体为社会着想，群策群力、同心协力，为国家为社会奉献自己的聪明才智。这样，我们的生活一定是幸福安宁的，我们的生活也一定充满了阳光。

三、故事

1.晋国休养生息

晋侯[1]归，谋所以息民。魏绛请施舍，输积聚以贷。自公以下，苟有积者，尽出之。国无滞积，亦无困人。公无禁利[2]，亦无贪民。祈以币更，宾以特牲[3]，器用不作，车服从给。行之期年，国乃有节。三驾而楚不能与争。①（《左传·襄公九年》）

注释

[1] 晋侯：晋悼公。

[2] 禁利：专门的好处。

[3] 特（tè）牲（shēng）：祭礼或宾礼只用一种牲畜。

译文

晋悼公回国后，与大臣商议怎样才能让百姓休养生息。魏绛请求对百姓施舍，输出积聚的财物借给百姓。自国君以下的所有官员，如果有积蓄的，都全部拿出来。因此，国家再没有积压的货物，没有贫困的人。国君没有专门的利益，也没有贪婪的百姓。祈祷时用财货代替牛羊，宴请宾客只用一头雄性牲畜，不再制作新的器具，车马服饰够用就行了。实行了一年，国家就有了法度。后来晋国三次出兵，楚国都不能与它争雄。

2.政通人和的“文景之治”

政治统治最理想的状态，便是实现了“政通人和”，这种理想状态，大概

① 李梦生：《春秋左传译注》，上海古籍出版社2010年版，第677页。

只能在古代的治世时期才会出现。首先，“政通人和”的景象，一般是在王朝更替对社会经济造成了极大破坏之后，王朝初期统治者会励精图治，逐渐实现经济上的恢复。其次，治世局面的出现，还需要出现开明的统治者，能根据实际的政治统治需要和社会发展状况，以及可能的王朝发展愿景出发，施行与当时相适应的统治政策，并轻徭薄赋，减轻人民的负担，促进社会出现更大的发展。如此，人民安居乐业的愿望才会变成现实，这样的统治者必然会受到人民的真心拥戴。

“文景之治”是中国古代史上一个比较重要的治世阶段。这个阶段跨越了汉文帝和汉景帝两个时期，尽管有了西汉初年几位统治者的励精图治，但汉文帝执政初年的社会经济仍然非常薄弱，所以他继续推行无为而治的“黄老之术”，采取轻徭薄赋、与民休息的政策。作为最高统治者，汉文帝励精图治，极力提倡节俭。他在位期间，国家财政开支有所节制和缩减，贵族官僚也不敢奢侈无度和肆意搜刮百姓。这一时期，农业生产获得了很大发展，农民的负担得以减轻，对农民征收的土地税由原来的“十五税一”变为“三十税一”，这样低的田赋税率，也让文景时期成为整个封建社会中赋税水平最低的一个时期。

文、景时期也特别重视国家的制度建设，特别是法律制度建设，实行了“轻刑慎罚”的政策，废除了一些严酷苛刻的立法，如肉刑、连坐、妖言罪、诽谤罪等，在一定程度上减轻了封建王朝对人民的压迫。连坐刑罚的废除，让百姓不再人人自危，也让百姓的日常生活有了很多自由的空间，有利于保持社会的和谐安定。废除诽谤罪和妖言罪，则可以营造出宽松的政治环境，朝中大臣更敢于据实直言，痛陈社会积弊，客观上有利于国家政治制度的改良。

文、景二帝还非常重视吏治建设，推行循吏政治，使官吏的施政措施做到了上合国法下顺民意，且这一时期选拔的官吏大多性情宽厚，断狱从轻，这也使吏治政风向好的方向转变。

正是由于统治者的得当施政，文景时期才出现了政治清明、经济发展、社会稳定、百姓安定、人心向化等诸多向好因素，成为颇受后世称道的治世典范，也为武帝时期王朝的全面鼎盛，奠定了坚实的基础。①

3.深得民心的循吏黄霸

自武帝末，用法深[1]。昭帝立，幼，大将军霍光秉[2]政，大臣争权，上官桀等与燕王谋作乱，光既诛之，遂遵武帝法度，以刑罚痛绳[3]群下，由是俗吏上严酷以为能，而霸独用宽和为名。

会宣帝即位，在民间时知百姓苦吏急也，闻霸持法平，召以为廷尉正，数决疑狱，庭中称平。守丞相长史，坐公卿大议廷中知长信少府夏侯胜非议诏书大不敬，霸阿从不举劾，皆下廷尉，系狱当死。霸因从胜受《尚书》狱中，再逾冬，积三岁乃出。胜出，复为谏大夫，令左冯翊宋畸举霸贤良。胜又口荐霸于上，上擢霸为扬州刺史。三岁，宣帝下诏以霸为颍川太守。②

注释

[1] 深：严厉苛刻。

[2] 秉：秉持，掌控。

[3] 绳：约束。

译文

从武帝末年开始，朝廷用法严厉苛刻。汉昭帝即位，年幼，大将军霍光秉持朝政，大臣争权，上官桀等人与燕王谋划叛乱，霍光在诛杀他们之后，就遵循汉武帝时的法令制度，用刑罚严厉地约束属下，因此平庸无能的官吏都崇尚严酷的刑罚并认为这是才能，而黄霸却独用宽厚温和的政策（进行治理）而出名。

正碰上汉宣帝即位，（宣帝）在民间时知道百姓苦于官吏过于苛酷，听说黄霸

① 张绍元：《文化自信：中华优秀传统文化核心思想理念读本》，中国言实出版社 2018 年版，第 261—262 页。
② 班固：《汉书》，中华书局 1962 年版，第 3628—3629 页。

执法公平，即位后征召黄霸让他担任廷尉正，（黄霸）多次决断疑难案件，廷尉称赞黄霸（决断）公平。（黄霸）暂时担任丞相长史的职务，因为与公卿聚会议于朝廷之中，知道长信少府夏侯胜非议诏书犯了大不敬，黄霸讨好他，不检举弹劾，他们俩都被下交给廷尉，囚禁在牢狱中应当处死。黄霸于是在狱中跟随夏侯胜学习《尚书》，又过了一个冬天，总共三年才出狱。夏侯胜出狱后，重新担任谏大夫，让左冯翊宋畸举荐黄霸为贤良。夏侯胜又在皇上面前口头推荐黄霸，皇上提拔黄霸担任扬州刺史。三年后，汉宣帝又下诏让黄霸担任颍川太守。

第五节　和　睦

▲家门和顺，万事乃兴

一、名人名言

1. 父子笃[1]，兄弟睦，夫妻和，家之肥[2]也。①（《礼记·礼运》）

注释

[1] 笃：笃厚，真诚，纯一。《论语·泰伯》："君子笃于亲，则民兴于仁。"

[2] 肥：本意为肥沃，引申为福气。

① 杨天宇：《礼记译注》，上海古籍出版社 1978 年版，第 130 页。

译文

父母子女感情深厚，兄弟姐妹和睦相处，丈夫与妻子恩爱相合，就构成了一个美满的家庭。

2. 阴阳和而后雨泽降，夫妇和而后家道成[1]。①（《幼学琼林·夫妇》）

注释

[1]“阴阳”二句：《易辞》曰：“密云不雨，盖必阴阳相和而雨方降。不可以云之盛遂为有雨，云不盛遂为无雨也。人之夫妇不和合，而欲家道之成也罕矣。”

译文

天地阴阳调和而后降下雨露，夫妻恩爱相合而后家道有成。

3. 家门和顺，虽饔飧[1]不济，亦有余欢。②（《朱子家训》）

注释

[1] 饔（yōng）飧（sūn）：一日三餐。早餐为饔，晚餐为飧。

译文

家庭中和美欢畅，即使一日三餐不齐备，也有享不完的快乐。

① 程登吉撰，邹圣脉增补：《幼学琼林》，岳麓书社 1986 年版，第 53 页。
② 朱用纯撰，周知民、王庆平译注：《朱子家训》，吉林人民出版社 2005 年版，第 11 页。

二、评点

众所周知，“家和万事兴”。家和，彼此在日常生活之中，就能相互照顾、相互扶持。而且，大家也可以生活在一个温馨的家庭之中，而享受幸福的时光。家和，意味着长辈关心和爱护晚辈。晚辈尊重和孝敬长辈。而同辈之间，也相亲相爱，和和睦睦。这样，整个家庭成员之间就能愉快地生活，共同地努力。大家有一个明确的目标，而且能够齐心协力地解决它。这就是有难同当，有福共享。有难同当，困难也就变得更渺小了；有福共享，幸福也就不断增大了。

“家和”作为我国的优良传统，如今仍然具有重要的理论和现实意义。在理论上，我们要一如既往地宣传这种价值观；在现实上，我们要真正地履行自己的义务，承担起家庭的重任，尊老爱幼，态度温和，求同存异，彼此谦让，共同努力，维护家庭的稳定和团结，从而构建起幸福的家庭，释放出强大的凝聚力，成为促进整个社会和谐稳定的生机和活力。

三、故事

1.举案齐眉

梁鸿，字伯鸾，扶风平陵人也。

埶[1]家慕其高节，多欲女之，鸿并绝不娶。同县孟氏有女，状肥丑而黑，力举石臼，择对不嫁，至年三十。父母问其故。女曰：“欲得贤如梁伯鸾者。”鸿闻而娉之。

女求作布衣、麻屦，织作筐缉绩[2]之具。及嫁，始以装饰[3]入门。七日而鸿不答。妻乃跪床下请曰：“窃闻夫子高义，简斥数妇，妾亦偃蹇[4]数夫矣。今而见择，敢不请罪。”

鸿曰：“吾欲裘褐[5]之人，可与俱隐深山者尔。今乃衣绮缟[6]，傅粉墨，岂鸿所愿哉？”

妻曰：“以观夫子之志耳。妾自有隐居之服。”乃更为椎髻，著布衣，操作而前。

鸿大喜曰：“此真梁鸿妻也。能奉我矣！”字之曰德曜，（名）孟光。

…………

遂至吴，依大家皋伯通，居庑[7]下，为人赁舂[8]。每归，妻为具食，不敢于鸿前仰视，举案齐眉。①（《后汉书·梁鸿传》）

注释

[1] 埶（shì）：古通“势”。

[2] 缉绩：纺织。

[3] 装饰：打扮，修饰。

[4] 偃（yǎn）蹇（jiǎn）：骄横，傲慢。

[5] 裘（qiú）褐：粗陋衣服。

[6] 绮（qǐ）缟（ gǎo）：精美而有花纹的丝织品。缟，未经染色的绢布。

[7] 庑（wǔ）：《说文解字》：“庑，堂下周屋也。”《释名》：“大屋曰庑。”

[8] 赁（lìn）舂（chōng）：受雇为人舂米。

译文

梁鸿，字伯鸾，是扶风平陵（今陕西咸阳市西北）人。

有权势的人家看中梁鸿高尚的品德，许多人想把女儿嫁给他，梁鸿全都谢绝不娶。与他同县的孟氏有一个女儿，长得又肥又丑还黑，力气大到能举起石臼。每次为她挑选婆家都不肯嫁，拖到现在已经三十岁了。父母问她不嫁的原因。她说：“我想要嫁给像梁伯鸾一样贤德的人。”梁鸿听说后就下聘礼，准备迎娶她。

---

① 范晔：《后汉书》，中华书局 1965 年版，第 2765—2768 页。

孟家女请求父母准备好布衣、草鞋，编好筐子，准备好纺织等用具。等到出嫁那天，她才开始精心打扮自己之后进门。不承想，婚后一连七日，梁鸿都一言不发。孟家女就端跪在梁鸿的床下，说：“私下曾听说夫君的贤名，寥寥几句便打发了数位女子，我也曾回绝刁难过几位男子。如今却不知道为什么被你责怪，特地过来向你请教我的过失。”

梁鸿说道：“我想求娶的是那种朴实的、能勤俭持家的伴侣，能够和我一起归隐到深山里生活的人。现在的你衣着华丽，脸上涂满粉黛，怎么会是我梁鸿所希望找的那个人呢？”

梁鸿的妻子说道：“我这么做就是要考察你的节操而已。我也是有那能隐居深山的服饰。”于是将发髻梳成椎髻，穿上布衣，开始忙前忙后。

梁鸿非常开心地说：“这才真是我梁鸿妻子的模样。定然能够侍奉好我呀！”梁鸿为妻子定表字德曜，取名孟光。

…………

于是来到吴地。投靠到大家皋伯通门下，住在廊庑之内，受雇帮人舂米作为营生。每天回家，妻子为他准备好饭菜伙食，在梁鸿跟前从不仰视，总是把装满食物的托盘高举到眉毛处，恭敬地侍奉梁鸿。

2.司马光的齐家之道

司马光出生在一个颇具政治经验和学问素养的家庭，整个家族累世聚居，人口众多，却都能和睦相处。族长对内治家有方，宗族间从无间言；对外慷慨尚义，抚恤孤寡。司马光就在这样的家族中成长，受到了良好的家庭教育。

这样的家庭教育，让司马光在自己的家庭中爱妻、敬兄、爱子，并以自身的行为，维持并影响着整个家庭的和谐关系。

北宋士大夫纳妾储妓的风俗并不鲜见，但司马光却是个例外。尽管与妻子张氏结连理三十年都没有子嗣，他也没想过要纳妾。他与张氏相依为命，白头偕老，因为张氏终身未育，司马光过继了大哥司马旦的一个儿子作为自己的子嗣，取名司马康。张氏去世后，为官清廉的司马光竟然拿不出足够的钱给妻子办丧事，只好把仅有的三顷薄田典当出去，为张氏置棺理丧，尽了自己作为丈夫的责任。

司马光对待大哥司马旦也非常恭敬，将兄弟间真挚的友爱之情发挥到了极致。司马旦八十多岁的时候，司马光也已年事不小了，但照料兄长之事从来都是亲自操持，不由仆人代劳。日日无微不至的照顾让兄弟之情变得温馨感人，一时传为美谈。

对于养子司马康，司马光也是教导有方，甚至专门撰写了《训俭示康》作为家训。在家训中，司马光用司马家族清白相承的家风、自己俭朴的生活态度和圣人“以俭为美”的道德观念，训诫司马康要发扬俭朴的家风，永不奢侈腐化。在司马光的言传身教之下，司马康自幼便勤奋好学，通晓经史，培养起了严谨的治学态度和深厚的史学功底。受到司马光言传身教影响的司马康，在侍奉父母方面也非常孝顺，张氏去世后，他悲痛至极，甚至三天三夜都滴水不进。

司马光的齐家之道告诉我们，想要使家族成员和睦相处，就一定要从自己做起，不仅要修养身心，也要以身作则，用自己的言行，影响家庭中的其他成员，遵照同样的行为规范，共同经营好整个家庭，然后再去治理社会、国家。[①]

3.许武治家有方

汉朝的时候，有个人叫许武。他有两个弟弟，一个叫许宴，一个叫许普，年纪都还非常小。因为父亲很早就过世了，身为长兄的许武必须要肩负家庭的重担。许武知道他的责任非常重大，白天到田里劳作，就把弟弟安置在树下荫凉的地方，教两个弟弟学习如何耕种；晚上回家就教两个弟弟读书。

如果两个弟弟不肯受教，他就跑到家庙向祖先禀明：今天我教导不利，所以两个弟弟才不受教。他把所有的责任自己承担下来，在祖先面前告罪，是自己的过失，忏悔自己没有尽心尽力。直到两个弟弟哭泣着来请罪，许武才站起来，而且他始终没有严声厉色地对待弟弟。

---

① 张绍元:《文化自信：中华优秀传统文化核心思想理念读本》，中国言实出版社 2018 年版，第 266—267 页。

后来许武被推荐为孝廉。为了让两个弟弟也能够成名，跟他一样被推举为孝廉，就故意把家产分为三份，自己取最好的，让弟弟得到的又少又不好，让所有亲朋好友、邻里都骂这个哥哥贪婪，使两个弟弟得到谦让的美名，从而被推举。

等到弟弟们在品德、学问和产业上都有所成就，也被推举为孝廉时，哥哥才把亲朋好友聚集在一块，把他成就两个弟弟的苦心表露了出来。当场的人都非常惊讶，从此以后，乡里的人都称他“孝悌许武”。郡守和州刺史推荐许武出来为民服务，并且请他担任“议郎”的官职。

许武的声望非常显赫，不久，他却辞去官职而返回故乡，先为两位弟弟张罗婚事，而后自己才娶妻。兄弟们生活在一起，相处得非常融洽。

第六节　道　合

▲志同道合，择善而交

一、名人名言

1. 故曰：与善人居，如入芝兰[1]之室，久而不闻其香，即与之化矣；与不善人居，如入鲍鱼[2]之肆[3]，久而不闻其臭，亦与之化矣。丹[4]之所藏者赤，漆之所藏者黑。是以君子必慎其所与处者焉。①（《孔子家语·六本》）

① 王肃注，太宰纯增注，宋立林校点：《孔子家语》，上海古籍出版社2019年版，第128页。

注释

[1] 芝兰：芝和兰是两种香草，古时比喻高尚的德行或美好的友情、环境。

[2] 鲍鱼：咸鱼，其气味腥臭。《说文解字》："鲍，饐（yì）鱼也。"《周礼·笾人》："鲍者，于楅室中糗干之，出于江淮也。"

[3] 肆：店铺。

[4] 丹：朱砂。

译文

所以说：与品德高尚的人交往，就像进入充满兰花香气的房间，时间久了就闻不到兰花的香味，那是因为自己已经与花的香气融为一体了；与品行低劣的人交往，就像进入卖咸鱼的店铺，时间久了就闻不到咸鱼的臭味，也是因为自己已经与臭味融为一体了。用来保藏朱砂的容器会变成红色，盛放大漆的容器会变成黑色。因此，君子一定要谨慎地选择要相处的朋友和环境。

2. 孔子曰："益者三友，损者三友。友直，友谅[1]，友多闻，益矣。友便辟[2]，友善柔[3]，友便佞[4]，损矣。"①（《论语·季氏第十六》）

注释

[1] 谅：诚实。《说文解字》："谅，信也。""谅"和"信"有时候意义相同，这里便是如此。

[2] 便（pián）辟（pì）：谄媚逢迎。邢昺疏："便辟，巧辟人之所忌以求容媚者也。"便，《说文解字》："諞，便，巧言也。从言扁声。《周书》曰：'截截善諞言。'《论语》曰：'友諞佞。'"故便，可作諞讲，即巧言。辟，僻，便辟之所、暗处，即见不得人处。

① 朱熹：《四书章句集注》，中华书局 1983 年版，第 171 页。

[3] 善柔：阿谀奉承的人。邢昺疏："善柔，谓面柔，和颜悦色以诱人者也。"

[4] 便（pián）佞（nìng）：口才辩巧，善于逢迎，而所言不实。佞，谄谗之徒。

译文

孔子说："有益的朋友三种，有害的朋友三种。同正直的人交友，同信实的人交友，同见闻广博的人交友，便有益了。同谄媚奉承的人交友，同当面恭维背面诽谤的人交友，同夸夸其谈的人交友，便有害了。"

3. 管宁[1]、华歆[2]共园中锄菜，见地有片金，管挥锄与瓦石不异，华捉而掷去之。又尝同席读书，有乘轩冕[3]过门者，宁读如故，歆废书出看。宁割席分坐曰："子非吾友也。"①（《世说新语·德行》）

注释

[1] 管宁：《傅子》曰："宁字幼安，北海朱虚人，齐相管仲之后也。"

[2] 华歆：《魏志》曰："歆字子鱼，平原高唐人。"《魏略》曰："灵帝时与北海邴原、管宁俱游学相善，时号三人为一龙。谓歆为龙头，宁为龙腹，原为龙尾。"

[3] 轩（xuān）冕（miǎn）：原指古时大夫以上官员的车乘和冕服，后引申为借指官位爵禄，国君或显贵者，泛指为官。

译文

管宁和华歆一同在菜园中锄草，他们都看见了地上有一块金子，管宁依旧挥动锄头，神情跟看到瓦片石块一样。华歆捡起金子非常高兴，偷偷看了一眼管宁

① 余嘉锡：《世说新语笺疏》，中华书局 1983 年版，第 13 页。

的神色，就把金子扔掉了。他们曾坐在同一张席子上读书，有个人坐着豪华轿子从门前经过，管宁仍然像原来一样专心读书，华歆却放下书出去观看。于是管宁割断席子与华歆分开坐，并说："你不是我的朋友啊！"

二、评点

道合，就是志同道合。这就意味着志趣相投的人，因为共同的理想和信念，携手走在了一起，并肩奋斗、奋勇向前。事实上，只有道相同，才能共渡难关，共谋发展。否则，只能各奔东西了。古人云："道不同，不相为谋。"就是这个道理。所以，我们在日常生活之中，要想方设法地找到自己的真心朋友。孔子所说的"择其善者而从之"，这个"从"，不仅表明要效仿善者，还说明要接近善者，紧随其后，成为相互勉力的好友。所以，孟母三迁、择善而处的道理，在当今仍然具有现实的意义。因为良师益友可以处处提醒我们，提携我们，从而让我们人生的道路更加通畅、更加顺利。否则，我们的错误无人告知，我们也不知如何改正，这样，我们的人生道路就会更加弯弯曲曲，充满艰辛。

三、故事

1.高山流水

伯牙[1]善鼓[2]琴，钟子期[3]善听。伯牙鼓琴，志在登高山[4]。钟子期曰："善哉！峨峨[5]兮若泰山！"志在流水。钟子期曰："善哉！洋洋[6]兮若江河！"伯牙所念，钟子期必得之。伯牙游于泰山之阴[7]，卒[8]逢暴雨，止于岩下，心悲，乃援琴[9]而鼓之。初为霖雨之操[10]，更造崩山之音，曲每奏，钟子期辄穷其趣。伯牙乃舍琴而叹曰："善哉，善哉，子之听夫！志想象犹吾

心也。吾于何逃声[11]哉？”①（《列子·汤问》）

注释

[1] 伯牙：春秋时精于琴艺的人。传说中，伯牙曾跟随著名的琴师成连先生学琴，三年不成。后随成连至东海蓬莱山，闻海水澎湃、林鸟悲鸣之声，心有所感，乃援琴而歌。从此琴艺大进，终成天下妙手。琴曲《水仙操》《高山流水》，相传均为他所作。

[2] 鼓：敲击弹奏。

[3] 钟子期：传说为春秋时代人，极善知音，伯牙的朋友。

[4] 志在登高山："登"字当为衍文。"志在高山"与下面的"志在流水"相对成文。

[5] 峨峨：高大的样子。

[6] 洋洋：盛大的样子。

[7] 阴：山北为阴。

[8] 卒：同"猝"，突然。

[9] 援：引，取。

[10] 操：琴曲的一种，曲调凄婉，一般为表达内心忧虑、处世困穷而作。

[11] 逃声，隐匿自己的声音。

译文

伯牙擅长弹琴，钟子期善于倾听。伯牙弹琴的时候，心里想着巍峨的高山。钟子期说："好啊！巍峨的样子就像泰山！"（伯牙弹琴时）心里想着宽广的江河。钟子期说："好啊！浩浩荡荡的样子宛如一望无际的江河！"伯牙鼓琴时心中所想念的，钟子期一定能从他的琴音中领会到。

---

① 张湛注，卢重玄解，殷敬顺、陈景元释文，陈明校点：《列子》，上海古籍出版社2014年版，第155—156页。

伯牙在泰山的北面游览，突然遇到暴雨，（只能）止步在岩石下避雨，心里感到伤感，于是取过琴并弹奏它。（伯牙）起初弹奏了悲感于连绵大雨的琴曲，接着又奏出了高山崩塌的壮烈之音。每弹奏一曲，钟子期总能悟透其中旨趣。伯牙放下琴感叹地说："您聆听琴趣的能力真是好啊！好啊！您想象出的琴曲情谊，正符合我弹奏时的心意啊！我弹琴时到哪里掩藏自己的心声啊？"

2.管鲍之交

管仲[1]夷吾者，颍上[2]人也。少时常与鲍叔牙游[3]，鲍叔知其贤。管仲贫困，常[4]欺鲍叔，鲍叔终善遇之，不以为言。已而鲍叔事齐公子小白[5]，管仲事公子纠[6]。及小白立为桓公，公子纠死，管仲囚焉。鲍叔遂进[7]管仲。管仲既用，任政[8]于齐，齐桓公以霸，九合诸侯，一匡天下，管仲之谋也。

管仲曰："吾始困时，尝与鲍叔贾[9]，分财利多自与，鲍叔不以我为贪，知我贫也。吾尝为鲍叔谋事而更穷困[10]，鲍叔不以我为愚，知时有利不利也。吾尝三仕三见逐[11]于君，鲍叔不以我为不肖[12]，知我不遭时也。吾尝三战三走[13]，鲍叔不以我怯，知我有老母也。公子纠败，召忽死之[14]，吾幽囚受辱，鲍叔不以我为无耻，知我不羞小节而耻功名不显于天下也。生我者父母，知我者鲍子也。"

鲍叔既进管仲，以身下之[15]。子孙世禄于齐，有封邑者十余世，常为名大夫。天下不多[16]管仲之贤而多鲍叔能知人也。①（《史记·管晏列传》）

注释

[1] 管仲：字仲，名夷吾，齐国颍上人，春秋前期齐相，曾辅佐齐桓公成就霸业。

[2] 颍上：颍水边上。颍水发源于今河南省登封市，东南流，在今安徽省寿县西南入淮水。

① 司马迁：《史记》，中华书局 1959 年版，第 2131—2132 页。

[3] 鲍叔牙：齐国大夫，以知人著称。游：盘桓，交往，这里实际指共同经商。

[4] 常：通“尝”，曾经。

[5] 鲍叔事齐公子小白：事，侍奉。公子小白，日后的齐桓公。

[6] 公子纠：公子小白的同父异母兄弟。

[7] 进：引进，推荐。

[8] 任政：主持国家政事。

[9] 贾（gǔ）：做买卖。旧时行商曰“商”，坐商曰“贾”。

[10] 吾尝为鲍叔谋事而更穷困：谋事，出主意，谋划解决问题的办法。更穷困，处境更不利，指事情越办越糟。

[11] 见逐：被罢免。

[12] 不肖：不类（其父），指没有出息。

[13] 走：败逃。

[14] 公子纠败，召（shào）忽死之：召忽原与管仲共同辅佐公子纠，齐桓公即位后，令鲁杀公子纠而送回召忽与管仲，其目的是想任用这两个人。结果召忽不听，自杀而死，独有管仲自甘被解送回齐。

[15] 以身下之：以身作则地甘处于管仲之下。

[16] 多：称道，赞颂。

译文

管仲，名夷吾，是颍上人。他年轻的时候，常和鲍叔牙交往，鲍叔牙知道他贤明、有才干。管仲家中贫穷困苦，曾经占鲍叔的便宜，但鲍叔始终很好地对待他，不因为这些事情而有什么怨言。不久，鲍叔侍奉齐国公子小白，管仲侍奉公子纠。等到小白即位，立为齐桓公以后，桓公让鲁国杀了公子纠，管仲被囚禁。于是鲍叔向齐桓公推荐管仲。管仲被任用以后，在齐国执政，桓公凭借着管仲而称霸，并以霸主的身份，多次会合诸侯，使天下归正于一，这都是管仲的智谋。

管仲说：“我当初贫困的时候，曾经和鲍叔一起做生意。分财利时，自己总是多要一些，鲍叔并不认为我贪财，而是知道我家里贫穷。我曾经替鲍叔谋划事情，反而使他更加困顿不堪，陷于窘境，鲍叔不认为我愚笨，他知道时运有时顺利，有时不顺利。我曾经多次做官多次都被国君驱逐，鲍叔不认为我不成器，他知道我没遇上好时机。我曾经多次打仗多次逃跑，鲍叔不认为我胆小，他知道我家里有老母需要赡养。公子纠失败，召忽为之殉难，我被囚禁遭受屈辱，鲍叔不认为我没有廉耻，知道我不会因为小的过失而感到羞愧，却以功名不显扬于天下而感到耻辱。生养我的是父母，真正了解我的是鲍叔啊。"

鲍叔推荐了管仲以后，情愿把自身置于管仲之下。他的子孙世世代代在齐国享有俸禄，得到封地的有十几代，多数是著名的大夫。因此，天下的人不称赞管仲的才干，反而赞美鲍叔能够识别人才。

3.莫逆之交

子祀、子舆、子犁、子来[1]四人相与语曰："孰能以无为首，以生为脊，以死为尻[2]，孰知生死存亡之一体者，吾与之友矣口。"四人相视而笑，莫逆于心[3]，遂相与为友。①（《庄子·内篇·大宗师》）

注释

[1] 子祀（sì）、子舆（yú）、子犁、子来：寓言故事中虚构的人名。

[2] 尻（kāo）：脊骨最下端，也泛指臀部。

[3] 莫逆于心：内心相契，情感一致。

译文

子祀、子舆、子犁、子来四个人在一块交谈说："谁能够把无当作头，把生当作脊柱，把死当作尻尾，谁能够通晓生死存亡浑然一体的道理，我们就可以跟他交朋

① 陈鼓应：《庄子今注今译》，商务印书馆 2007 年版，第 222 页。

友。”四个人都会心地相视而笑，心心相契却不说话，于是相互交往成为朋友。

4.嵇康托孤山巨源

“嵇绍不孤”说的是魏晋时期，“竹林七贤”之一的嵇康与山涛（山巨源）之间的托孤故事。嵇康被杀时，将自己的儿子嵇绍托付给了同为“竹林七贤”之一的山涛，并对儿子说：“山公尚在，汝不孤矣。”

嵇康是“竹林七贤”的精神领袖，对老庄、养生、音乐等有着浓厚的兴趣，对政治场中的争斗则非常厌恶。当时，司马氏与曹氏在政治上的争斗日趋激烈，而嵇康出于自己是曹氏女婿的身份，在情感上偏向曹氏一边，尽管司马氏也曾想拉拢嵇康，但无奈嵇康就是不肯与司马氏合作。嵇康出身寒门，在当时的社会中拥有很高的声望，他不愿与司马氏合作，也就影响了一批人拒绝司马氏递送的橄榄枝，所以被司马氏视为眼中钉、肉中刺，欲除之而后快。

虽然同为“竹林七贤”中的重要人物，嵇康与山涛在性情上却有很大的不同。嵇康向往自然，再加上不愿卷入政治争斗，所以超然于世外，不受世俗礼法所拘。山涛却一直有着做官的梦想，希望到官场中实现自己经世济民的伟大志向。就是这样性情迥异的两个人，竟然结下了深厚的感情。这也就可以解释，为什么嵇康在临死前为嵇绍选择的监护人不是自己的哥哥嵇喜，也不是一向敬重的阮籍，而是曾一度绝交的山涛，就是因为嵇康与山涛互视对方为知己。

两人的关系是在山涛由选曹郎调任大将军从事中郎后出现的转折。关于这个事件，嵇康的《与山巨源绝交书》中有所交代。嵇康之所以写下这篇《绝交书》，是因为山涛在升任从事中郎的职务后，向当时的司马氏举荐了嵇康，希望让嵇康担任自己曾担任的选曹郎一职。当听说了这个消息后，嵇康便写信拒绝了山涛的举荐，并申明自己的性情禀赋并不适于世俗礼法的约束，表现出蔑视世俗礼法的强烈感情，同时也抒发出了对山涛的鄙夷和对时局的不满。

这也就部分地诠释了“魏晋风骨”的内涵，除了从各人骨子里显现出来的贵族式的、追求诗意生活的态度，更有对理想不顾一切的坚持。所以，当曾经交往最深、伤害也最深的朋友——嵇康，在被杀头之时将嵇绍托付给自己的时候，山涛选择了对心中笃信的信念的坚持，从嵇康的手中接过了抚养嵇绍的重任，视嵇绍如自己亲生的儿子，将嵇绍养大成人并举荐给晋武帝。山涛用自己的行动，诠释了朋友之间的责任和道义，让嵇绍即使是失去父亲之后，也仍能获得慈父般的关怀和教导。山涛与嵇康之间的这段托孤故事，也在历史上成为浓墨重彩的一笔，成为千古传颂的佳话。①

第七节　合　一

▲天人合一，万物齐一

一、名人名言

1. 夫“大人”者，与天地合其德，与日月合其明，与四时合其序，与鬼神合其吉凶[1]。先天[2]而天弗违，后天[3]而奉天时[4]。②（《易经·乾卦·文言》）

注释

[1]“与天地合其德”四句：合犹言符合、相同。这四句是通过多种比拟来赞

① 张绍元：《文化自信：中华优秀传统文化核心思想理念读本》，中国言实出版社 2018 年版，第 275—276 页。

② 朱熹：《周易本义》，北京大学出版社 1992 年版，第 166 页。

扬“大人”。《正义》：“此论大人之德无所不合，广言所合之事。与天地合其德者，庄氏云，谓覆载也；与日月合其明者，谓照临也；与四时合其序者，若赏以春夏、刑以秋冬之类也；与鬼神合其吉凶者，若福善祸淫也。”

[2] 先天：先于天象，这里指自然界尚未出现变化时，就预先采取必要的措施。

[3] 后天：后于天象，这里指自然界出现变化之后，及时采取适当的措施。

[4] 天时：指大自然的阴晴寒暑等变化规律。

译文

九五爻辞所说的“大人”，他的道德像天地一样覆载万物，他的圣明像日月一样普照大地，他的施政像四时一样井然有序，他示人吉凶像鬼神一样奥妙莫测。他先于天象而行动，天不违背他；后于天象而处事，也能遵循天的变化规律。

2. 孟子曰：“尽其心者[1]，知其性也。知其性，则知天矣。存其心[2]，养其性[3]，所以事天也。殀[4]寿不贰[5]，修身以俟之，所以立命也。”①（《孟子·尽心上》）

注释

[1] 心者：朱熹《四书章句集注》云：“心者，人之神明，所以具众理而应万事者也。”

[2] 存其心：朱熹《四书章句集注》云：“存谓操而不舍。”

[3] 养其性：朱熹《四书章句集注》云：“养，谓顺而不害。”

[4] 殀（yǎo）：同“夭”，夭折。

① 朱熹：《四书章句集注》，中华书局 1983 年版，第 349 页。

[5] 不贰：赵岐注云："虽见前人或殀或寿，终无二心改易其道。"

译文

孟子说："竭尽了人的本心就知晓了人的本性，知晓了人的本性就知晓了上天。保持人的本心，养育人的本性，以此来侍奉上天。短命长寿都不三心二意，修饬自身来等候上天的安排，以此来安身立命。"

3. 天亦有喜怒之气[1]哀乐之心，与人相副[2]。以类合之，天人一也。春，喜气也，故生；秋，怒气也，故杀；夏，乐气也，故养；冬，哀气也，故藏。四者，天人同有之，有其理而一用之。与天同者大治，与天异者大乱，故为人主[3]之道，莫明于在身之与天同者而用之，使喜怒必当义乃出，如寒暑之必当其时[4]乃发也，使德之厚于刑也，如阳之多于阴也。①（《春秋繁露·阴阳义》）

注释

[1] 气：《左传·昭公元年》："天有六气。"注："谓阴、阳、风、雨、晦、明也。"

[2] 相副：相称；相符。

[3] 人主：人君，君主。

[4] 当其时：正当其时。当，正值、正当。

译文

上天也拥有喜悦愤怒的气，悲哀快乐的心，跟人相称的。天的气候与人的情

① 董仲舒撰，凌曙注：《春秋繁露》，中华书局 1975 年版，第 418 页。

绪可以同类相合，说明天和人是统一的。春季是喜气，所以生长万物；秋季是怒气，所以诛杀万物；夏季是乐气，所以养育万物；冬天代表着哀愁，所以储藏万物。这四种情绪，是上天与人共同具有的，拥有了它们相通的道理就能统一运用它们。人与天同一便会出现大治局面，人与天相异便会出现大的纷乱，所以做君主的道理，没有比自身与上天情绪同一时就运用它更加明确了，使喜悦和愤怒一定要合于道义时才表现出来，就像寒暑一定要合于时节才发生一样，使恩德比刑罚深厚，就像要阳气比阴气盛多一样。

二、评点

“天人合一”是中国哲学中最广泛的概念，自始至终贯穿着中国传统文化的每一个进程。中国哲学认为，人和自然是有机统一的整体，人应当效法自然，遵守自然规律，与自然和谐相处。如果不了解自然规律而又强作妄为，就会招致凶险的后果。

“天人合一”是我国人民在长期的生活实践中总结出来的哲学思想、美学理念。这种思想从来没有把人与万物对立起来，而是把人与万物看作是一个连续性的、动态性的、生命性的整体。这种思想，使人对万物都有一颗同情与怜悯之心，所谓“仁者以天地万物为一体”，就是这种理念的最佳体现。也正因为万物一体，个人才能一体万物。以自己的本心、良知，去观照世界万物，去发现万物的生机和活力，体验其中鸢飞鱼跃的乐趣。这时，自己身体虽然是渺小的，但精神境界却很高远。换言之，在“天人合一”的思想观念下，我们能够与自然和谐相处，能够保持良好的生态环境，让子子孙孙、世世代代都过上幸福而美好的生活。

三、故事

1.庄周梦蝶

昔者庄周梦为胡蝶，栩栩然[1]胡蝶也，自喻适志与[2]，不知周也。俄然觉，则蘧蘧然[3]周也。不知周之梦为胡蝶与，胡蝶之梦为周与？周与胡蝶，则必有分矣。此之谓物化[4]。①（《庄子·齐物论》）

注释

[1] 栩（xǔ）栩然：欣然自得的样子。

[2] 自喻适志与：喻，通作“愉”，愉快。适志，合乎心意，心情愉快。

[3] 蘧（qú）蘧然：惊惶的样子。

[4] 物化：事物自身的变化。根据本段文意，所谓变化即外物与自我的交合，推进一步，一切事物也都将浑而为一。

译文

过去庄周梦见自己变成蝴蝶，欣然自得地飞舞着的一只蝴蝶，感到多么愉快和惬意啊！不知道自己原本是庄周。突然间醒过来，惊惶不定之间方知原来是我庄周。不知是庄周梦中变成蝴蝶呢，还是蝴蝶梦见自己变成庄周呢？庄周与蝴蝶那必定是有区别的。这就可叫作物我的交合与变化。

2.程颐谏折柳

程颐[1]为讲官[2]。一日讲罢，未退，上偶起凭栏，戏折柳枝。颐进曰：“方春发生，不可无故摧折。”上掷枝于地，不乐而罢。遇了孟夫子[3]，好

① 陈鼓应：《庄子今注今译》，商务印书馆 2007 年版，第 109 页。

货、好色都自不妨。遇了程夫子，柳条也动一些不得。苦哉，苦哉！①（《古今谭概》）

注释

[1] 程颐：即程伊川，北宋理学家。

[2] 讲官：即侍讲、侍读，为皇帝讲论经史，辅导读书。

[3] 遇了孟夫子：孟夫子，孟轲，战国时儒家学派的大思想家，著有《孟子》七篇。《孟子》中记载孟轲与梁惠王的谈话，梁惠王说自己有“好色”“好货”之疾，孟子说，只要是与民众同享，好色、好货均无妨害。见《孟子·梁惠王下》。

译文

程颐曾经当过小皇帝宋哲宗的老师。一次，程颐讲完课没走，小皇帝站起来，倚着栏杆，情不自禁地伸手折下一枝柳条玩赏。不料却被程颐厉声呵斥：“住手！这柳枝的发芽体现了万物的欣欣生意，你折断它就摧残了它的生意。我不是给你讲过‘仁者与天地万物为一体’吗？你这课白听了？”小皇帝把柳枝摔在地上，很不乐意，心里嘀咕：“遇上了孟夫子，爱钱财、好色，都没什么。遇上了程夫子，柳条也动不得。苦啊！苦啊！”

3.儒家“天人合一”思想的流变

中国古代的“天人合一”思想，是一个影响了整个中国古代文化史的重要思想。它根源于商代的占卜，所谓的“天人合一”，也就是将上天看作有意志的神，称作“帝”或“天帝”，认为它能掌管、主宰天地万物，所以在征战、田猎、生病、行止时，都要向天帝卜问吉凶。从这个时候起，上天与人的关系被定性为主从关系，只是这个时候的“神”还没有道德属性，人大多是盲目屈从

① 冯梦龙撰，栾保群点校：《古今谭概》，中华书局2007年版，第3页。

于神的意志。

到了西周时期，天与人大致上仍然是主从关系，但有了明显的道德属性，认为上天有“敬德保民”的义务。人必须遵从天神、服从天命上升为一种道德规范，服从能得到上天的赏赐，否则就会受到上天的惩罚。

到了春秋后期，被赋予了人格的上天遭到了质疑，原本有着超强能力的神逐渐被世俗化，开始出现了儒家和道家在认识上的分歧。大体来说，儒家的“天”一直保有着西周时期的道德属性，因而儒家一直强调人与义理、道德的“合一”，道家的“天”指的则是自然，它的“天人合一”讲的是人与自然的和谐统一。

儒家思想发端于孔子，孔子却很少讨论天德，仍然是以“天”为大。在“德”的问题上，孔子认为“仁”是“德”的核心，仁的根源不在“天”，而是孝悌之类的自然情感，也就是人的自然本性。

后世儒家传承的天人合一的思想，基本是孟子的思想。《孟子·尽心上》中说“尽其心者，知其性也；知其性则知天矣”“万物皆备于我”，便是主张上天与人心是合一的。人心有“四端”，即“恻隐之心”“羞恶之心”“恭敬之心”“是非之心”，所以上天也有这“四端”。这便构成了孟子的“性善论”观点，也奠定了儒家“天人合一”的核心思想。孟子思想中隐含的模糊观点——“万物一体”，则成为宋、明儒者研究“天人合一”的出发点。

孟子“天人合一”的主张，对后世产生了重大而深远的影响。到了汉代，“天人合一”思想迎来了又一个发展高峰，以董仲舒为代表的儒生，将孟子主张的“天人合一”思想推向了另一个方向，出现了明确的高低贵贱不等的社会分层。基于这种论调，人们之间的各种关系，如君臣、父子、夫妻，都变得非常不平等，“三纲”之说就此形成。

董仲舒将人性分为圣人、中民、斗筲三等，且三个等级中“中民”具有可变性，施之教化则可上升为圣人，否则便会堕入斗筲的行列，与孔子的论调相符而与孟子相去甚远。他还将当时盛行的阴阳五行学说引入“天人合一”理论，认为上天有自己的意志，能主宰人世间的吉凶赏罚，所以人必须遵循上天的意旨，否则就会降下灾害“谴告之”，所以人们无论有无道德，都会受到“天”的赏罚。

在董仲舒的理论体系中，“天”是包括人在内的自然万物的本原，也具有人的所有本性，如“喜怒之气”“哀乐之心”等，是人的自然意志的翻版，如此才能与人真正地“合一”。

到了宋明时期，儒家的“天人合一”思想便达到了顶峰。宋代儒者从孟子的学说出发，发展出了天地万物与人本为一体的观点，并由孔孟主张的“差等之爱”发展出了“博爱”的思想，从而将儒家的伦理道德思想又向前推进了一步。这一时期的代表人物有程颐、程颢、朱熹、陆九渊等人。

程颢的功绩在于他首先明确提出了“仁者以天地万物为一体”的论断，从而让孟子“万物皆备于我”的理论有了更为具体而生动的阐发。陆九渊则传承了程颢的这种观点，构建出了“心即是理”的理论框架。与程颢认为的万物的根本为“仁”不同，程颐、朱熹认为万物是以“理”为根本的，所以“天人合一”也就突出地表现为“理人合一”。

明代理学的代表人物是王阳明，是“天人合一”思想的集大成者。他传承于陆九渊的思想，并进一步阐发了陆九渊的“心即是理”的主张。他认为，是人心使天地万物有了更多的意义，如若离开了人心，天地万物虽然存在，却没有映射到人的感官世界里，没有被人看到，也就失去了存在的意义。

所以，王阳明认为，“天人合一”思想的意义，在于使人与天地万物更加融洽无间。此外，王阳明还主张“一体之仁”的观点，认为正是“一体之仁”的存在，才让世间万物有了彼此亲疏远近的感情，才不会彼此麻木不仁，体现出了“博爱”的思想。

王阳明之后，“天人合一”思想继续代代相传。直到今日，在我国思想文化中，仍然发挥着重要的作用，指导我们的日常生活与社会建设。①

① 张绍元:《文化自信：中华优秀传统文化核心思想理念读本》，中国言实出版社 2018 年版，第 280—282 页。

第六章　求大同

第一节　大　公

▲大道之行，天下为公

一、名人名言

1. 平出于公[1]，公出于道[2]。①（《吕氏春秋·大乐》）

注释

[1] 公：正。

[2] 道：道德。

译文

和平源于公正，公正源于道德。

① 高诱注，毕沅校正，余翔标点：《吕氏春秋》，上海古籍出版社 1996 年版，第 76 页。

2. 孔子曰："大道[1]之行也，天下为公，选贤与能，讲信修睦。故人不独亲其亲，不独子其子，使老有所终，壮有所用，幼有所长，鳏寡孤独废疾者，皆有所养；男有分，女有归；货恶其弃于地也，不必藏于己；力恶其不出于身也，不必为己。是故谋闭而不兴，盗窃乱贼而不作，故外户而不闭，是谓大同[2]。"①（《礼记·礼运》）

注释

[1] 大道：古代指政治上的最高理想。

[2] 大同：指理想社会。同，有和平的意思。

译文

孔子说："在大道施行的时代，整个天下是人们共有的。选拔有德行有才能的人做领导，彼此之间讲求诚信，和睦相处。所以人们不单单亲近自己的父母，爱护自己的孩子，让老年人能安享晚年，青壮年能发挥专长，小孩子能顺利成长，使鳏夫、寡妇、丧父的幼儿、丧子的老人以及肢体残缺的人都能得到应有的供养；男子都有职务，女子都能适时有自己的归宿；人们憎恶将财货丢弃在地上的行为，却不一定会自己私藏；人们都愿意为公众的事情竭尽心力，不一定为自己牟取私利。因此奸邪的事不会生出，盗窃、叛乱、祸害人的事情不会发生，所以外出时只需把门带上而不用上锁，这就是所谓的'大同'了。"

3. 所谓平天下在治[1]其国者：上老老而民兴孝，上长长而民兴弟，上恤孤而民不倍，是以君子有絜矩[2]之道也。②（《大学》）

① 杨天宇：《礼记译注》，上海古籍出版社 2004 版，第 265 页。

② 朱熹：《四书章句集注》，中华书局 1983 年版，第 10 页。

注释

[1] 治：治理。

[2] 絜（xié）矩（jǔ）：絜，度量。矩，画方形的用具，引申为法度。儒家以絜矩来象征道德上的规范。

译文

所谓的平定天下要治理好自己的国家，是因为在上位的人尊敬老人，老百姓就会孝顺自己的父母；在上位的人尊重长辈，老百姓就会尊重自己的兄长；在上位的人体恤救济孤儿，老百姓也会同样跟着去做。所以，品德高尚的人总是实行以身作则、推己及人的“絜矩之道”。

二、评点

“大道之行也，天下为公”这句话是出自《礼记》的《礼运》篇。“大道之行也，天下为公”为人们描绘了一种美好的社会形态，体现了古人对美好社会形态的一种憧憬与向往。这不仅是古人所追求的一种美好的社会形态，也是世世代代的人类社会所追求的一种社会形态。这句话的意思是：当社会发展到一种最高的形态的时候，那么天下就是所有人所公有的。这是对人类社会的一种最高的追求，在这样的人类社会中，人们互帮互助，没有钩心斗角，只有人与人之间的和谐相处。但是，古人所提出的这种社会境界，在古代中国到现代中国也都并没有实现，因为太过于理想化，离现实太远，但这种社会形态仍然是人类社会的最高追求。在现代社会，我们的社会主义核心价值观所要求的富强、民主、文明、和谐就是这种社会形态的一种表现形式。

三、故事

1.桃花源记

晋太元中，武陵人捕鱼为业。缘溪行，忘路之远近。忽逢桃花林，夹岸数百步，中无杂树，芳草鲜美，落英缤纷，渔人甚异之，复前行，欲穷其林。

林尽水源，便得一山，山有小口，仿佛若有光。便舍船，从口入。初极狭，才通人。复行数十步，豁然开朗。土地平旷，屋舍俨然[1]，有良田、美池、桑竹之属。阡陌交通[2]，鸡犬相闻。其中往来种作，男女衣着，悉如外人。黄发垂髫，并怡然自乐。

见渔人，乃大惊，问所从来。具答之。便要还家，设酒杀鸡作食。村中闻有此人，咸来问讯。自云先世避秦时乱，率妻子邑人来此绝境，不复出焉，遂与外人间隔。问今是何世，乃不知有汉，无论魏晋。此人一一为具言所闻，皆叹惋。余人各复延至其家，皆出酒食。停数日，辞去。此中人语云："不足为外人道也。"

既出，得其船，便扶向路，处处志之。及郡下，诣太守，说如此。太守即遣人随其往，寻向所志，遂迷，不复得路。

南阳刘子骥，高尚士也，闻之，欣然规往。未果，寻病终，后遂无问津[3]者。①

注释

[1] 俨（yǎn）然：整齐的样子。

[2] 阡陌交通：田间小路交错相通。阡陌，田间小路。南北走向的路叫阡，东西走向的路叫陌。交通，交错相通。

[3] 问津：问路。这里是访求、探求的意思。

① 吴楚材、吴调侯编：《古文观止》，三秦出版社 2008 年版，第 79—80 页。

译文

东晋太元年间，武陵郡有个人以打鱼为生。他顺着溪水行船，忘记了路程的远近。忽然遇到一片桃花林，生长在溪水的两岸，长达几百步，中间没有别的树，花草鲜嫩美丽，落花纷纷地散在地上。渔人对此（眼前的景色）感到十分诧异，继续往前行船，想走到林子的尽头。

桃林的尽头就是溪水的发源地，于是便出现一座山，山上有个小洞口，洞里仿佛有点光亮。于是他下了船，从洞口进去了。起初洞口很狭窄，仅容一人通过。又走了几十步，突然变得开阔明亮了。（呈现在他眼前的是）一片平坦宽广的土地，一排排整齐的房舍。还有肥沃的田地、美丽的池沼、桑树竹林之类的。田间小路交错相通，鸡鸣狗叫到处可以听到。人们在田野里来来往往耕种劳作，男女的穿戴，跟桃花源以外的世人完全一样。老人和小孩们个个都安适愉快，自得其乐。

村里的人看到渔人，感到非常惊讶，问他是从哪儿来的。渔人详细地做了回答。村里有人就邀请他到自己家里去（做客），设酒杀鸡做饭来款待他。村里的人听说来了这么一个人，就都来打听消息。他们自己说他们的祖先为了躲避秦时的战乱，领着妻子儿女和乡邻来到这个与人世隔绝的地方，不再出去，因而跟外面的人断绝了来往。他们问渔人现在是什么朝代，他们竟然不知道有过汉朝，更不必说魏晋两朝了。渔人把自己知道的事一一详尽地告诉了他们，听完以后，他们都感叹惋惜。其余的人各自又把渔人请到自己家中，都拿出酒饭来款待他。渔人停留了几天，向村里人告辞离开。村里的人对他说："我们这个地方不值得对外面的人说啊。"

渔人出来以后，找到了他的船，就顺着旧路回去，处处都做了标记。到了郡城，到太守那里去说，报告了这番经历。太守立即派人跟着他去，寻找以前所做的标记，终于迷失了方向，再也找不到通往桃花源的路了。

南阳人刘子骥，是个志向高洁的隐士，听到这件事后，高兴地计划前往。但没有实现，不久因病去世了。此后就再也没有问桃花源路的人了。

2.大禹治水

大禹姓姒，名文命，因治水有功，后人称他为大禹。

相传距今约四千多年前，尧舜时期，生产力很低下，生活条件艰苦，有些大河每隔一年半载就要闹一次水灾。有一次，黄河流域发生了特大的水灾。洪水横流，滔滔不绝，冲毁房屋，淹没田地，五谷不收，人民死亡。活着的人们只得逃到山上去避难。

为了解除水患，尧派鲧去治水，鲧沿用了传统的水来土挡的办法治水。鲧治水九年，劳民伤财，一事无成，不仅没有把洪水制服，洪水反而闹得更凶了。

舜接替尧之后，见鲧对洪水束手无策，耽误了大事，就把鲧处死。随后，他又命鲧的儿子禹继续治水。

大禹领命之后，接受了以前治水失败的教训，和助手跋山涉水，进行艰苦的考察。考察水流的源头、上游、下游。考察完毕，大禹对各种水情做了认真研究，最后决定用疏导的方法治理水患。大禹亲自率领百姓，带着简陋的石斧、石刀、石铲、木耒等工具，开始治水，他们一心扑在治水上，野餐露宿，粗衣淡饭，风里来雨里去。尤其是大禹，起早贪黑，兢兢业业，腿累肿了，仍不懈怠。

大禹率领人们花了十年左右的工夫，凿了一座又一座大山，开了一条又一条河渠，使洪水畅通无阻地流入大海，治水获得了成功。

在治水过程中，大禹公而忘私，几过家门而不入。第一次他路过家门口，正好遇上妻子生孩子。大家劝他进家看一看，照顾一下，他怕影响治水没有进去；又有一次，他的孩子看见了他，非常高兴，要他到家里看一看，他还是没有进去。他把整个身心都用在治水中了。

在治水过程中，大禹还组织人们利用水土去发展农业生产，使农业生产有了很大的发展，到处出现了五谷丰登、六畜兴旺的景象。

大禹天下为公，为民造福，得到人们的信任和尊敬。他的事迹华夏子孙代代传颂着。①

---

① 徐潜、栾传大：《天下为公》，吉林文史出版社2008年版，第4—6页。

3. 祁黄羊荐贤一心为公

春秋时，晋国国君晋平公有一次问祁黄羊，南阳的长官派谁去当比较合适。祁黄羊不假思索地回答说，让解狐去最合适，并且说他一定能胜任。

晋平公很惊讶，因为解狐是祁黄羊的仇人，他不明白祁黄羊为什么要推荐自己的仇人。祁黄羊说："您只是问我什么人能胜任这一职位，谁最适合当这个长官，并没有问我解狐是不是我的仇人呀！"

于是，解狐就被晋平公派到南阳去上任了。解狐到任后，果然不负众望，真的为当地人办了很多好事，大家都称颂他。

过了一段时间，朝廷里缺少一个法官，晋平公又问祁黄羊谁能胜任这个职位，祁黄羊回答说祁午能胜任。

晋平公又觉得奇怪了，说："祁午是你的儿子，你这样公然不避亲地举荐自己的儿子，不担心别人说你的闲话吗？"祁黄羊回答说："您只是问我谁可以胜任法官这个职位，他能胜任，所以我推荐了他，您又没有问我祁午是不是我的儿子呀！"

晋平公听从了祁黄羊的建议，派祁午去做法官。祁午当了法官后，真的为百姓办了很多好事，受到百姓的欢迎与爱戴。

祁黄羊推荐人，既不避仇也不避亲。他不因解狐是自己的仇人而对他心存怨恨，就不举荐他，也不因祁午是自己的儿子而担心别人的议论，就不推荐他。可见祁黄羊是将国家的大利放在首位，不是以个人的恩仇作为评判的依据，真正做到了一心为公的执政理念。①

---

① 张绍元：《文化自信：中华传统优秀文化理念读本》，中国言实出版社 2018 年版，第 288—289 页。

第二节　无　私

▲天无私覆，地无私载

一、名人名言

1. 无偏无陂[1]，遵王之义；无有作好，遵王之道；无有作恶，遵王之路；无偏无党，王道荡荡；无党无偏，王道平平[2]；无反无侧，王道正直。①（《尚书·洪范》）

注释

[1] 陂：不正。

[2] 平平：平坦。

译文

不要偏颇不正，要遵守王法；不要私心偏好，要遵照王道；不要为非作歹，要遵行正路。不要营私，不要结党，王道宽广；不要结党，不要营私，王道平易；不反不乱，不偏不倚，王道正直。

2. 请问为政？曰：贤能不待[1]次而举，罢不能不待须而废，元恶不待教而诛，中庸民不待政而化。分未定也，则有昭缪。虽王公士大夫之子孙也，不能属于礼义，则归之庶人。虽庶人之子孙也，积文学，正身行，能属于

① 江灏、钱宗武：《今古文尚书全译》，贵州人民出版社1990年版，第237—238页。

礼义，则归之卿相士大夫。故奸言、奸说、奸事、奸能、遁逃反侧之民，职而教之，须而待之，勉之以庆赏，惩之以刑罚，安职则畜，不安职则弃。五疾[2]，上收而养之，材而事之，官施而衣食之，兼覆无遗。……夫是之谓天德，王者之政也。①（《荀子·王制》）

注释

[1] 待：按照，凭借。

[2] 五疾：指聋、哑、瘸、断臂与侏儒五种残疾人。

译文

请问怎样从政？荀子回答道：对贤能的人，不按等次而破格提拔；对不贤能的人，不等待片刻就很快罢免；对元凶祸首，不需要教育就立即杀掉；对普通民众，不必使用行政手段而进行教化。在名分未定时，就像宗庙按照昭穆排列辈分一样分出等次。即使是帝王公侯士大夫的子孙，若不能遵从礼义，也把他归入平民百姓。即使是平民百姓的子孙，如果积累了文献知识，品行端正，并能遵从礼义，也把他归入卿相士大夫。所以对那些奸邪的言论、邪恶的学说、邪恶的事情、邪恶的才能以及逃亡流窜、违背法度、不安本分的人，就强制做工并教育他们，耐心等待并帮助他们；激励他们用奖赏的办法，惩处他们用刑罚的手段；安于工作就留用他们，不安于工作就放逐他们。对五种残疾的人，君王收留并养活他们，依才能而使用他们，按照职事安排供衣食给他们，全部照顾而无遗漏……这就是合于自然规律的德行，是成就王业的人从政的办法。

3. 子程子曰："不偏[1]之谓中，不易[2]之谓庸。中者，天下之正道；庸者，天下之定理。"②（《中庸章句》）

① 王先谦撰，沈啸寰、王星贤点校：《荀子集解》，中华书局 1988 年版，第 148—149 页。

② 朱熹：《四书章句集注》，中华书局 1983 年版，第 17 页。

注释

[1] 偏：偏失。

[2] 易：变更。

译文

夫子程先生说：“不偏于一边的叫作中，永远不变的叫作庸。中是天下的正道；庸是天下的定理。”

二、评点

“无私”指的是在面对大众利益的时候，能够放弃自己的个人利益来创造更有利于大众的价值。在日常生活时，有些人为了满足自己的私欲，往往会做出损害集体的利益，这就是自私。与自私相对的便是无私，无私的人为了实现大众的利益会选择牺牲自己的利益来满足大众，他们为了追求利益的最大化，也就是追求对更多人有益的价值而不惜出让自己的利益，这样无私的情怀是非常难能可贵的。只有当所有人都能拥有这种无私的情怀的时候，理想的大同社会才会离我们更近。大同社会之所以如此美好，令人向往，就是因为每个人都首先忽略了属于自己的私利，而齐心协力地追求了更大的共同利益。事实上，如果每个人都囿于自己面前的一方天地而忽视他人的利益，那他能得到的也就只有眼前芝麻大小的利益而已。只有当大家都忽略了自己，舍小我而为大我，从大局出发来考虑问题，社会才会因此而更加公平、稳定、和谐，而个人也会在和谐稳定的社会中得到更多的机会和发展。

三、故事

1.师说

古之学者[1]必有师。师者，所以传道受[2]业解惑也。人非生而知之者，孰能无惑？惑而不从师，其为惑也，终不解矣。生乎吾前，其闻道也固先乎吾，吾从而师之；生乎吾后，其闻道也亦先乎吾，吾从而师之。吾师道也，夫庸知其年之先后生于吾乎？是故无贵无贱，无长无少，道之所存，师之所存也。①

注释

[1] 学者：求学的人。

[2] 受：通“授”，即传授。

译文

古代求学的人必定有老师。老师，是传授儒道、教授学业、解释疑难问题的人。人不是一生下来就懂得知识和道理，谁能没有疑惑？有了疑惑，如果不跟老师学习，那些成为困惑的问题，就始终不能解开。生在我前面，他懂得道理本来就早于我，我应该跟从他，把他当作老师；生在我后面，如果他懂得的道理也早于我，我也应该跟从他，把他当作老师。从师的传统，哪里去考虑他的年龄比我大还是小呢？因此，无论地位高低贵贱，无论年纪大小，道理存在的地方，就是老师存在的地方。

① 吴楚材、吴调侯编：《古文观止》，三秦出版社 2008 年版，第 92—93 页。

2.苏章不徇私情

东汉顺帝时，苏章被任命为冀州刺史。

他到任后，秉公守法，体察民情，为民伸张正义，并积极处理积案。在清查的过程中，他发现清河太守是个大贪污犯和行贿犯，但他却是清河太守最好的朋友。苏章派人把清河太守请到府上（实际上是软禁）。在开堂的前一天晚上，苏章准备了好酒好菜，两人一边喝酒，一边畅叙旧情，十分快乐，酒席中苏章没有提起清河太守贪污行贿之事。

自从苏章来任刺史后，清河太守心里十分恐慌，因为他了解苏章为人一向正直无私，更清楚自己的罪行严重。因此，既不敢接近苏章又不敢再次行贿。可是苏章既然与他饮酒叙旧，想必不会对他治罪了。于是得意忘形地说："别人头上只有一层天，唯独我头上有两层天啊。"苏章听见清河太守这样说话，知道他误解了自己的意思，于是郑重地回答道："今天晚上我请你来喝酒是尽聊私人的旧谊，明天是冀州刺史开堂审案，那可是执行公理王法啊！"太守听了这话后，吓得面如土色，如梦方醒，刚才那种得意忘形的劲儿没了。

第二天冀州刺史开堂审案，苏章没有因清河太守是自己的老朋友而行半点私情。依据国法将这个贪污行贿的清河太守明正典刑了。

苏章公私分明，铁面无私，执法如山，在官官相护、结党营私的封建社会里，是很难得的。①

3.无私楷模书写一代廉吏史

明嘉靖时期的著名清官——海瑞，是海南琼山人，号刚峰。他铁面无私，刚正不阿，敢于直言，惩恶扬善，一心为民，被人们誉为"海青天"。四岁时，父亲病逝，他与母亲相依为命，生活异常清苦。在母亲的督导下，他自幼通读《大学》《中庸》等儒家经典，渐渐有了报国之心。

后来，海瑞以举人身份进入仕途，初任福建某县的儒学教授，嘉靖

① 徐潜、栾传大：《天下为公》，吉林文史出版社2008年版，第32—33页。

三十七年（1558 年）升任浙江淳安知县，在任期间严惩当地官员滥用职权增加农民负担的行为。

隆庆三年（1569 年），海瑞升任管辖南京、苏州一带地方的"应天巡抚"，他召集饥民，通过疏浚吴淞江及其支流来治理涝灾，并上书请求将本该上交的粮食留下一部分，以解决灾民的吃饭问题。

与此同时，他还惩办了当地的恶霸，把他们强夺的土地归还农民，即便是对自己有恩的徐阶，他也没有放过，迫使徐阶退还了差不多一半田产才肯罢休。之后，他还将徐阶的两个违法的儿子充了军。

此外，海瑞还组织人员简化赋税制度，减轻农民负担。他的这种行为，严重触动了地主阶级的利益，为他招来了当地地主阶层的忌恨和报复，被他们诬告暗中支持倭寇。过后不久，海瑞被罢了官。

万历十二年（1584 年）冬天，张居正死后，海瑞得到了重新任命。海瑞也多次上疏请求辞官，但无奈明神宗始终不许，直到万历十五年（1587 年）十月，海瑞病故在南京任上。

海瑞一生爱民抚民，为民除害，但他的生活异常清苦，他从未置买田产，只在母亲去世时靠别人帮助买了一块坟地，将母素安葬。海瑞去世前几天，还退还了兵部多送的七钱银子。他的遗物只有八两银子、一匹粗布和几套旧衣服，因海瑞的妻子早逝，儿子早夭，所以他的丧事只能由外人代办。当海瑞的灵柩运抵故乡，当地百姓都自发披麻戴孝地哭送他，为他送行的队伍就排了数里长。①

① 张绍元：《文化自信：中华传统优秀文化理念读本》，中国言实出版社 2018 年版，第 293—294 页。

第三节 民 主

▲天之立君，以为民也

一、名人名言

1. 吴之入楚也，使召陈怀公。怀公朝国人守问焉，曰："欲与楚者右，欲与吴者左。陈人从田，无田无党。"（《左传·哀公元年》）

注释

[1] 陈怀公：即妫柳，春秋时陈国君主之一。

[2] 朝：君见。

译文

臣听说上天生养民众，他们之间相互不能治理，于是就派君王来统一管理他们，占有海内不是为了天子，分封土地、划分疆域不是为了诸侯，这一切都是为了百姓。传承三统立法，排列三正次序，驱除暴虐无道，拓展仁德，不偏私一姓，整个天下应当是天下人的天下，而不是一个人的天下。君王修身养德，顺应天道，博爱仁厚，恩泽惠及如路边芦苇般微贱的人，缴纳赋税收取民财不超过例行的法度。宫室车马服用不超过例制。办事不铺张浪费，从而财物丰足、百姓和睦，那么卦气就会顺畅，五种自然征候按照时间顺序依次出现，百姓长寿，草木生长繁茂，吉祥的征兆一起降临，来昭告上天的庇佑。无道且行为荒诞，违逆天意残害生灵，穷奢极欲，因沉溺于安乐而荒废政事，听从妇人之言，杀害和流放有贤德的人，使得亲戚骨肉失散。小人当权，利用严刑峻法加重苛捐杂税，百姓怨声载道，这样就会使卦气加重，灾祸的征兆显示过失，上天盛怒，灾祸的异象就会频频出现，日月相掩而食，五星不按正常运行，山崩地裂，江河决堤，泉水涌出，妖孽显现。彗星放光，连年灾荒。百姓朝不保夕，万物凋敝。一直不知道幡然醒悟，恶行流传开来，上天不再责备告诫，而是另外扶立德行仁厚的人。

2. 臣闻帝王之治[1]，欲攘外者必先安内。《书》曰："民惟邦本，本固邦宁。"自古虽极治之时不能无夷狄盗贼之患[2]，唯百姓安乐家给人足，则虽有外患而邦本深固自可无虞。唯是百姓愁苦思乱，民不聊生，然后夷狄盗贼乘之而起。盖安民可与行义，而危民易与为非，其势然也。①（《陈六事疏》）

注释

[1] 治：治理。

[2] 患：祸患。

译文

吴国进入楚国的时候，派人召见。陈怀公召见国人，征求意见说："想要亲附楚国的站到右边，想要亲附吴国的站到左边。陈国人有土田的，根据土田的所在而分立左右，没有土田的和亲族站在一起。"

3. 子曰："笃信好学，守死善道。危邦[1]不入，乱邦不居。天下有道则见，无道则隐[2]。邦有道，贫且贱焉，耻也；邦无道，富且贵焉，耻也。"②（《论语·泰伯第八》）

① 张居正：《张太岳集》，上海古籍出版社 1984 年版，第 457 页。

② 朱熹：《四书章句集注》，中华书局 1983 年版，第 106 页。

注释

[1] 危邦：危险的国家。

[2] 隐：隐居不仕。

译文

孔子说："坚定地相信我们的道，努力学习它，誓死守卫保全它。不进入危险的国家，不居住在动乱的国家。天下有道，就出来从政；天下无道，就隐居不仕。国家有道，而自己贫穷鄙贱，是耻辱；国家无道，而自己富有显贵，也是耻辱。"

二、评点

中国古代有很多歌颂英雄人物的民间故事。但是不管什么样伟大的人物，他们的成功都离不开当时的百姓，任何英雄的出现都是立足于为广大百姓排忧解难的基础上的，只有把人民放在心上，为人民解决了实际问题，才被人民当作英雄来崇拜和歌颂。早在先秦时期，孟子就提出了"民贵君轻"的思想，这也告诉了上位者，不管身处何位，都应当时刻把人民放在心中。因为人民就好像是水，君主和官员就好像是小舟，水能载舟，亦能覆舟。把人民当作社会的主人也是一种大同社会的理想要求，在大同社会状态下，所有官员都不再是高高在上地脱离人民群众而存在，而是和人民群众同甘共苦、患难与共的，并且能够设身处地为人民群众着想，为共有的社会着想，想人民之所想，急人民之所急。所以，以民为主这一点也是构成大同社会的一种重要因素。这一点也是与当今为人民服务的理念非常契合的。

三、故事

1.捕蛇者说

永州之野产异蛇：黑质而白章，触草木尽死；以啮人，无御之者。然得而腊之以为饵，可以已大风、挛踠、瘘疠[1]，去死肌，杀三虫[2]。其始太医以王命聚之，岁赋其二。募有能捕之者，当其租入。永之人争奔走焉。

有蒋氏者，专其利三世矣。问之，则曰："吾祖死于是，吾父死于是，今吾嗣为之十二年，几死者数矣。"言之貌若甚戚者。……

余闻而愈悲，孔子曰："苛政猛于虎也！"吾尝疑乎是，今以蒋氏观之，犹信。呜呼！孰知赋敛之毒，有甚是蛇者乎！故为之说，以俟夫观人风者得焉。①（柳宗元《捕蛇者说》）

注释

[1] 瘘（lòu）疠（lì）：瘘，脖肿。疠，恶疮。

[2] 三虫：说法不一，这里泛指人体内的寄生虫。

译文

永州的野外出产一种奇异的蛇：它黑色的质地白色的花纹，如果这种蛇碰到草木，草木全都干枯而死；如果蛇咬了人，没有能够抵挡蛇毒的办法。然而捉到后晾干，把它制成药饵，可以用来治愈麻风、手脚拳曲、脖肿、恶疮，去除坏死的肌肉，杀死人体内的寄生虫。起初，太医以皇帝的命令征集这种蛇，每年征收这种蛇两次，招募能够捕捉这种蛇的人，允许用蛇抵他的税收。永州的人都争着去做捕蛇这件事。

① 吴楚材、吴调侯编：《古文观止》，三秦出版社 2008 年版，第 104—105 页。

有个姓蒋的人家，享有这种捕蛇而不纳税的好处已经三代了。我问他，他却说："我的祖父死在捕蛇这件差事上，我父亲也死在这件事情上。现在我继承祖业干这差事也已十二年了，险些丧命也有好几次了。"他说这番话时，脸上好像很忧伤的样子。……

我听蒋氏的诉说越听越悲伤。孔子说："严苛的政治比老虎还要凶猛啊！"我曾经怀疑过这句话，现在从蒋氏的遭遇来看，还真是可信。唉！谁知道搜刮老百姓的毒害，谁知道苛捐杂税的毒害比这种毒蛇的毒害更厉害呢！所以我写了这篇文章，以期待那些朝廷派出的用来考察民情的人得到它。

2.为民做主，民亦感念

陈汝咸，字莘斋，生于浙江鄞县（现鄞州区）。因为住在月湖畔，所以当时的学者也称他为"月湖先生"。很小的时候，他就产生了一个信念：为学要在力行，讲求实用。

陈汝咸康熙年间考中进士后，被朝廷授予福建漳浦知县一职。当时的漳浦赋役不均，匪患猖獗，官吏们巧取豪夺，巫医肆意诈骗，社会秩序极为混乱，当地百姓生活在水深火热之中，这一切，对于陈汝咸这样一个初入官场的人来说，是非常难的，而前任知县只为一己私利，贪赃枉法，也加重了百姓对县衙的抱怨。陈汝咸到任后，亲自到各处实地走访，了解百姓的疾苦，对前任知县肆意搜刮民脂民膏、坑害百姓的龌龊行为非常痛恨，立志要还漳浦一个长治久安的局面。

针对漳浦赋役不均的状况，陈汝咸认为是当时的赋役政策出了问题。当时，漳浦的赋役政策是"责户长为主办""丁粮版籍，岁久混淆，胥役因缘为奸"，也就是说，拥有数千亩的豪富之家是一户，只有数十亩薄田的普通百姓也是一户，相比之下，田地数量相差数百倍，但要交的赋税却是一样的，这就让普通百姓难以承受，叫苦不迭。陈汝咸当即对当地的土田、人口重新审定，把每家每户的田亩数、缴纳的赋税数都算得清清楚楚。他下令以拥有田地三百亩作为一个征收单位，每二百个征收单位编为一保，每五年进行一次重新考订，以保证役法均平。这在减轻普通百姓负担的同时，也斩断了下级官吏随意勒索百姓的途径。

如此施行了三年之后，百姓的负担实实在在地减少了，而政令制定得又很合理，让百姓都乐于缴纳赋税，由此便稳定了国家税收，甚至还有部分增长。

在诉讼方面，陈汝咸也进行了一番改革，首先是惩办了一批不法讼师，勒令他们不得借诉讼勒索百姓钱财，同时进行了一系列意在培育百姓礼让、孝悌之风的教化工作，让当地民风为之一新。

陈汝咸因在漳浦县令任上的卓著政绩，受到了朝廷的嘉奖并予以升迁。当地百姓听说了这个消息，联名请求朝廷允许他留任，把陈汝咸堵在县衙不得离开，陈汝咸只好趁夜悄悄离开漳浦。百姓发觉后，甚至追赶送别了数十里，最后哭泣着与他告别。几年后，当听到陈汝咸病逝的消息，漳浦百姓还哭着前往“月潮书院”，数十日间络绎不绝。①

3.敬姜论劳逸

公父文伯是春秋时的鲁国大夫，他母亲敬姜是一个寡妇。

有一天，文伯从朝廷回来后去见母亲。文伯看见母亲敬姜正在纺麻。他不高兴地对母亲说：“像我们这样的贵族家庭，您还要纺麻，难道不怕招惹季孙氏生气吗？此时，季孙氏正掌握政权，而您还是季康子的叔祖母呢！他会认为我没有侍候好您啊！”

敬姜感叹地说：“鲁国可能是要灭亡了！让你这样的人做官，你却没听说过做官的道理吧！你坐下，让我好好地告诉你。从前诸侯在早上接受天子下达的命令，白天考察自己负责的政务，傍晚检查执行法令的情况，夜里还要告诫百官，让他们对工作不敢怠慢，然后才能睡觉。卿大夫在早上考察自己的职责，白天讲习政事，傍晚检查自己经办的工作，夜里还要治理自己封地的事情，然后才能睡觉。士人在早上接受任务，白天讲习政事，傍晚再复

① 张绍元：《文化自信：中华传统优秀文化理念读本》，中国言实出版社2018年版，第298—300页。

习，夜间省察自己有没有过失，然后才能睡觉。从百姓以下，天亮劳动，夜晚休息，没有一天可以怠惰。王后还要亲自编织王冠上的丝绳，公侯也要编织冠冕上的带子，卿的妻子要编织腰带，大夫的妻子要做朝服，烈士的妻子还要做祭服，至于士以下的妻子，都要给自己的丈夫做衣服。现在我成了寡妇，你又处在大夫的位置，就是一天到晚置身于政务之中，还恐怕忘记祖先的业绩，何况你已经有了怠惰的思想，怎么能避免不受处罚呢？原本我希望你早晚提醒我：'一定不要丢掉祖先的业绩。'可你现在却说：'为什么不图点安逸？'用这样的态度对待所担任的官职，我担心你死去的父亲的祭礼是要断绝了！"①

第四节　尚　贤

▲任人唯贤，德才兼备

一、名人名言

1. 有乱君[1]，无乱国；有治人，无治法。羿之法非亡也，而羿不世中；禹之法犹存，而夏不世王。故法不能独立，类不能自行；得其人则存，失其人则亡。法者，治之端也；君子者，法之原也。故有君子，则法虽省，足以遍矣；无君子，则法虽具，失先后之施，不能应事之变，足以乱矣。不知法之义而正法之数[2]者，虽博，临事必乱。故明主急得其人，而暗主急得其势。急得其人，则身佚而国治，功大而名美，上可以王，下可以霸；不急得其人，而急得其势，则身劳而国乱，功废而名辱，社稷必危。故君人者，劳

① 徐潜、栾传大：《天下为公》，吉林文史出版社2008年版，第9—10页。

于索之，而休于使之。《书》曰："惟文王敬忌，一人以择。"此之谓也。①（《荀子·君道》）

注释

[1] 乱君：让国家混乱的君王。

[2] 数：法律条文。

译文

有导致国家混乱的君主，没有天生混乱的国家；有治理好国家的人才，没有自然治理好国家的法制。后羿的箭法并没失传，但后羿不能使历代的射手都百发百中；夏禹施行的法制仍然存在，但夏禹不能使夏世世代代称王天下。所以法制自身不能独立有所建树，法律准则也不能自动推行；得到了能治理好国家的人才，法制就存在，否则，法制就等于消亡。法制，是治理好国家的开端；君子是施行法制的根本。所以有了君子，法制即使简约，也足以治理一切；没有君子，法制即使完备，也会失去先后施行的次序，不能应付事情的各种变化，足可造成国家混乱。不知道法制的本义而只管制定法律条文的人，即使多闻博通，也会遇事昏乱。所以英明的君主急于得到能治理好国家的人才，而昏庸的君主却急于取得治理国家的权势。急于得到人才，那就会自身安逸而国家安定，功绩巨大而名声美好，好点儿可以称王天下，差点儿也可称霸诸侯；不急于得到人才而急于得到权势，那就会自身劳顿而国家混乱，功业废弃而名声受辱，国家必然危险。因此君主在寻求人才时劳累，但在使用人才后就安闲了。《尚书·康诰》中说："想想周文王的恭敬戒惧，亲自去选择人才。"就是说的这个道理。

2. 文王问太公曰："君务举贤，而不能获其功。世乱愈甚，以致危亡者，

① 王先谦撰，沈啸寰、王星贤点校：《荀子集解》，中华书局 1988 年版，第 230 页。

何也？”太公曰：“举贤而不用，是有举贤之名，而无用贤之实也。”文王曰：“其失安在？”太公曰：“其失在君。好用世俗之所誉，而不得真贤也。”文王曰：“何如？”太公曰：“君以世俗之所誉者为贤，以世俗之所毁[1]者为不肖。则多党者进，少党者退。若是则群邪比周而蔽贤，忠臣死于无罪，奸臣以虚誉取爵位。是以世乱愈甚，则国不免[2]于危亡。”文王曰：“举贤奈何？”太公曰：“将相分职，而各以官名举人。按名督实，选才考能，令实当其能，名当其实，则得举贤之道也。”①（《说苑·君道》）

注释

[1] 毁：诽谤。

[2] 免：幸免。

译文

文王问太公说：“国君致力于选用德才兼备的人才，可是在选用以后，又不能获得在这些人才的辅佐下治理好国家这一功效，时局混乱，愈演愈烈，最终导致国家危亡，其原因是什么？”太公回答：“这是因为国君选拔了人才而又不任用他们，结果就只存在选拔人才的虚名而收不到任用人才的实效。”文王又问：“产生这种失误的原因是什么？”太公回答：“失误在于国君身上。这是因为国君喜欢任用世俗所称誉的那种人，而没有发现真正的德才兼备的人才。”文王又问：“这话怎么讲？”太公回答：“国君如果把世俗称誉的人当作德才兼备的人才，把世俗所诽谤的人当作无德无才的不肖之徒，那么，广交同类，结成一伙，互相标榜，善于骗取虚名的人就会受到赏识而进用，而不善结纳的人就会被黜退不用。这样下去，奸邪不正的人结党营私，阻挡了德才兼备的人才的晋升之路，忠臣无罪蒙冤而死，奸臣则能依靠虚假的名誉取得官爵。因而时局混乱，愈演愈烈，国

① 曹胜高、安娜译注：《六韬·鬼谷子》，中华书局2012年版，第41—42页。

家最终也不能免于危亡。”文王又问：“应该怎样选用德才兼备的人才呢？”太公回答：“将和相各有自己的职守，应分工负责，在自己的职责范围内依官名推荐进用合适的人才。要按照官名所表示的意义考核一个人是否具有担任这一职务的才能，选拔具有真才实学的人，在工作中考察他们的实际能力，使每个被选用的人才本身具备的才智、能力都与所担任的官职相当，做到名实相副。这样做就掌握了选用人才的方法。”

3. 子路曰：“卫君待子而为政，子将奚先？”子曰：“必也正名乎。”子路曰：“有是哉，子之迂也！奚其正？”子曰：“野哉，由也！君子于其所不知，盖阙[1]如也。名不正，则言不顺；言不顺，则事不成；事不成，则礼乐不兴；礼乐不兴，则刑罚不中[2]；刑罚不中，则民无所措手足。故君子名之必可言也，言之必可行也。君子于其言，无所苟而已矣。”①

注释

[1] 阙：同“缺”，存疑的意思。

[2] 中（zhòng）：得当。

译文

子路说：“卫君等着您去治理国家，您准备先干什么呢？”孔子说：“一定要名实相副。”子路说：“有必要吗？您做的不在点上啊，为什么非要名副其实呢？”孔子说：“仲由你太轻率了。理性的人对于他不懂的事情，会持保留态度。如果对于事物的定义不准确，讲给别人听的时候就会产生歧义；如果理解有了歧义，在执行的时候就会出现偏差；如果是因为定义不准确产生的执行偏差，就不能用规章制度来约束；如果不能用规章制度来约束，赏罚就不起作用；如果赏罚

① 朱熹：《四书章句集注》，中华书局1983年版，第141—142页。

不能发挥作用，老百姓就不知道该怎么办。所以理性的人只要定义一件事情，一定不会有歧义，没有歧义就一定能实行。理性的人对于他要表达的观点，一点都马虎不得。”

二、评点

“尚贤”是我国传统文化中极其重要的思想，至今仍然是我们治国理政的一个标准。尚贤就是崇尚贤才，即在处理国家大事的时候，能够合理任用贤才来管理相关的事务，当一个国家的人都崇尚贤才，那么，这就会形成一个良好的社会风尚，从而促使社会风清气正，欣欣向荣。只有德才兼备，才是正直的贤才。“尚贤”不能仅仅停留在口头上、书面上，而是要认真地落实在工作当中。这就要求管理者不能任人唯亲，而是要任人唯贤，充分发挥英才的潜能，这样就能使社会上的贤才各司其职，使各项社会分工井然有序地进行下去。一个单位贤才多了，自然能够勃勃发展、财源滚滚；一个国家贤才多了，也必然会欣欣向荣、繁荣富强。

众所周知，不同的环境能对人产生不同的影响，当社会上形成了“尚贤”的氛围的时候，那么社会上的人都会开始受到这种氛围的影响，变得积极向上，也会努力使自己成为一个令人称道的贤才。在这样的社会中，何愁没有人出来为共同的和谐社会做贡献呢？何愁不会使社会变得更加美好呢？

三、故事

1.邹忌讽齐王纳谏

邹忌修八尺有余，而形貌昳丽[1]。朝服衣冠，窥镜，谓其妻曰：“我孰与城北徐公美？”其妻曰：“君美甚，徐公何能及君也？”城北徐公，齐国之美丽者也。忌不自信，而复问其妾曰：“吾孰与徐公美？”妾曰：“徐公何能及君也？”旦日，客从外来，与坐谈，问之客曰：“吾与徐公孰美？”客曰：“徐公不若君之美也。”明日徐公来，孰视之，自以为不如；窥镜而自视，又弗如远甚。暮寝而思之，曰：“吾妻之美我者，私我也；妾之美我者，畏我也；客之美我者，欲有求于我也。”于是入朝见威王，曰：“臣诚知不如徐公美。臣之妻私臣，臣之妾畏臣，臣之客欲有求于臣，皆以美于徐公。今齐地方千里，百二十城，宫妇左右莫不私王，朝廷之臣莫不畏王，四境之内莫不有求于王：由此观之，王之蔽[2]甚矣。”王曰：“善。”乃下令：“群臣吏民能面刺寡人之过者，受上赏；上书谏寡人者，受中赏；能谤讥于市朝，闻寡人之耳者，受下赏。”令初下，群臣进谏，门庭若市；数月之后，时时而间进；期年[3]之后，虽欲言，无可进者。燕、赵、韩、魏闻之，皆朝于齐。此所谓战胜于朝廷。①（《战国策》）

注释

[1] 昳丽：光艳美丽。

[2] 蔽：形容词用作动词，指受蒙蔽。

[3] 期（jī）年：满一年。期，满。

译文

邹忌身长五十四寸左右，而且形象外貌光艳美丽。有一天早晨他穿戴好衣帽，照着镜子，对他的妻子说：“我与城北的徐公相比，谁更美丽呢？”他的妻子说：“您美极了，徐公怎么能比得上您呢？”城北的徐公是齐国最美的男子。邹忌不相信自己比徐公美，于是又问他的小妾说：“我和徐公相比，谁更美丽？”妾说：“徐公怎么能比得上您呢？”第二天，有客人从外面来拜访，邹忌和他坐着谈话，邹忌问客人道：“我和徐公相比，谁更美丽？”客人说：“徐公不如您美

① 王守谦等：《战国策全译》，贵州人民出版社 1992 年版，第 238—240 页。

丽啊。”又过了一天，徐公前来拜访，邹忌仔细地端详他，自己觉得不如他美丽；看着镜子里的自己，更是觉得自己与徐公相差甚远。傍晚，他躺在床上休息时想这件事，说：“我的妻子认为我美，是偏爱我；我的小妾认为我美，是惧怕我；客人赞美我美，是有事情要求于我。”于是邹忌上朝拜见齐威王，说：“我确实知道自己不如徐公美丽。可是我的妻子偏爱我，我的妾害怕我，我的客人有事想要求助于我，所以他们都认为我比徐公美。如今齐国有方圆千里的疆土，一百二十座城池。宫中的姬妾及身边的近臣，没有一个不偏爱大王的，朝中的大臣没有一个不惧怕大王的，国内的百姓没有不对大王有所求的：由此看来，大王您受到的蒙蔽太严重了！”齐威王说：“说得真好。”于是下了一道命令：“所有的大臣、官吏、百姓，能够当面批评我的过错的，可得上等奖赏；能够上书劝谏我的，得中等奖赏；能够在众人集聚的公共场所指责议论我的过失，并能传到我耳朵里的，得下等奖赏。”政令刚一下达，许多大臣都来进献谏言，宫门和庭院像集市一样热闹；几个月以后，还不时地有人进谏；一年以后，即使想进言，也没有什么可说的了。燕国、赵国、韩国、魏国听说了这件事，都到齐国来朝见齐王。这就是身居朝廷，不必用兵就战胜了敌国。

2.东方朔自荐进谏

东方朔（前154年—前93年），复姓东方，名朔，字曼倩，平原厌次（今山东惠民）人，西汉文学家。

东方朔生活的年代，正处西汉王朝鼎盛时期。此时，由于风调雨顺，加之武帝的开拓，出现了人寿年丰、国库充盈的升平局面，汉帝国声威远震。随着经济文化的交流，外族的“神异传闻”“奇物瑰宝”相继传入国内。这一切，使人的眼界开阔了，胸襟扩大了，社会洋溢着蓬勃向上、乐观开朗的气氛。

东方朔有超人的才能，能言辩，善诗赋，尤以诙谐幽默著名。这样的人才，在此时再也待不住了，大有施展才能的愿望。

怎样才能为国为民贡献力量呢？这位一贯谈笑风生的青年，为此吃不下、睡不着了。经过多少个不眠之夜，他终于想出了好主意：一个人的才能和诚心，如果不被社会知道和承认，不能被启用，也是英雄无用武之地。所以，必须立即让皇上知道自己的才能和诚心！于是，他起草了自我荐举的奏章。他拿着荐举信，左看右看，用许多标准衡量，看是否道出了自己的家境、经历，是否道出了自己的才能、性格，是否道出了自己的愿望、诚心。直到感觉满意时，立即动身，星夜兼程，送至京师。

他的奏章，得到了汉武帝的重视，自荐成功了。武帝赐他太中大夫，在皇帝跟前听候吩咐，随武帝巡行狩猎，并根据皇上的见闻写成赋颂。

他的言行和文章，因多带诙谐、放诞色彩，受到了皇上喜欢。他的言行、文章虽然诙谐、放诞，但不失深刻尖锐的含义。他不愿顺遂武帝，阿谀颂扬。就其直陈见解这一点，是一般公卿大臣所做不到的。

东方朔的自荐精神、斗争精神、是非观点以及他的文章写法，对后世人影响很大。东汉班固在写《汉书》时，东方朔的传说已在民间广为流行，连小孩子也没有不讲述和夸耀的。①

第五节　有　序

▲各尽其能，各得其所

一、名人名言

1. 牛刀[1]可以割鸡，鸡刀[2]难以屠牛。②（《论衡·程材》）

---

① 徐潜、栾传大：《天下为公》，吉林文史出版社 2008 年版，第 33—36 页。
② 王充：《论衡》，黑龙江人民出版社 2004 年版，第 112 页。

注释

[1] 牛刀：宰牛的刀。

[2] 鸡刀：杀鸡的刀。

译文

宰牛的刀可以杀鸡，杀鸡的刀难以宰牛。

2. 君子用人如器[1]，各取所长[2]。①（《资治通鉴·唐纪一》）

注释

[1] 器：器物。

[2] 长：专长。

译文

君子用人如用器物，各取其长处。

3. 齐景公问政[1]于孔子。孔子对[2]曰：“君君，臣臣，父父，子子。”②（《论语·颜渊第十二》）

注释

[1] 问政：询问治国的方法。

① 司马光：《资治通鉴》，中华书局 1956 年版，第 6032 页。

② 朱熹：《四书章句集注》，中华书局 1983 年版，第 136 页。

[2] 对：回答。

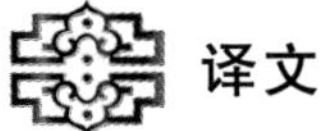

译文

齐国国君景公向孔子询问治国的方法。孔子回答："君是君，臣是臣，父是父，子是子。（即以君为君、以臣为臣、以父为父、以子为子，各司其职、各尽其本，不可僭越、不可乱位。）"

二、评点

良好的社会应该要"有序"。有序，即各在其位，各谋其政。每个人都有自己所适应的岗位，然后谋划自己的岗位所应该做的事情，所应该负的责任。这样，每个人都能人尽其才，人尽其用，并在自己的岗位上大显身手，实现自己的人生价值。而当每个人都积极有为的时候，大家都开开心心、忙忙碌碌，做着自己喜欢做的事情，心态也都会显得十分平和、宽容，因此，彼此也不会有太多的冲突和矛盾。相反，如果社会分工不公，许多人都从事自己并不喜欢，甚至是十分讨厌的工作，他们必然心不甘、情不愿，动辄牢骚满腹、愤愤不平。试想，这样的社会能够和谐有序吗？

所以，作为管理者，一定要懂得各尽其能、各得其所的深刻道理。想方设法保障每个人的合法权益，让他们有追求有理想，并不断努力向前。这样，玩忽职守、越俎代庖的事情也会随之减少，社会也能够因此而得到规范、有序的发展。

三、故事

1.晏婴论和与同（昭公二十年）

齐侯至自田[1]，晏子待于遄台[2]，子犹[3]驰而造焉。公曰：“唯据与我和夫！”晏子对曰：“据亦同也，焉得为和？”公曰：“和与同异乎？”对曰：“异。和如羹焉，水、火、醯、醢、盐、梅，以烹鱼肉，燀[4]执以薪。宰夫和之，齐之以味；济其不及，以泄其过。君子食之，以平其心。君臣亦然。君所谓可而有否焉，臣献其否以成其可；君所谓否而有可焉，臣献其可以去其否。是以政平而不干，民无争心。故《诗》曰：‘亦有和羹，既戒既平。鬷嘏无言。时靡有争。’先王之济五味。和五声也，以平其心，成其政也。声亦如味，一气[5]、二体[6]、三类[7]、四物[8]、五声[9]、六律[10]、七音[11]、八风[12]、九歌[13]，以相成也；清浊、小大、短长、疾徐、哀乐、刚柔、迟速、高下、出入、周疏，以相济也。君子听之，以平其心。心平，德和。故《诗》曰：‘德音不瑕。’今据不然。君所谓可，据亦曰可；君所谓否，据亦曰否。若以水济水。谁能食之？若琴瑟之一专，谁能听之？同之不可也如是。”①（《左传·昭公二十年》）

注释

[1] 齐侯至自田：齐侯，指齐景公。田，打猎，这里指打猎处。

[2] 遄台：齐国地名，在今山东临淄附近。

[3] 子犹：齐国大夫梁丘据的字。

[4] 燀：烧煮。

[5] 一气：空气，指声音要用气来发动。

[6] 二体：指舞蹈的文舞和武舞。

① 李梦生：《春秋左传译注》，上海古籍出版社 1998 年版，第 430 页。

[7] 三类：指《诗》中的风、雅、颂三部分。

[8] 四物：四方之物，指乐器用四方之物做成。

[9] 五声：即五音。

[10] 六律：指用来确定声音高低清浊的六个阳声，即黄钟、太簇、姑洗、蕤宾、夷则、无射。

[11] 七音：指宫、商、角、徵、羽、变宫、变徵七种音阶。

[12] 八风：八方之风。

[13] 九歌：可以歌唱的九功之德，即水、火、木、金、土、谷、正德、利用、厚生。

译文

景公从打猎的地方回来，晏子在遄台随侍，梁丘据也驾着车赶来了。齐景公说："只有梁丘据与我和谐啊！"晏子回答说："梁丘据也不过是相同而已，哪里能说是和谐呢？"齐景公说："和谐与相同有差别吗？"晏子回答说："有差别。和谐就像做肉羹，用水、火、醋、酱、盐、梅来烹调鱼和肉，用柴火烧煮。厨工调配味道，使各种味道恰到好处；味道不够就增加调料，味道太重就减少调料。君子吃了这种肉羹，用来平和心性。国君和臣下的关系也是这样。国君认为可以的，其中也包含了不可以，臣下进言指出不可以的，使可以的更加完备；国君认为不可以的，其中也包含了可以的，臣下进言指出其中可以的，去掉不可以的。因此，政事平和而不违背礼，百姓没有争斗之心。所以《诗·商颂·烈祖》中说：'还有调和的好羹汤，五味齐备又适中。敬献神明来享用，上下和睦不争斗。'先王使五味相互调和，使五声和谐动听，用来平和心性，成就政事。音乐的道理也像味道一样，由一气、二体、三类、四物、五声、六律、七音、八风、九歌各方面相配合而成，由清浊、小大、短长、疾徐、哀乐、刚柔、慢快、高下、出入、周疏各方面相调节而成。君子听了这样的音乐，可以平和心性。心性平和，德行就协调。所以，《诗·豳风·狼跋》说：'美好音乐没瑕疵。'现在梁丘据不是这样。国君认为可以的，他也说可以，国君认为不可以的，他也说不可以。如果用水来调和水，谁能吃得下去？如果用琴瑟老弹一个音调，谁能听得下去？不应当相同的道理，就像这样。”

2.触龙说赵太后

赵太后新用事，秦急攻之。赵氏求救于齐，齐曰：“必以长安君为质，兵乃出。”太后不肯，大臣强谏。太后明谓左右：“有复言令长安君为质者，老妇必唾其面。”

…………

左师公曰：“父母之爱子，则为之计深远。媪之送燕后也，持其踵，为之泣，念悲其远也，亦哀之矣。已行，非弗思也，祭祀必祝之，祝曰：‘必勿使反。’岂非计久长，有子孙相继为王也哉？”太后曰：“然[1]。”

左师公曰：“今三世以前，至于赵之为赵，赵王之子孙侯者，其继有在者乎？”曰：“无有。”曰：“微独赵，诸侯有在者乎？”曰：“老妇不闻也。”“此其近者祸及身，远者及其子孙。岂人主之子孙则必不善哉？位尊而无功，奉厚而无劳，而挟重器多也。今媪尊长安君之位，而封之以膏腴之地，多予之重器，而不及今令有功于国，一旦山陵崩，长安君何以自托于赵？老臣以媪为长安君计短也，故以为其爱不若燕后。”太后曰：“诺，恣君之所使之！”于是为长安君约车百乘，质于齐，齐兵乃出。

子义闻之曰：“人主之子也、骨肉之亲也，犹[2]不能恃无功之尊、无劳之奉，已守金玉之重也，而况人臣乎。”①（《战国策・赵策四》）

注释

[1] 然：是这样。

[2] 犹：尚且。

① 王守谦等：《战国策全译》，贵州人民出版社 1992 年版，第 652—653 页。

译文

赵太后刚刚执政，秦国就加紧进攻赵国。赵太后向齐国求救。齐国说：“一定要用长安君来做人质，援兵才能派出。”赵太后不答应，大臣们极力劝谏。太后明白地告诉身边的近臣说：“有再说让长安君去做人质的人，我一定朝他脸上吐唾沫！”

…………

左师公说：“父母疼爱子女，就得为他们考虑长远些。您送燕后出嫁的时候，拉着她的脚后跟为她哭泣，这是惦念并伤心她嫁到远方，也够可怜的了。她出嫁以后，您也并不是不想念她，可您祭祀时，一定为她祝告说：‘千万不要被赶回来啊。’难道这不是为她作长远打算，希望她生育子孙，一代一代地做国君吗？”太后说：“是这样。”

左师公说：“从这一辈往上推到三代以前，甚至到赵国建立的时候，赵国君主的子孙被封侯的，他们的子孙还有能继承爵位的吗？”赵太后说：“没有。”触龙说：“不光是赵国，其他诸侯国君的被封侯的子孙的后继人有还在的吗？”赵太后说：“我没听说过。”左师公说：“他们当中祸患来得早的就会降临到自己头上，祸患来得晚的就降临到子孙头上。难道国君的子孙就一定不好吗？这是因为他们地位高而没有功勋，俸禄丰厚而没有劳绩，占有的珍宝太多了啊！现在您把长安君的地位提得很高，又封给他肥沃的土地，给他很多珍宝，而不趁现在这个时机让他为国立功，一旦您百年之后，长安君凭什么在赵国站住脚呢？我觉得您为长安君打算得太少了，因此我认为您疼爱他比不上疼爱燕后。”太后说：“好吧，任凭您指派他吧。”于是就替长安君准备了一百辆车子，送他到齐国去做人质，齐国的救兵才出动。

子义听到了这件事，说：“国君的儿子啊，国君的亲骨肉啊，尚且不能依赖没有功勋的高位，没有劳绩的俸禄，并守住金玉之类的重器，何况做臣子的呢！”

3.马太后不为亲情谋富贵

马太后是东汉章帝的养母，她不仅才识过人，而且深明大义，忧国忘家，是一位值得后世称颂的女性。

马太后提倡节俭，常穿粗丝之服，并以此要求自己的娘家人。她看到娘家人生活奢华，便下诏裁减其每年的费用，直至其幡然悔悟为止。

马太后从不准许自己的家人利用她的身份地位谋取权贵。

有一段时间，章帝打算赐封各位舅父，马太后坚决不同意，并下诏斥责那些上书建议册封外戚的大臣。

章帝看到马太后的诏书后悲哀叹息，再次请求赐封。马太后仍然以马家没有为国立功为由坚决不准，并规劝章帝说："儿女孝顺，最好的行为是使父母平安。如今不断发生灾异，谷价上涨数倍，我日夜忧愁恐慌，坐卧不安，而皇帝却打算先为外戚赐封，违背了慈母的拳拳之心。"章帝听了母亲的话十分感动，放弃了赐封的打算。

马太后到垂暮之年，有关部门接连以旧制为依据，再一次奏请章帝赐封各位舅父。章帝便瞒着马太后分别赐封马廖、马防和马光为顺阳侯、颍阳侯和许侯。太后听到消息后，找来三位兄弟规劝说："我虽已年老，仍告诫自己不要贪得无厌，我劝导兄弟共守此志，要使闭目身死之日不再遗憾。不料，我这老人的志向不再能够坚守！身死之日，我将永怀长恨了！"马廖等人羞愧难当，上书请求辞去了一切官职，离开朝廷，回到了自己的宅第。

对于娘家人因私害公搞特殊化的行为，马太后从不放过。

马太后曾对三辅下诏说："马氏家族及其亲属，如有因请托郡县官府，干预扰乱地方行政的应依法处置、上报。"马太后的母亲下葬时堆坟稍高，马太后对此提出反对意见，她哥哥马廖等人就立即将坟减低。在马家亲属中，如果谁犯了微小的错误，马太后便首先流露出严肃的神色，然后加以谴责。对于那些车马衣服华美，不遵守法律制度的家属，马太后就将他们从皇亲名册中取消，遣送回乡。在马太后的教导、影响下，内亲外戚，一致崇尚谦逊朴素，安分守法。

马太后是皇母，更是中国封建社会里少有的“国情”胜于亲情的贤淑女性。①

第六节　兼　爱

▲四海之内，皆为兄弟

一、名人名言

1. 当察乱[1]何自起，起不相爱。臣子之不孝君父，所谓乱也。子自爱，不爱父，故亏父而自利；弟自爱，不爱兄，故亏兄而自利；臣自爱，不爱君，故亏君而自利，此所谓乱也。虽父之不慈子，兄之不慈弟，君之不慈臣，此亦天下之所谓乱也。父自爱也不爱子，故亏子而自利；兄自爱也不爱弟，故亏弟而自利；君自爱也不爱臣，故亏臣而自利。是何也？皆起[2]不相爱。②（《墨子·兼爱上》）

注释

[1] 察乱：考察变乱。

[2] 起：源于。

① 徐潜、栾传大：《天下为公》，吉林文史出版社 2008 年版，第 40—42 页。
② 毕沅校注，吴旭民标点：《墨子》，上海古籍出版社 2014 年版，第 50 页。

译文

圣人尝试考察变乱产生于什么呢？变乱产生于人们不互相爱护。臣下与儿子不孝敬国君和父亲，这就是祸乱；儿子只爱自己而不爱父亲，所以会损父而利己；弟弟只爱自己而不爱兄长，所以会损兄而利己；臣下只爱自己而不爱国君，所以会损君而利己，这就是所谓的祸乱。但就算父亲不慈爱儿子，兄长不慈爱弟弟，国君不慈爱臣下，也属祸乱天下的事。父亲只爱自己而不爱儿子，所以损子而利己；兄长只爱自己而不爱弟弟，所以损弟而利己；国君只爱自己而不爱臣下，所以损臣而利己。这些事是如何产生的呢？都源于不相爱啊。

2. 子墨子言：“视[1]人之国若视其国，视人之家若视其家，视人之身若视其身。”是故诸侯相爱则不野战，家主相爱则不相篡，人与人相爱则不相贼，贵不敖[2]贱，诈不欺愚。凡天下祸篡怨恨可使毋起者，以仁者誉之。①（《墨子·兼爱中》）

注释

[1] 视：看待。

[2] 敖：傲视。

译文

墨子说：“看待别的国家就如同看待自己的国家，看待别的家族就如同看待自己的家族，看待别人就如同看待自己。”所以诸侯之间相互爱护就不会在原野上交战，家族的君长相互爱慕就不会相互夺位，人与人之间相互爱慕就不会互相伤害，高贵的不会傲视低贱的，狡诈的不会欺骗愚笨的。能不让天下到处充斥灾祸、夺位、怨恨和遗憾的人，用仁爱的君子称誉他。

① 毕沅校注，吴旭民标点：《墨子》，上海古籍出版社 2014 年版，第 52 页。

3. 子墨子言曰："仁者之事[1]，必务求兴[2]天下之利，除天下之害。"①（《墨子·兼爱下》）

注释

[1] 事：事业。

[2] 兴：兴起。

译文

墨子说："仁人的事业，应当努力追求兴起天下之利，除去天下之害。"

二、评点

"兼爱"的概念是战国初年的墨子首先提出的。"兼爱"即无差别等级、不分厚薄亲疏地爱人。这与儒家的"仁爱"思想也有一些相似之处。尽管儒家的"仁爱"是由亲及疏、由近及远的，但是儒家的仁爱思想也主张大爱无疆。孔子所说的"四海之内，皆兄弟也"（《论语·颜渊》），也是一种兼爱，与墨子大同小异。两者所不同的仅仅是实现的路途不同而已。

所以说，如果撇开"兼爱"理论的局限性，这种理论在当今仍然具有重大的现实意义。因为，如果每个人都能够不分贵贱等级、不分亲疏远近地关心他人，真心实意地奉献自己的爱心，处处为他人着想，在日常生活之中，与人为善，和睦相处，那么，我们每一个人都能够得到温馨的关爱，并形成良好的社会氛围。而这样的社会氛围一旦形成，必然又会促进彼此的和谐共处，长此以往，我们的生活会越来越幸福而快乐。这也就意味着我们先辈理想中的"天下大同"的社会也就离我们不远了。

---

① 毕沅校注，吴旭民标点：《墨子》，上海古籍出版社2014年版，第65页。

三、故事

1. 晋灵公不君

晋灵公不君。厚敛以雕[1]墙。从台上弹人，而观其辟丸也。宰夫胹[2]熊蹯不熟，杀之，寘诸畚，使妇人载以过朝。赵盾、士季见其手，问其故而患之。将谏，士季曰："谏而不入，则莫之继也。会请先，不入，则子继之。"三进及溜，而后视之。曰："吾知所过矣，将改之。"稽首而对曰："人谁无过？过而能改，善莫大焉。诗曰：'靡不有初，鲜克有终。'夫如是，则能补过者鲜矣。君能有终，则社稷之固也，岂惟群臣赖之。又曰：'衮职有阙，惟仲山甫补之。'能补过也。君能补过，衮不废矣。"①（《左传·宣公二年》）

注释

[1] 雕：装饰。

[2] 胹（ér）：煮，煮烂。

译文

晋灵公不行国君正道。加重赋税用来彩饰墙壁。他还从台上用弹弓射人，观看人们躲避弹丸来取乐。有一次厨子炖熊掌没有炖熟，灵公就杀死他，把尸体装在草筐里，命妇女用车装着尸体经过朝廷。赵盾和士季发现了厨子的手，追问厨子被杀的原因，并为这件事忧虑。赵盾准备进谏，士季说："您进谏，如果国君不接受，那就没有谁能接着进谏了。请让我先去吧，没有采纳，您再继续劝说。"士季往前走了三次，伏地行礼三次，灵公假装没看见。到了屋檐下，晋灵公才看了看他，说道："我知道所犯的错误了，准备改正它。"士季叩头答道："哪个人

① 李梦生：《春秋左传译注》，上海古籍出版社 1998 年版，第 430 页。

没有过错呢？有了过错却能改正，没有什么善事能比这个更大的了。《诗经》上说：‘没有谁没有个好的开头，但很少能坚持到底。’照这样说来，能够纠正错误的人是很少的。您能有始有终，那么国家就巩固了，哪里仅仅是臣子们有所依靠呢。《诗经》又说：‘天子有没尽职的地方，只有仲山甫来弥补。’意思是说过失是能够弥补的，您能弥补自己的过失，君位就丢不了啦。”

2.冯谖客孟尝君

冯谖……于是约车治装，载券契而行，辞曰：“责[1]毕收，以何市而反[2]？”孟尝君曰：“视吾家所寡有者。”驱而之薛，使吏召诸民当偿者，悉来合券。券遍合，起，矫命，以责赐诸民。因烧其券。民称万岁。长驱到齐，晨而求见。孟尝君怪其疾也，衣冠而见之，曰：“责毕收乎？来何疾也！”曰：“收毕矣。”“以何市而反？”冯谖曰：“君之‘视吾家所寡有者’。臣窃计，君宫中积珍宝，狗马实外厩，美人充下陈。君家所寡有者，以义耳！窃以为君市义。”孟尝君曰：“市义奈何？”曰：“今君有区区之薛，不拊爱子其民，因而贾利之。臣窃矫君命，以责赐诸民，因烧其券，民称万岁。乃臣所以为君市义也。”孟尝君不悦，曰：“诺，先生休矣！”

后期年，齐王谓孟尝君曰：“寡人不敢以先王之臣为臣。”孟尝君就国于薛，未至百里，民扶老携幼，迎君道中。孟尝君顾谓冯谖：“先生所为文市义者，乃今日见之。”①（《战国策·齐策》）

注释

[1] 责（zhài）：通“债”。

[2] 反：同“返”。

① 王守谦等：《战国策全译》，贵州人民出版社1992年版，第297—300页。

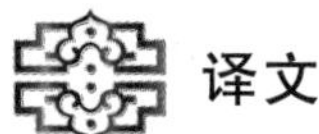

译文

冯谖……于是套好车马，整治行装，载上契约票据动身了。辞行的时候冯谖问："债收完了，买什么回来？"孟尝君说："您就看我家里缺什么吧。"冯谖赶着车到薛，派官吏把该还债务的百姓找来核验契据。核验完毕后，他假托孟尝君的命令，把所有的债款赏赐给欠债人，并当场把债券烧掉。百姓都高呼"万岁"。冯谖赶着车，马不停蹄，直奔齐都，清晨就求见孟尝君。冯谖回得如此迅速，孟尝君感到很奇怪，立即穿好衣、戴好帽，去见他，问道："债都收完了吗？怎么回得这么快？"冯谖说："都收了。""买什么回来了？"孟尝君问。冯谖回答道："您曾说'看我家缺什么'，我私下考虑您宫中积满珍珠宝贝，外面马房多的是猎狗、骏马，后庭多的是美女，您家里所缺的只不过是'仁义'罢了，所以我用债款为您买了'仁义'。"孟尝君道："买仁义是怎么回事？"冯谖道："现在您不过有块小小的薛邑，如果不抚爱百姓，视民如子，而用商贾之道向人民图利，这怎行呢？因此我擅自假造您的命令，把债款赏赐给百姓，顺便烧掉了契据，以至百姓欢呼'万岁'，这就是我用来为您买义的方式啊。"孟尝君听后很不快地说："嗯，先生，算了吧。"

过了一年，齐闵王对孟尝君说："我可不敢把先王的臣子当作我的臣子。"孟尝君只好到他的领地薛去。还差百里未到，薛地的人民扶老携幼，都在路旁迎接孟尝君到来。孟尝君见此情景，回头看着冯谖道："您为我买的'义'，今天才见到作用了。"

3.墨子"兼爱"的社会理想

战国时代，被时人称为显学的只有两家，一个是以孔子为代表的儒家，另一个就是以墨子为代表的墨家。他们的弟子及序传弟子甚众，通过游说列国君王，陈述治国理念，为诸侯所器重，让孔、墨二人的显贵已达到"没有封地的诸侯"的程度。面对社会上因求利而出现的放弃道义、不忠不孝的问题，儒家主张尽力恢复周礼以遏制恶行在社会上的蔓延，墨家则开出了以"兼爱"平天下的治国良方。

“兼爱”就是教化人们不分尊卑等级地、广泛地关爱天下人，达到让人们放弃恶念的目的。墨子“兼爱”思想的提出，是有其特殊的历史背景的。春秋战国之际，西周王朝靠分封制和宗法制建立起来的国家体制依然延续，但是由于社会道德沦丧，诸侯以下犯上、弑君夺位以及大国欺凌小国的事件层出不穷，导致“礼崩乐坏”、社会秩序严重混乱的情况。西汉刘向《说苑·贵德》对此进行了记述：“故天子好利则诸侯贪，诸侯贪则大夫鄙，大夫鄙则庶人盗。”这种自上而下的道德败坏似乎是用传统的“礼治”和“德治”都无法治愈了。上自天子，下到庶人，各个阶层的人都在为一个“利”字绞尽脑汁、穷追不舍。对此，孔子提出的是“克己复礼”，强调社会重新回到西周礼乐文明的状态下，人应该克制自己的欲望。但“食色，性也”，用道德来劝说君王显然是无法成功的，孔子在劝说卫国君王时，就曾碰壁过。

面对同样的问题，墨子提出了“兼相爱，交相利”的理论，要求人们不分高低贵贱，互亲互爱，互相交往，彼此为对方谋利。这在一定程度上有力遏制了当时“唯利是图”的不正之风，让社会还能保留一些人情味。此外，墨子又提出了“兴天下之利，除天下之害”的理论，即是要利用天下人逐利的本性，引导他们除灭天下之害，最终达到社会平和的目的。[①]

① 张绍元：《文化自信：中华传统优秀文化理念读本》，中国言实出版社2018年版，第315—316页。

第七节　美　德

▲成人之美，修善立德

一、名人名言

1. 上善若水。水善利万物而不争，处众人之所恶，故几[1]于道。居善地，心善渊[2]，与善仁，言善信，正善治，事善能，动善时。夫唯不争，故无尤。①（《老子·第八章》）

注释

[1] 几：接近。道无形，水有形，所以说接近。

[2] 渊：沉静的深水。注焉而不满，酌焉而不竭。

译文

最高的善像水一样。水善于滋润万物，使之生长，而从不与万物竞高下、争短长，它总是安身在众人都不愿去的低洼之地，这种品格，才最接近于道。上善的人，其安身立命，像水那样善于随遇而安，善于处于低洼之地，心若止水，与人交往像水那样博大仁爱，说话像水的汛期那样真诚守信用，为政像水那样清静而治，做事像水那样善于发挥功能，行动像水那样善于把握天时。这一切都是自然的，正因为他像水那样与物无争，所以不会出现过失与差错。

① 陈鼓应：《老子今注今译》，商务印书馆2003年版，第102页。

2. 孟子曰：“得道者多助，失道者寡助。寡助之至，亲戚畔[1]之；多助之至，天下顺[2]之。以天下之所顺，攻亲戚之所畔；故君子有不战，战必胜矣。”①（《孟子·公孙丑下》）

注释

[1] 畔：通“叛”，背叛。

[2] 顺：归顺，服从。

译文

孟子说：“行仁政的人得到的帮助多，不行仁政的人得到的帮助少。帮助的人少到了极点，连亲戚都背叛他；帮助的人多到了极点，普天下都顺从他。拿全天下顺从的力量去攻打连亲戚都背叛的人，那么，仁君圣主要么不用战争手段，若用战争手段，就必然胜利。”

3. 仲弓问仁，子曰：“出门如见大宾，使民如承大祭。己所不欲，勿施于人。在邦[1]无怨，在家[2]无怨。”仲弓曰：“雍虽不敏，请事斯语矣。”②（《论语·颜渊第十二》）

注释

[1] 邦：诸侯统治的国家。

[2] 家：卿大夫的封地。

① 朱熹：《四书章句集注》，中华书局1983年版，第241页。

② 朱熹：《四书章句集注》，中华书局1983年版，第132—133页。

译文

仲弓问什么是仁。孔子说："出门好像去见贵宾，役使民众好像去承担重大祀典。自己所不想要的事物，就不要强加给别人。在邦国做事没有抱怨，在卿大夫的封地做事也无抱怨。"仲弓说："我冉雍虽然不聪敏，请让我照这些话去做。"

二、评点

所谓"美德"，就是"善"，善良是最高的美德。古往今来的社会中，成人之美、修善立德一直被视为每个人所应当具备的良好品质。因为这是维系人类社会和谐相亲、和平共处的法宝。古人所言"上善若水"，意思就是最高的善就像水一样，善于滋润万物而又不与万物相争。同样，拥有最高美德的善人就像水一样，默默付出而不声张。事实上，我们所处的社会中，经常会遇到一些颇有争议的事情，对此，一些人毫不让步，而有一些人却会"退一步海阔天空"。显然，那些选择"退一步海阔天空"的人往往是信奉"吃亏是福"的善人，他们最后得到的也往往会是善有善报、得偿所愿。

社会的良性发展离不开每一个善良的人，善良的人在看到别人遇到困难的时候往往会伸出自己的援助之手。虽然他们这样做，也没有太多的目的，但是，他们最后也会得到自己的福报。所谓"赠人玫瑰，手留余香"，就是这个意思。当然，社会也是因为有许许多多这样的善人才充满了友爱与温馨，才变得更加文明、更加进步。

三、故事

1.烛之武退秦师

晋侯、秦伯围郑，以其无礼于晋，且贰于楚也。晋军函陵，秦军氾南[1]。

佚之狐言于郑伯曰："国危矣，若使烛之武见秦君，师必退。"公从之。辞曰："臣之壮也，犹不如人；今老矣，无能为也已。"公曰："吾不能早用子，今急而求子，是寡人之过也。然郑亡，子亦有不利焉。"许之。

夜缒[2]而出，见秦伯，曰："秦、晋围郑，郑既知亡矣。若亡郑而有益于君，敢以烦执事。越国以鄙远，君知其难也。焉用亡郑以陪邻？邻之厚，君之薄也。若舍郑以为东道主，行李之往来，共其乏困[3]，君亦无所害。且君尝为晋君赐矣，许君焦、瑕，朝济而夕设版焉，君之所知也。夫晋，何厌之有？既东封郑，又欲肆其西封，若不阙秦，将焉取之？阙秦以利晋，唯君图之。"秦伯说，与郑人盟。使杞子、逢孙、杨孙戍之，乃还。

子犯请击之，公曰："不可。微夫人之力不及此。因人之力而敝之，不仁；失其所与，不知；以乱易整，不武。吾其还也。"亦去之。①（《左传·僖公三十年》）

注释

[1] 氾（fán）南：氾水的南面，也属郑地。

[2] 缒（zhuì）：用绳子拴着人（或物）从上往下送。

[3] 共（gōng）其乏困：供给他们缺少（的东西）。共，通"供"，供给。其，代指使者。

译文

晋文公、秦穆公出兵围攻郑国，因为郑国曾对文公无礼，并且郑国同时依附于楚国与晋国。晋军驻扎在函陵，秦军驻扎在氾水的南面。

郑国大夫佚之狐对郑文公说："国家很危险了！如果派烛之武去见秦国的国君，秦国的军队必定撤退。"郑伯同意了。烛之武辞谢说："我在壮年的时候，尚

① 李梦生：《春秋左传译注》，上海古籍出版社 1998 年版，第 318—319 页。

且不如别人；现在老了，无能为力啊。”郑公说：“我不能早早用你，现在由于情况危急因而求您，这是我的过错。然而，郑国灭亡了，你也有所不利啊！”烛之武同意了。

深夜，烛之武用绳子吊出城墙，他见到秦穆公，说：“秦国与晋国围攻郑国，郑国已明白自己将会灭亡。假如灭掉郑国对您有好处，怎敢冒昧地拿这件事情来麻烦您。越过邻国把远方的郑国作为（秦国的）东部边邑，您知道这是困难的。（您）为什么要灭掉郑国而给邻邦晋国增加土地呢？邻国越雄厚，您就越薄弱。如果饶恕了郑国，并且把它作为东边大道上的主人，出使的人来来往往，（郑国可以随时）供给他们缺少的东西，对您也没有什么害处。而且您曾经给予晋惠公恩惠，（晋惠公）答应把焦、瑕两地给您。可是，晋惠公早晨渡过河去，晚上就筑城来防备您，这是您知道的。晋国哪里有满足的时候呢？（现在它）已经在东边使郑国成为它的边境，又想要向西扩大边界。如果不使秦国土地亏损，将从哪里得到（他所奢求的土地）呢？削弱秦国对晋国有利，希望您考虑这件事！”秦穆公很高兴，就与郑国签订了盟约。派杞子、逢孙、杨孙守卫那里，自己就回去了。

晋大夫子犯请求出兵攻击秦军，晋文公说：“不行。假如没有那个人的力量，我是不会到这个地步的。依靠别人的力量，而后伤害他，这是不仁义；失去了自己所结盟的力量，真是不明智；利用混乱去改变已有的协调，这并不是威风。我们还是回去吧！”晋军也就离开了郑国。

2.唐雎不辱使命

秦王使人谓[1]安陵君曰：“寡人欲以五百里之地易安陵，安陵君其许寡人！”安陵君曰：“大王加惠，以大易小，甚善；虽然，受地于先王，愿终守之，弗敢易！”秦王不说。安陵君因使唐雎使于秦。

秦王谓唐雎曰：“寡人以五百里之地易安陵，安陵君不听寡人，何也？且秦灭韩亡魏，而君以五十里之地存者，以君为长者，故不错意也。今吾以十倍之地，请广于君，而君逆寡人者，轻寡人与？”唐雎对曰：“否，非若是也。安陵君受地于先王而守之，虽千里不敢易也，岂直五百里哉？”

秦王怫然怒，谓唐雎曰："公亦尝闻天子之怒乎？"唐雎对曰："臣未尝闻也。"秦王曰："天子之怒，伏尸百万，流血千里。"唐雎曰："大王尝闻布衣之怒乎？"秦王曰："布衣之怒，亦免冠徒跣，以头抢地耳。"唐雎曰："此庸夫之怒也，非士之怒也。夫专诸之刺王僚也，彗星袭月；聂政之刺韩傀也，白虹贯日；要离之刺庆忌也，仓鹰击于殿上。此三子者，皆布衣之士也，怀怒未发，休祲降于天，与臣而将四矣。若士必怒，伏尸二人，流血五步，天下缟素[2]，今日是也。"挺剑而起。

秦王色挠，长跪而谢之曰："先生坐！何至于此！寡人谕矣：夫韩、魏灭亡，而安陵以五十里之地存者，徒[3]以有先生也。"①（《战国策·魏策四》）

注释

[1] 谓：对……说。

[2] 缟（gǎo）素：白色的丝织品，这里指穿丧服。

[3] 徒：只。

译文

秦王派人对安陵君（安陵国的国君）说："我打算要用方圆五百里的土地交换安陵，安陵君一定要答应我！"安陵君说："大王给以恩惠，用大的地盘交换我们小的地盘，实在是善事；虽然如此，但我从先王那里接受了封地，愿意始终守卫它，不敢交换！"秦王知道后（很）不高兴。因此，安陵君就派遣唐雎出使到秦国。

秦王对唐雎说："我用方圆五百里的土地交换安陵，安陵君却不听从我，为什么？况且秦国使韩国、魏国灭亡，但安陵却凭借方圆五十里的地方幸存下来，就是因为我把安陵君看作忠厚的长者，所以不打他的主意。现在我用安陵十倍的

① 王守谦等：《战国策全译》，贵州人民出版社 1992 年版，第 795—796 页。

土地，让安陵君扩大自己的领土，但是他违背我的意愿，这不是看不起我吗？”唐雎回答说：“不，并不是这样的。安陵君从先王那里继承了封地所以守护它，即使（是）方圆千里的土地（也）不敢交换，更何况只是这仅仅的五百里的土地呢？”

秦王勃然大怒，对唐雎说：“先生也曾听说过天子发怒的情景吗？”唐雎回答说：“我未曾听说过。”秦王说：“天子发怒（的时候），会倒下数百万人的尸体，鲜血流淌数千里。”唐雎说：“大王曾经听说过百姓发怒吗？”秦王说：“百姓发怒，也不过就是摘掉帽子，把头往地上撞罢了。”唐雎说：“这是平庸无能的人发怒，不是有才能有胆识的人发怒。专诸刺杀吴王僚的时候，彗星的尾巴扫过月亮；聂政刺杀韩傀的时候，一道白光直冲上太阳；要离刺杀庆忌的时候，苍鹰扑在宫殿上。他们三个人，都是平民中有才能有胆识的人，心里的愤怒还没发作出来，上天就降示了吉凶的征兆。（现在专诸、聂政、要离）连同我，将成为四个人了。假若有胆识有能力的人（被逼得）一定要发怒，那么就让两个人的尸体倒下，五步之内淌满鲜血，天下百姓（将要）穿丧服，现在就是这个时候。”拔剑出鞘立起。

秦王变了脸色，直身而跪，向唐雎道歉说：“先生请坐！怎么会到这种（地步）！我明白了：韩国、魏国灭亡，但安陵却凭借方圆五十里的地方幸存下来，就是因为有先生您在啊！”

3. 范滂扬善惩恶

范滂，字孟博，后汉汝南征羌（今河南信阳）人。

他年小时就清高有气节，为州里人所钦佩。当他任冀州清理地方的官时，正赶上冀州年成不好，盗贼群起，于是他立下了扬善惩恶、澄清天下的志向。

他到了冀州不久，皇帝下诏检举坏人。范滂上奏检举刺史、二千石级的豪门党徒二十多人。尚书责怪他检举的人数太多，怀疑他有公报私仇的嫌疑。范滂说：“我所检举的人，都是罪大恶极、深为民害的人。还有一些，正在了解审查呢。我听说过：‘农夫去草，嘉谷必茂；忠臣除奸，王道以清’。假如查出我有什么私心，我甘愿受最严厉的刑罚。”但负责的官吏并没认真对待范滂的检举。范滂看出这种办法行不通，于是借故离开这里。

太守宋资早就听说范滂的为人，于是他就请范滂当功曹，委任他办理政事。范谤到任后，严肃认真，把不讲孝悌、不讲仁义的人，都扫除斥逐，把清明有气节的人，从陋巷穷室中提拔出来。这时，范滂有个外甥叫李颂，是个公族子孙，不为乡里所重视。他托人找到了宋资，宋资批准他当吏。范滂知道李颂不是正当的人，就压下太守的批示，不通知他来。太守迁怒到书佐朱零身上，就说朱零耽误了公事，责打朱零。朱零仰脸向太守说：“这是范滂的高明裁决，他说我能办事。今天我宁可让你打死，也不能违背范滂的吩咐。”因此，太守只好不用李颂了。

由于范滂为人正直，惩恶扬善，得罪了一些人，结果他受诬陷入狱。狱吏让他像其他犯人一样，祭祀皋陶（送礼）。他说：“皋陶是古代贤明正直的人，知道我无罪，会替我申辩的，如果我真有罪，祭祀他又有什么用呢？”其他犯人也向他学，从此终止了这件事。

在狱期间，他自比伯夷、叔齐，合理申辩但绝不向权贵低头，最后终于获释。

范滂正直无私的高尚品格，感动了很多人。建宁二年，冤狱又起。上边派都邮吴导来抓他。吴导把自己关在驿馆，抱着诏书大哭却不愿去抓范滂。县令郭揖宁愿辞官不做，也不抓他。最后，范滂为不连累他人，主动入狱。临行告诫自己的儿子，要以自己为榜样，终身为善，绝不作恶。

范滂以其正直无私的为人、惩恶扬善的业绩而光耀千秋，名垂青史，永为后世楷模。①

① 徐潜、栾传大：《天下为公》，吉林文史出版社 2008 年版，第 63—65 页。

第八节　尚　同

▲柔远能迩，平一宇内

一、名人名言

1. 民亦劳止，汔[1]可小康。惠此中国，以绥四方。无纵[2]诡随，以谨无良。式遏寇虐，憯不畏明。柔远能迩，以定我王。①（《诗经·大雅·民劳》）

注释

[1] 汔：通“乞”，乞求。

[2] 纵：当作“从”，听从。

译文

人民劳苦到极点，期盼能过上小康生活。对这个国家的百姓施恩惠，以安抚远方诸侯国。不要纵容诡诈的恶行，谨防小人的不良行为。一定要遏制贼寇的暴行，丝毫不怕坏人的强大。怀柔远方佑护邻居，奠定江山保我周王。

2. 是以子墨子曰：“今天下王公大人士君子，中情将欲为仁义，求为士，上欲中圣王之道[1]，下欲中国家百姓之利，故当尚同之说而不察。尚同为政之本[2]而治要也。”②（《墨子·尚同下》）

① 周明初等注释：《诗经》，浙江古籍出版社1998年版，第216页。

② 毕沅校注，吴旭民标点：《墨子》，上海古籍出版社，第49页。

注释

[1] 道：法则。

[2] 本：根本。

译文

所以墨子说："现在天下的王公贵族、士大夫，一定要由衷地希望行仁义之事，务求做士，在上要合乎做圣王的法则，在下要符合国家百姓的利益，所以行事定要合乎'尚同'理论而不可以不对'尚同'思想进行审察。所谓'尚同'，是施政的根本和治国的关键。"

3. 天下之百姓皆上[1]同于天一，而不上同于天，则菑犹未去[2]也。①（《墨子·尚同上》）

注释

[1] 上：名词作状语，向上。

[2] 去：离去。

译文

天下的老百姓，如果都向上统一于天子，而不向上统一于天的意志，那么灾祸就还没有完全离去。

① 毕沅校注，吴旭民标点：《墨子》，上海古籍出版社，第 44 页。

二、评点

“尚同”是墨子的政治思想，即在“尚贤”的基础上推选贤者仁人，主张下位者服从于上位者，从而达到“一同天下之议”的治世。随着社会的发展，“尚同”的内涵也在不断地发展丰富，“尚同”不再仅仅是下位者一味地服从于上位者，也不再是为了寻求意见的统一而抹杀不同于大众所公认的观念，现在的“尚同”在发展的过程中多了一种“求同存异”的概念。在大一统的国家中，会存在很多不同的民族，每个民族都有自己的特点，我们不能因为一味地追求统一，让其他民族都改变自己的民族习惯，屈从于不同于自己民族特点的观念，所以我们即使仍然追求“尚同”的观念，也应该在“尚同”的过程中尊重本来就存在的多样的文化特点，保留那些优秀的文化，尊重文化的多样性，让各种文化在和谐相处的过程中共同繁荣。“大同”的社会不是所有人的观点都保持一致，而是在不同的观念中寻找平衡点，让各种观念和谐共存，大家互相尊重，这才是大同社会真正要求的“尚同”。

三、故事

1.曹刿论战

十年春，齐师伐我。公将战，曹刿[1]请见。其乡人曰：“肉食者谋之，又何间[2]焉？”刿曰：“肉食者鄙，未能远谋。”乃入见。问：“何以战？”公曰：“衣食所安，弗敢专也，必以分人。”对曰：“小惠未遍，民弗从也。”公曰：“牺牲玉帛，弗敢加也，必以信。”对曰：“小信未孚，神弗福也。”公曰：“小大之狱，虽不能察，必以情。”对曰：“忠之属也。可以一战。战则请从。”

公与之乘，战于长勺。公将鼓之。刿曰：“未可。”齐人三鼓。刿曰：“可矣。”齐师败绩。公将驰之。刿曰：“未可。”下视其辙[3]，登轼而望之，曰：“可矣。”遂逐齐师。

既克，公问其故。对曰："夫战，勇气也。一鼓作气，再而衰，三而竭。彼竭我盈，故克之。夫大国，难测也，惧有伏焉。吾视其辙乱，望其旗靡，故逐之。"① (《左传·庄公十年》)

注释

[1] 曹刿（guì）：春秋时鲁国大夫。著名的军事理论家。

[2] 间（jiàn）：参与。

[3] 辙（zhé）：车轮碾出的痕迹。

译文

鲁庄公十年的春天，齐国军队攻打我们鲁国。鲁庄公将要迎战，曹刿请求拜见鲁庄公。他的同乡说："当权的人自会谋划这件事，你又何必参与呢？"曹刿说："当权的人目光短浅，不能深谋远虑。"于是入朝去见鲁庄公。曹刿问："您凭借什么作战？"鲁庄公说："衣食（这一类）养生的东西，我从来不敢独自专有，一定把它们分给身边的大臣。"曹刿回答说："这种小恩小惠不能遍及百姓，老百姓是不会顺从您的。"鲁庄公说："祭祀用的猪牛羊和玉器、丝织品等祭品，我从来不敢虚报夸大数目，一定对上天说实话。"曹刿回答说："小小信用，不能取得神灵的信任，神灵是不会保佑您的。"鲁庄公说："大大小小的诉讼案件，即使不能一一明察，但我一定根据诚心（合理裁决）。"曹刿回答说："这才尽了本职的事。可以（凭借这个条件）打一仗。如果作战，请允许我跟随您一同去。"

鲁庄公和曹刿同坐一辆战车，在长勺和齐军作战。鲁庄公将要下令击鼓进军。曹刿说："还不行。"等到齐军三次击鼓之后。曹刿说："可以击鼓进军了。"齐军大败。鲁庄公又要下令驾车马追逐齐军。曹刿说："还不行。"说完就下了战车，察看齐军车轮碾出的痕迹，又登上战车，扶着车前横木远望齐军的队形，这

---

① 李梦生：《春秋左传译注》，上海古籍出版社 1998 年版，第 119—120 页。

才说："可以追击了。"于是追击齐军。

打了胜仗后，鲁庄公问他取胜的原因。曹刿回答说："作战，靠的是士气。第一次击鼓能够振作士兵们的士气，第二次击鼓士兵们的士气就开始低落了，第三次击鼓士兵们的士气就耗尽了。他们的士气已经消失而我军的士气正旺盛，所以才战胜了他们。像齐国这样的大国，他们的情况是难以推测的，怕他们在那里设有伏兵。后来我看到他们的车轮的痕迹混乱了，望见他们的旗帜倒下了，所以下令追击他们。"

2.介之推不言禄

晋侯赏从亡者，介之推不言禄，禄亦弗及。

推曰："献公之子九人，唯君在矣。惠、怀无亲，外内弃之。天未绝晋，必将有主。主晋祀者，非君而谁？天实置[1]之，而二三子以为己力，不亦诬乎？窃人之财，犹谓之盗。况贪天之功，以为己力乎？下义其罪，上赏其奸。上下相蒙，难与处矣。"其母曰："盍亦求之？以死谁怼[2]？"对曰："尤而效之，罪又甚焉！且出怨言，不食其食。"其母曰："亦使知之，若何？"对曰："言，身之文也。身将隐，焉用文之？是求显也。"其母曰："能如是乎？与汝偕隐。"遂隐而死。晋侯求之，不获，以绵上为之田。曰："以志吾过，且旌[3]善人。"①（《左传·僖公二十四年》）

注释

[1] 置：立。

[2] 怼（duì）：怨恨。

[3] 旌：表彰。

① 李梦生：《春秋左传译注》，上海古籍出版社1998年版，第277页。

译文

晋文公赏赐跟着他逃亡的人们，介之推不去要求禄赏，而（晋文公）赐禄赏时也没有考虑到他。

介之推说："献公的儿子有九个，现在唯独国君还在（人世）。惠公、怀公没有亲信，（国）内外都抛弃他们。天没有（打算）灭绝晋，（所以）必定会有君主。主持晋国祭祀的人，不是君王又是谁呢？上天实际已经安排好了的，而跟随文公逃亡的人却认为是自己的贡献，（这）不是欺骗吗？偷窃别人的钱财，都说是盗窃。更何况贪图天的功劳，将其作为自己的贡献呢？下面的（臣子）将罪当作道义，上面的（国君）对（这）奸诈（的人）给予赏赐。上下互相欺瞒，难以和他们相处啊。"他的母亲说："你为什么不也去要求赏赐呢？（否则）这样（贫穷地）死去（又能去）埋怨谁呢？"回答说："（既然）斥责这种行为是罪过而又效仿它，罪更重啊！况且说出埋怨的话了，（以后）不应吃他的俸禄了。"他的母亲说："也让国君知道这事，好吗？"回答说："言语，是身体的装饰。身体将要隐居了，还要装饰它吗？这样是乞求显贵啊。"他的母亲说："（你）能够这样做吗？（那么我）和你一起隐居。"便（一直）隐居到死去。晋文公没有找到他，便用绵上作为他的祭田，说："用它来记下我的过失，并且表彰善良的人。"

3.尧舜王天下

在许多古代典籍中，尧、舜都被赞誉为天下圣王，以至于后人"言必称尧舜"。在他们所处的那个社会里，整个天下分为数以万计的小部落，但是他们并没有使用武力去征伐万国，而是靠他们仁德的美好名声让万国来朝，实现天下大同。

或许有人会说，光依靠仁德是无法让全天下人听令于己的。但是，在那个时代，各地人民大多愚昧无知，人们的精神生活需求并没有太多。在物质条件上，那时的中原森林、草原密布，能从大自然获取的食物也相当多，所以社会矛盾本来也很少。《韩非子·五蠹》就对这种景象有过记述："古者丈夫不耕，草木之实足食也；妇人不织，禽兽之皮足衣也。不事力而养足，人民少而财有余，故民不争。”所以，治理民众是件比较容易的事。

史籍记载，尧在位期间，他所住的宫室与一般人的居室没有什么不同，吃饭用的盆、饮水用的杯也都是用陶土制作的，十分简陋。正因为他在生活上与常人一样俭朴，甚至还次于常人，所以在南至今越南北部，北至今北京市以北的燕山一线，东至大海，西至昆仑之巅的广大区域内，没有不服从于尧的部落国家。尧可谓“德音传万里，海内曾归心”。

同样，舜本为东夷之人，曾在今山东济南千佛山下（古称历山）耕种，在河滨打鱼。他的道德主要体现在孝敬父亲，友爱兄弟。他的父亲瞽叟与弟弟象几次设计要杀害他都没有得逞，其后他继续侍奉父亲，友爱弟弟。人们看到舜在并不温馨的家中尚且能调和关系，安定无事，那么在治理天下的过程中，也一定能做到和谐社会，最终使天下归于一心，成为万世楷模。

舜巡行天下，没有不归顺向化的。他在巡行至九嶷山下时逝世，据说他被埋葬在一座集市之下，墓葬连一点封土都没有，以至于后世无人知晓他的墓葬到底在哪里。舜是统治天下的帝王，却待人亲善，死后薄葬而不彰显，所以他不但在当时使天下大同，他统治的天下也被后世视为大同社会的象征。

再看历史上第一个称皇帝的秦始皇，他兼并天下，第一次实现了天下统一，但这种统一是靠武力征服获得的，是靠郡县制的国家机器使天下归一的。不久之后，统一强大的秦王朝就被天下豪杰所攻灭，这是由于秦国并没有征服天下人之心。尧、舜不动一兵一卒就使四海归一，这种人心上的“尚同”，是否也可理解为真正意义上的统一呢？①

① 张绍元：《文化自信：中华传统优秀文化理念读本》，中国言实出版社 2018 年版，第 326—327 页。

后 记

在本书交给出版社付印之际，照例还有几句话要交代。这是我们历时两年多完成的一项集体成果，不仅是我们几位教师合作的成果，也是一项由师生共同努力取得的成果。这是浙江越秀外国语学院“以中华优秀传统文化育人铸魂的教学改革与实践”课题的重要成果。

众所周知，习近平总书记高度重视中华优秀传统文化的学习与传承，多次做出重要指示。他指出，“中华优秀传统文化已经成为中华民族的基因”，“是中华民族的精神命脉”，“是一个国家、一个民族传承和发展的根本”。党的十九大报告中指出：“中国特色社会主义文化，源自于中华民族五千多年文明历史所孕育的中华优秀传统文化。”2014 年，经国家教育体制改革领导小组审议同意，教育部印发了《完善中华优秀传统文化教育指导纲要》，要求结合实际，分学段有序地推进中华优秀传统文化教育。2017 年，中共中央办公厅、国务院办公厅印发了《关于实施中华优秀传统文化传承发展工程的意见》，要求各地区各部门结合实际认真贯彻落实。教育部将传统文化教育作为固本工程和打底色的工程，大力推动中华优秀传统文化进校园，不仅要全覆盖各个学段，要融汇进入教材之中和贯穿人才培养全过程，而且要求编好教材，建设好校园文化，加强对传统文化的研究阐释，大力推进国际传播。为了贯彻习近平总书记的指示精神，落实党中央的实施意见，执行教育部的统一部署，我们合作编写了这本书，一方面供全校教师在课程思政教学中融汇传统文化教育内容时做参考，另一方面是为学生学习中国优秀传统文化提供一本简明扼要、通俗易懂的学习参考书，以利于学生更好地把握中国优秀传统文化精神。

中华优秀传统文化是中华民族复兴的精神根基和力量源泉。作为外语院校，浙江越秀外国语学院十分重视开展中华优秀传统文化教育，多年来我们一直将外语院校如何推进中华优秀传统文化教育作为一个重要的改革课题来探讨和研究，力戒培养的人才出现“重心漂移，黄皮白心”的现象，坚定学生的文化自信和民族自信，使之成为具有强烈的家国情怀和无畏的使命担当精神。2019 年我们申报的“外语院校以中华优秀传统文化育人铸魂的教学改革与实践”（编号 jg20190507）被立项为浙江省“十三五”第二批教学改革研究项目。我们以中国语言文化学院和大禹与中国传统文化研究中心的师资为基础，致力于建设一支优秀的教师队伍，形成了以党委指导，教务处、宣传部和二级学院管理，中文学院与马克思主义学院具体实施的统一机制，全面推进外语院校的中华优秀传统文化教育。我们不仅打足校园文化中的中华优秀传统文化底色，建设了大禹文化长廊、王阳明文化广场和“耕读传家”江南文化博物馆，而且注重在中华优秀传统文化教育中突出追根溯源、守正追远。我们就地取材、激活教育形式、打造特色品牌，开设“大禹文化概论”“中华优秀传统文化”“国学经典导读”“大学语文”“唐诗选读”“周易导读”“中华武术”“绍兴戏曲”“中国民俗”“清代经学”“书法”等 20 余门课程，形成了一个课程体系。

同时，我们编写并出版了《大禹文化学导论》《国学经典导读》一批省级新形态教材。

本书由费君清、刘家思主编。费君清（1955—　），二级教授，博士生导师、博士，浙江越秀外国语学院党委书记，系省“151 人才工程”第二层次培养人员，主要从事中国传统文化和古代文学研究与教学。历任杭州大学党委副书记，浙江大学西溪校区领导小组组长，绍兴文理学院党委书记、院长，浙江理工大学党委书记、杭州电子科技大学党委书记。主持完成“南宋江湖诗派研究”“南宋文学编年史表”“宋室南迁与士人生活及文学创作”“宋诗研究”等国家社科基金及省部级课题多项，主编《浙江文化史》《海峡两岸越文化研究》《中国传统文化与越文化研究》《中华优秀传统文化论丛》等著作多部，在《文学评论》《文学遗产》等国家级重要学术刊物上发表论文40余篇。相关论文曾被《中国高等学校学术文摘》《人大报刊复印资料·中国古代文学研究》转载，相关著作被《文学评论》《人民日报》《宋代文学研究丛刊》（台）等海内外报刊介绍，先后荣获霍英东基金会第二次全国高校青年教师奖三等奖、浙江省第四届社科优秀成果奖三等奖、浙江省文学学会优秀成果奖二等奖。刘家思（1963— ），二级教授，浙江越秀外国语学院中国语言文化学院院长，系浙江省高校中青年学科带头人，浙江省哲学社会科学研究规划“十一五”“十二五”“十三五”“十四五”学科组专家，绍兴市第七批、第九批专业技术学术带头人、拔尖人才，浙江省省级优秀教师、浙江省高校优秀共产党员，浙江越秀外国语学院校级教学名师。兼任中国先秦史学会大禹文化分会会长，主要从事中国文学、地方文史、大禹与中国传统文化研究。先后主持国家社科基金4项，省级重大项目1项，重点项目2项，省部级一般项目7项。在《文学评论》《中国现代文学研究丛刊》《文学跨学科研究》等权威、一级与核心期刊公开发表学术论文200余篇，出版著作15部，先后获得省级优秀成果奖二、三等奖6项。

本书从最初设想到最后成书，历时5年。最初由刘家思提出框架设想，与大家反复商讨后，刘家思拿出基本框架，费君清审读框架，并一起商讨各章的撰写体例。刘家思、余群、涂序南分别承担两章的编写任务，具体撰写分工是：前言余群执笔，第一章刘家思、应温柔执笔；第二章刘家思、申屠雪雯执笔；第三章涂序南、周佳蔚执笔；第四章涂序南、管莹执笔；第五章余群、陈陆芳、马娇执笔；第六章余群、邵丹丹执笔。因为时间紧，任务比较重，我们组织优秀的学生团队参与其中，学生在教师的指导下开展一些辅助性工作，最后师生合作，完成了初稿。

书稿经过了反复修改。刘家思首先审读了初稿，提出修改意见，执笔者分头修改；二稿完成后，费君清审读，又提出了一些修改建议，执笔者再次进行修改，第三稿有33万字。余群汇总后，刘家思审读全书，再次提出了删改的意见，费君清也同时进行了审读。删改后，篇幅减少到26万字，全书体系基本确定。然后刘家思进行统稿，余群协助进行完善。最后，费君清审读

整部书稿。作为主编，在此真诚地感谢各位精诚合作，尽心而为，完成了预期的研究任务

本书在撰写过程中，朱志勇、朱小农、陈园进等先生给予了热情的帮助，在此致以衷心的感谢！

本书在出版时得到了浙江工商大学出版社的大力支持！尤其是任晓燕主任，任梦茹、张晶晶编辑倾注了大量的心血。在此致以我们衷心的感谢！

刘家思

2021 年 4 月 22 日